学车考证速成精解系列

老司机的开车秘笈

吕德远 编著

机械工业出版社

本书旨在向新手讲解初学上路时，如何运用方法、技法、手法对方向盘、加速踏板和制动踏板进行配合操作，对车辆的角度、速度、距离如何进行把控，如何起步、变更车道、转弯、跟车、让车、超车、会车、停车、掉头等，重点讲解如何运用"9种距离"及"四合一"模式的行车观察方法，应对12种不同路况和6种不良气候情况下变通操作的要点，以及12种驾驶操作要领，预防追尾、被追尾事故，介绍制动时错踩加速踏板等特殊情况下的处置方法。同时，还介绍了一些汽车文化，如驾驶人之间使用灯光与喇叭、手势或眼神交流或沟通方法，以及打油诗、顺口溜和警句，用车感悟和对新手的忠告。本书以手动档汽车操作为主进行讲解，驾驶自动档或新能源汽车时，除档位和离合器之外，只要驾驶人按照所驾车型的使用说明书和注意事项的要求操作即可，驾驶过程中观察、发现、判断、处理情况的操作方法基本相同。

本书适合驾校学员学习使用，也可供实习期驾驶人和营运驾驶员阅读。

图书在版编目（CIP）数据

老司机的开车秘笈／吕德远编著.—北京：机械工业出版社，2022.4（2025.5重印）
（学车考证速成精解系列）
ISBN 978－7－111－70304－4

Ⅰ.①老… Ⅱ.①吕… Ⅲ.①汽车驾驶员-资格考试-自学参考资料 Ⅳ.①U471.3

中国版本图书馆 CIP 数据核字（2022）第040002号

机械工业出版社（北京市百万庄大街22号　邮政编码100037）
策划编辑：谢　元　　　　　责任编辑：谢　元　丁　锋
责任校对：史静怡　贾立萍　　封面设计：马精明
责任印制：邓　敏
中煤（北京）印务有限公司印刷
2025年5月第1版第5次印刷
184mm×260mm·12.25印张·318千字
标准书号：ISBN 978－7－111－70304－4
定价：59.90元

电话服务　　　　　　　　　网络服务
客服电话：010－88361066　　机　工　官　网：www.cmpbook.com
　　　　　010－88379833　　机　工　官　博：weibo.com/cmp1952
　　　　　010－68326294　　金　书　网：www.golden-book.com
封底无防伪标均为盗版　　　机工教育服务网：www.cmpedu.com

序

阅读本书时，有一种很接地气的感觉，语言表达颇为通俗，图文并茂，内容真实有效，书中有很多宝贵的驾驶经验和安全行车知识，是一本值得驾驶人阅读、学习和参考的大众科普读物。

本书的作者为了把自己几十年的驾驶经历和经验传递给广大车友，凭着自己有限的文化基础，系统总结了自己在部队和驾校多年的心得体会，执着地完成了本书的手稿。后期在编辑的指导和帮助下，作者历尽艰辛、多次修改完善，最终定稿。

本书凝聚了作者和编辑的心血，是送给广大驾驶人的开车秘笈。当您静下来阅读这本书的时候，会有很多意想不到的收获，一些知识和感悟甚至会提升自己的驾驶理念。

驾驶汽车本身就具有风险，稍不注意或疏忽都可能导致交通事故的发生，甚至危及人们的生命。过硬的驾驶技术和安全意识不是在驾校短期培训，拿到驾驶证就能具备的，需要经过很长一段时间实际驾驶的反复磨炼和实践，去积累经验，丰富自己的驾驶阅历，甚至还需要在事故教训中成长、成熟。

如果每个驾驶人都能很好地借鉴他人的经验，不断总结自己的驾驶体会和感悟，就能避免和减少事故的发生，起到事半功倍的效果。珍爱生命，平安出行，永远是每一个人的追求。安全驾驶，文明行车，始终是每一个驾驶人坚守的理念。

衷心希望各位读者能从本书受益，关注交通安全，用脑思考，用心驾驶，不断总结行车经验，提高自己的安全意识和驾驶技术，远离交通事故，守护好自己和他人的出行平安。

中国人类工效学学会常务理事
国家车辆驾驶安全工程技术研究中心专家委员会副主任
交通运输部职业技能考评专家委员会道路运输组组长
2022 年 5 月 1 日

前　言

新手上路必将经历一个从掌握到控制、从生疏到熟练的过程，一定要遵守循序渐进的规律，也就是把在驾校所学的知识和技能，重新梳理、体会、认识和提高的过程，并转换成在实际道路上驾驶操作的能力。

从思想意识的角度讲，就是要重点突出安全意识和责任，严格遵守交通法规，全神贯注，明判路况，文明驾驶，礼貌行车。

从驾驶专业的角度讲，就是入行也要入规，向专业水平看齐，养成良好的职业习惯，学会并掌握全面观察、准确判断的方法，以保证对各种路况作出正确的反应，实施谨慎的操作。

从技术操作的角度讲，就是规范操作动作，把操作方向盘、加速踏板、离合器踏板、制动踏板、变速杆和驻车制动器操纵杆这六大操作部件的手法、技法、方法和心法在实际路况中的进行合理运用或变通应用，以适应不同路况行驶的需要。

从安全行驶的角度讲，就是要有尊重和敬畏的态度，尽快适应各种道路、熟悉各种路况的规律和各种不同道路、不同气候条件下的驾驶特点。

只有把驾校所学的知识、技能与上路驾驶的经历相结合，并从中产生出感觉和信心、体会和经验，就能领悟出处理复杂路况时的合理或适宜的方法，就完全可以融入下意识的独立操作的状态中。

视距、视角、余光的观察，是我们处理路况的依据。

方向盘、加速踏板、制动踏板的操作，是我们驾驶车辆的基础。

离合器踏板、变速器操纵杆、驻车制动器操纵杆的配合，是车辆平稳行驶的保证。

角度、速度、距离的控制，是不可逾越的安全底线。

我凭着在部队和驾校多年的驾驶经历以及教学经验，不断地总结、积累、体验和摸索，本着求真务实的态度，把自己实践过程中遇到的不同气候、不同路况、不同科目的那些零散的、见招拆招、手疾眼快、纯联动反应式的操作进行分门别类，以手法、技法和方法及以9种距离的心法为依据，形成预判、防范、操作的各种方法，尽可能地归纳整理成本书的内容。

我希望把自己学习和经历过的驾驶方面的感觉和领悟总结成"驾驶方法"的接力棒，尽早尽快地传递给广大新车友，并希望它能给大家带来一些实实在在的启发或帮助，希望它能促进交通安全和减少无意识违法，提高道路的通行效率和社会效益。

基础决定发展，安全决定成败，细节避免意外，敬畏伴随安全。让我们以严肃的态度、熟练地操作，谨慎地驾驶，开好文明礼貌车，确保一生无事故！

本书在编写过程中，得到了中国道路运输协会驾工委原主任范立及长建驾校原副校长杨济祥、插画师杨立涛等人的专业指导与大力支持，在此对他们表示衷心的感谢！

吕德远

2022 年 2 月 28 日

目 录

序
前言

第一章　驾驶基本方法 ... 001
　　第一节　上车准备驾驶 ... 001
　　第二节　寻找实际路感 ... 009

第二章　驾驶操作关键技法 ... 014
　　第一节　手部主要操作技法 ... 014
　　第二节　脚部主要操作技法 ... 034
　　第三节　手脚配合操作技法 ... 043
　　第四节　安全装置操作技法 ... 046

第三章　路况观察与视觉分析 ... 056
　　第一节　路况动态观察要点 ... 056
　　第二节　人眼视觉特点分析 ... 059
　　第三节　不同光线应对策略 ... 063
　　第四节　视线盲区应对策略 ... 067

第四章　安全驾驶心得与诀窍 ... 072
　　第一节　角　　度 ... 072
　　第二节　速　　度 ... 075
　　第三节　距　　离 ... 077
　　第四节　位　　置 ... 098
　　第五节　观　　察 ... 100
　　第六节　防　　御 ... 104
　　第七节　诀　　窍 ... 109

第五章　新手实际驾驶手法　　　　　　　　　... 113
　　第一节　一般道路条件下的驾驶方法及注意事项　... 113
　　第二节　复杂路况条件下的驾驶方法及注意事项　... 139
　　第三节　恶劣气候、逆光和盲区条件下的驾驶方
　　　　　　法及注意事项　　　　　　　　　　　... 162

第六章　安全文明驾驶必知　　　　　　　　　... 172
　　第一节　车辆安全智能系统　　　　　　　　　... 172
　　第二节　安全文明驾驶意识　　　　　　　　　... 173
　　第三节　安全行车保障措施　　　　　　　　　... 178

附　录　交通安全警句和宣传语　　　　　　　　... 189
参考文献　　　　　　　　　　　　　　　　　　... 190

第一章
驾驶基本方法

第一节　上车准备驾驶

在驾车前，应做好以下各项准备：

一　发型和着装要求

1. 发型

披肩发垂于面部两侧，会影响眼睛两侧的余光视线。驾车前，应将长发束紧于脑后，既可避免对视线的影响，又可避免行车中不时地用手梳理头发时影响控制方向盘和其他操作。

2. 服装

合身、舒适、便于身体各部运动的服装，有利于操控车辆，保证行车安全。男式西服上衣，过紧的双臂在打方向盘时会影响上肢运动；女式西服裙，除上下车不方便外，也会影响下肢的操作动作；袖口过于肥大的衣服及长裙、冬季穿着厚重的大衣等，都会影响或干扰驾驶操作，不利于安全行车。夏天应避免穿背心、短裤，不得赤膊、赤脚开车。此外，为保证有良好的视野和余光视线，驾车时不宜穿宽大翻帽的冬服或帽衫，不宜戴边缘下垂的宽檐遮阳草帽。

3. 鞋

避免穿高跟鞋、橡胶雨鞋、雪地靴、厚底鞋或拖鞋开车。女性驾驶人最好在车上备放一双专用于开车的平底鞋，可以有坡跟，但别超过 3 厘米。

4. 手套及配饰

在驾车过程中，要频繁地进行转向、换档和其他操作，手部爱出汗的驾驶人可佩戴纯棉的汗布手套，防止滑脱。即使是冬季，也不宜戴厚而大的防寒手套，以免影响操作的准确性。女性驾驶人不宜留较长的指甲和佩戴过大的配饰，以免在操作中碰伤指甲或损坏配饰。

5. 其他

不宜佩戴颜色过深的太阳镜，特别是在阴天或傍晚时。最好配备驾车专用眼镜，以应对日间的强光和夜间的炫光，及配合明、暗环境的转换。

二　上车前检查车辆外观

凡是在路边临时停放、停车场存放、居住地停放车辆，在准备驶离前，不论从停车位置的任一方向接近车辆，上车前都要分段或绕车查看车辆的左右两面、前后两段的两块牌照、四角车灯、六面车体和四个轮胎。

1. 车体外观

检查前后车灯总成、前后牌照、前后风窗玻璃、两侧后视镜、门窗、天窗玻璃、刮水器、天线和油箱盖等配置的技术状况是否正常。

2. 轮胎状况

检查胎压是否正常，螺母是否松动、胎壁有无鼓包、剐蹭、划伤。胎面是否扎有金属异物，花纹缝隙是否嵌有较大的石子，轮胎下方有无妨碍出行的石块或损伤轮胎的物品。

3. 周边情况

检查车下地面是否有滴漏的液体或趴卧的宠物。车辆周围的环境、道路情况是否正常。特别是在居住区范围停车驶离前，一定要注意车旁、周边是否有歇脚的老人、路过的行人和独自玩耍的儿童及无人看管的宠物。在巡视检查及开门上车前的过程中，注意自身安全，主动避让过往的机动车、非机动车及行人，特别是打开车门及乘员上下车时。

三 上下车

1. 跨步式上下车方法

（1）上车要领

1）靠近车身 B 柱位置小半步远，左手拉开车门并扶好。抬右脚踏加速踏板下方位置的同时右手并拢四指握住方向盘的上缘。

上身：向左微倾、斜身护头避门框。

下身：左腿屈膝右移身体，顺势向右下沉落座。

要求：最好一次到位、坐正。

2）右手抓握方向盘上缘时，左手顺势握住车门内侧的门把手控制住车门，收回左脚放于离合器踏板的左下方位置。

3）收回左脚后，左手顺势关闭车门。当车门关到最后 10 厘米宽度时，顺势稍微用力一拉将车门关严，切不要用力猛关车门。

（2）下车要领

1）选址：路边停车时，应选择适宜地点，停车后打开危险警告灯（俗称"双闪"）。开门下车前，要特别注意观察周围的交通状况，观察车内后视镜和左侧后视镜中左后方临近的车辆、骑车人和行人等，一定要在不妨碍其他车辆、骑车人及行人通行的情况下，才可开启车门。开车门时左手一定要控制住车门开度，一是情况有变时可立即关闭车门，二是防范大风吹翻车门造成车门限位器受损。

如果下车时不注意观察，贸然开门造成骑车人伤害或其他交通事故，驾驶人应负全部责任，而保险公司未必会赔偿。他们的理由：因为此时车辆并非在行驶状态中。

2）开门：用左手打开车门时，右手扶握方向盘上缘，先缓慢推开 10 厘米宽度，转身回头查看后方情况的同时，给周边临近的车辆或骑车人一个思想准备。当确认安全后再完全打开车门。开门过程中也可配合另一种动态观察的方法：可借开门10厘米宽度时扩展后视镜视野角度的过程，持续从左侧后视镜中观察车后侧方及周边情况，一旦发现环境不利或情况有变时，左手随即关闭车门。

　　3）下车：左手握门把手缓慢推开车门，伸左脚落地，右手拉方向盘上缘借力起身，左倾上身，头避门框，站立收腿右脚落地，退步转身，随手关闭车门，确认车窗、天窗关闭，锁好车门。

1）上车时，杜绝低头猫腰往里钻的不雅动作。
2）下车前，一定要动态查看后视镜，尤其是左侧后视镜，如果贸然开门有发生事故的可能。
3）开门后，左手要始终扶握车门或门把手，否则在有大风吹动车门时有发生意外的可能。在车库内下车时，手握门把手控制车门开度，避免磕碰邻车。

　　观察一名驾驶人是否专业，单从上下车的动作上，即可看出一二。上下车前最重要的是动态观察，最要紧的是控制住车门，否则"你不护门，门不护你"。

2. 转身坐式上下车方法

　　上车前，观察车辆周围情况，左手拉开车门，转身背对座椅曲身落座，左手握住车门内的门把手，右手握方向盘上缘，借助双臂的力量扭转身体坐正后，左手随即关严车门。

　　下车时，动态观察后视镜或左转身察看交通状况，确认安全后用左手开启并控制车门。与上车动作相反，上身重心后倾，右手拉方向盘的同时借力收腹抬双腿转身，双脚落地，低头前倾起身站立，退步转身，随手关门。

- 穿西服套裙或紧身裙的女士用转身坐的方法上下车比较方便。任一车门位置都可以用转身坐的方法上下车。
- 辅助老年人乘车时也可用转身坐这种方法，先扶/抱着老年人坐稳后，再协助老年人转正身体，收回双腿，系好安全带。下车时，动作相反。
- 路边停车时，除驾驶人以外禁止乘车人从左侧车门上下车。

3. 磕鞋式上车方法

（1）单脚磕鞋式上车方法

　　同跨步式上车方法相同，只不过在抬起右腿伸脚前，先在底盘外沿轻磕鞋底边沿，再把脚伸向加速踏板位置，在落座收回左脚时，顺势先在底盘外沿轻磕鞋底边沿，然后收脚放于离合器踏板的左下方，左手顺势关闭车门。手部动作相同。

（2）双脚磕鞋转身坐式上车方法

与转身坐式上车方法相同，左手拉开车门后转身背对座椅，曲身落座后，用右手扶车门内侧的门把手，左手撑住身体，曲抬双腿，在扭转身体之前，以对磕鞋底内侧边沿数次，将鞋底上的积雪、雨水或泥水振掉，然后用左手握住车门内的门把手，右手握方向盘上缘借助手臂的力量转身坐正，左手顺势关严车门。

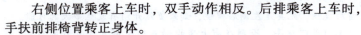

右侧位置乘客上车时，双手动作相反。后排乘客上车时，手扶前排椅背转正身体。

上述上车磕鞋的方法有以下特点：

1）对于驾驶人，可视情况而定。上车前，可采取单脚磕鞋或双脚磕鞋的动作清除鞋底上的尘土、积雪、泥水，防止在操作时脚从踏板上滑脱，既对安全有利，又可保持车内清洁。

2）作为乘员，从任一门上车都可以使用这两种方法。特别是在踩过雨雪、泥土的情况下乘车时，单/双脚磕鞋的动作是对车主或驾驶人的尊重和礼貌。

- 驾驶人必须注意辅助老年人、儿童上下车。
- 为防止左侧后排乘车人贸然开门下车，可启用中控或儿童锁加以控制。
- 帮助、提醒乘车人下车前注意观察周围情况及防止开门过大，磕碰到相邻停放的车辆。
- 提醒乘车人上车后关好车门，系好安全带。

驾驶人可以通过以下方法判断车门是否关好：

1）从关门的声音上判断（有的车型配有门铃提示音）。

2）从车厢内照明灯的开启状态上判断。

3）从仪表板显示屏上查看车门开启状态显示图标。

4）行车中通过沟坎或颠簸路段时，一定要再次注意仪表显示屏上的车门开启状态显示图标或门铃提示音。

四 驾驶姿势

头：身体正对方向盘坐稳，头部端正，下颌微收以左右自然转头为度，颈部肌肉自然放松，后脑不要靠在头枕上。

眼：两眼向前平视，视线成扇面形打开，看远顾近，余光照顾两侧，利用眼睛的下视角度对仪表进行必要的观察，可自然左右转头观察两侧后视镜。

手：两手分别扶握方向盘边缘位置，拇指自然靠拢在轮缘外侧，其余四指握住轮缘，双肩和双肘自然下垂。

上身：椅背角度约110°，不要过度后仰躺靠椅背，胸部微微挺起、自然放松，以呼吸顺畅为度，以保持腰部以上的灵活性，利于转身扭头观察情况。

下身：坐正、坐稳，后背腰带以下部位与椅背贴严靠实。在通过颠簸路面时，靠双腿和双脚的力量支撑住身体，把自己稳稳地固定在座位上。

双腿：双腿自然分开，右脚以脚跟为支点，脚掌可以自由轻松地踩下、松开加速踏板或制动踏板的操作。正常行驶时，左脚放在离合器踏板的左下方。

在汽车行驶的过程中，始终保持正确的驾驶姿势，可保障血脉通畅，灵活自如地操纵各种部件，适当减轻长途驾驶的疲劳，也利于持久操作的准确性。

- 在汽车行驶的过程中，符合人体生理结构的坐姿，可以让血脉比较通畅，可以使驾驶人始终保持放松的驾驶姿态，能适当减轻长途驾驶的疲劳，便于灵活自如地操纵各种部件。
- 汽车行驶的过程中，驾驶人与副驾驶位置的乘车人交谈时，不要将头转向右侧目视交谈，这是为了保证路况观察的及时性以确保行驶安全。只要车在行驶，驾驶人在任何情况下都不应放松对路况的观察。
- 汽车在行驶的过程中，驾驶人的左臂不要搭在门把手或窗框上，右手不要压放在变速杆上，左脚不要压放在离合器踏板上。
- 坐姿不正或不良习惯动作，不仅会影响操作车辆，还可能引发身体不适。如裤子后面的口袋不要放鼓鼓的钱包或其他硬质物品，容易对神经系统造成压迫产生麻木，日久天长会引发腰腿疼的毛病。

五　座椅与方向盘高度的调整方法

调整座椅是保证驾驶人正确的驾驶姿势，是调整后视镜的基础。正确的驾驶姿势对驾驶技术的发挥有着保障作用。因此，上车后的第一件事情就是将座椅位置调整好，再调整方向盘高度，系好安全带，并自觉养成职业习惯。

1. 座椅的调整方法

（1）座椅的前后距离

用左脚前脚掌踩离合器踏板到底，脚跟落在车底板上，此时左腿既要有一定量的自然弯曲，前脚掌还要有一定量下踩的余力，达到踩/松离合器踏板时轻松自然即可。

（2）座椅的高度调整

根据驾驶人身高和踩离合器踏板的技术要求综合考虑，高个子驾驶人要考虑头顶距车厢顶部至少要保持一拳约10厘米的空当距离，可防止在颠簸路面行驶时碰磕头部。

（3）椅背角度的调整

椅背角度应调至大约110°，配合手臂伸直，手腕搭在方向盘上，前胸与方向盘之间要留出25厘米左右的空当，预留出安全气囊释放时的安全距离。

调整时：

1）调整方向盘，应综合考虑方向盘与身体间的距离和高度。

2）上身前倾离开椅背，以减轻机械结构的负荷。

（4）头枕的调整

头枕的作用，就是预防车辆万一被追尾时能有效保护颈椎免受伤害。头枕上沿应与驾驶人的眉毛齐高，头枕与头的距离以端坐姿势时应空出1～2厘米即可。驾驶人不要半躺或靠着头枕开车，主要原因：一是会僵化观察侧方路况和观察后视镜的转头动作，二是时间一长容易犯困，三是路面颠簸时直接将振动传导到头部。

（5）腰枕的调整

视个人的习惯及舒适程度的要求调整。

- 在座椅上加装的凉席或坐垫，一定要固定好。
- 底板上附加的脚垫一定是要比较硬实、挺阔、吸水的，并固定好，防止前蹿或打卷后妨碍制动操作。

2. 方向盘高度的调整方法

座椅的位置确定后，再调整方向盘的高度及与身体之间的距离。

标准：手臂水平伸直，确定方向盘上缘与肩同高。手腕正好搭在方向盘12点位置上，确定方向盘与身体之间的安全距离。如果方向盘上缘影响观察仪表的视线时，可略微调高方向盘即可。

- 在调整座椅时，应根据个人身高、胖瘦做适量的综合考虑，主要以舒适自然、放松灵活为佳。千万不可为了看到发动机舱盖前端的某一参照点而一味调高、前移座椅，拉近方向盘至前胸的距离或减小头部上方的空当距离。否则，可能会影响脚下离合器踏板、制动踏板、加速踏板的正常操作。另外，座位太靠前时，会造成四肢舒展不开，操作动作拘谨，容易造成疲劳，同时也会极大地收窄两侧后视镜的观察角度。
- 手动机械式调整的座椅，在前后距离调整完毕后，要放开调整扳把，双脚平放于底板，借助双腿力量前后移动座椅，一定要确认座椅调整板把完全锁定。否则，在行驶中的制动操作时，座椅突然后移容易发生危险。
- 起步前，应做好相关准备及检查，严禁在行车中调整座椅、头枕，方向盘、安全带。
- 借用朋友或单位车辆归还时，可以不用调回适应自己身高所设置的座椅位置、方向盘高度及后视镜角度，最多也就是将座椅退到靠后的位置上。应清洁车辆，加满油。如有违法行为记录或剐蹭，一定要向对方交代清楚，并负责接受处罚或修理。

六 车内后视镜与车外后视镜的调整方法

后视镜的作用，就是扩展驾驶人观察的位置及视野角度，便于驾驶人观察车体后方及两侧后方的交通状况，给安全行车提供技术支持或保障。

后视镜有电动和手动两种调节方式，较新款的后视镜增加了电动折起、展开功能、预热除霜功能和镀蓝防眩目、带扩展角度（镜面上画有分割线）、雨滴自落及大视野等功能。新型后视镜还增加了盲区提示信号，当侧后方盲区内出现车辆时以闪耀的灯光信号直接显示在镜片边缘或呈现在仪表台的显示屏上。

后视镜除传统的手动调节防眩目功能外，新款的还有电子防眩目功能。

后视镜的调整，一定要选择在平路上，在调整好座椅位置的基础上进行。

1. 车内后视镜的调整

1）调整好座椅后确定防眩目扳钮在前方位置。坐正身体，视线关注车内后视镜，右手正手握住后视镜外框调整镜面角度，保证可从后视镜中完整看到后窗四周边沿及后窗以外的景象为宜。

还有一种方法，把车内后视镜的观察中心偏向车体右侧C柱位置，用以补充右侧后视镜的视角不足。用车内后视镜配合车外右侧后视镜动态观察右侧后方情况，是针对老款车型外后视镜视角小的一种补偿方法。

2）调整后视镜体下沿的手动防眩目板钮，白天在前方位置，后视镜可正常使用。夜间使用时，将其向后扳，改变镜面的光线折射角度，即可起到防眩目作用，不必反复调整后视镜。

3）建议加装大角度曲面车内后视镜，可卡装在车内后视镜上，可扩大后视角度至两侧C柱往前的位置，并带防眩目功能，车体两侧盲区的观察效果要优于在后视镜片上加装的小圆镜片。

2. 车外后视镜的调整方法

（1）垂直方向

后方车辆应在镜面中间位置，或远方的地平线在镜面中1/2的位置，以获得垂直方向最远的视野距离。左右两侧调整应对称一致。

（2）水平方向

按镜面内侧留有1/4或1/5的车体影像做参照，用以判断车身与相邻物体的横向间距，以获得水平方向最大宽度的视角。左右两侧调整应对称一致。

后视镜都有较大的视觉盲区，特别是在车体周围的近距离内的低矮处。如车辆在狭窄路段倒库或倒车时，看不到近距离地面上的标线、路沿或障碍物时，可视情况随时进行调整，可临时将相邻一侧的后视镜垂直方向的角度调低，弥补视角不足的缺陷，便于观察，正常行驶时再及时恢复调回原位。

七 安全带的使用方法

在车辆意外发生危险的情况下，安全带配合安全气囊及其他被动安全防护装置，极大地降低人身伤害，保护乘车人的人身安全。

1. 系安全带

左手将安全带缓慢拉出，右手握住锁舌把安全带从胸前拉过，胸带部分要左肩右斜，腰带部分要横跨在髋骨上，然后将锁舌插入锁头后梳理整平即可。松开时，左手握住锁舌防止回弹，右手直接按锁头上的红色释放按钮，锁舌弹出即可。

2. 安全带高度调节

前排座椅的安全带高度调节器位于左侧B柱上方，用于调整驾驶人肩部安全带的佩戴高度。调整时，用手捏住导向键上下移动，将安全带调整至左肩中央部位，然后松开导向键，抖一下安全带，导向键即锁定。

3. 副驾驶位置安全带的佩戴

手法、方向正好相反，后排乘车人的安全带也分左、右侧位置，佩戴方法、高度调节、操作手法同前排相同。

> **技术要求**
>
> 驾驶人必须注意提醒乘车人正确使用安全带。安全带不可扭曲打卷；不要将安全带胸带部分放在胳膊下方或靠在背后；过于松弛的安全带会大大降低其保护作用；副驾驶位置乘车人的椅背不要调得太过倾斜，否则紧急制动时乘车人可能会从安全带下方滑出。

- 松开安全带时，一定要先握住安全带上的锁舌，再按释放钮，防止卷带器急速收回时锁舌敲击车窗，反弹伤人。
- 对于卷带器故障或其他原因使安全带不能自主收回时，下车前一定要先整理好安全带，防止下车时绊倒自己，并及时送修，排除隐患。

八 检查车辆技术状况

1. 查看仪表

组合仪表显示屏用于显示汽车各系统的工作状况,便于驾驶人随时掌握车辆各部件的工作状态或运行状况。红色图标符号代表警告,即该部位工作状况异常,需要马上进行检修。黄色图标符号代表注意,表示电控系统正在对该部位进行检查,如果其工作状况正常,则黄色警告灯会在发动机起动一段时间后自动熄灭,如机油压力显示。一些重要部位除红色警告图标外,还配有蜂鸣器,如机油缺失、未系安全带、车门未关严等。车主应认真阅读车辆操作说明书,全面掌握仪表的显示功能和车辆的工作状况。

查看仪表时,应起动发动机。起动前,先关闭所有用电设备。

仪表主要包括车速表、里程表、行程表、转速表、燃油液面高度指示器、发动机冷却液温度指示灯、机油压力指示灯、蓄电池充电指示器等。

行车灯光,包括转向灯、示廓灯(即小灯,打开小灯时,仪表灯即被打开,也包括车辆的前、后小灯、牌照灯、车身腰灯或后视镜外壳灯同时开启)、前照灯、雾灯、制动灯、倒车灯等。

- 车辆除定期到正规维修店进行维护,也要做好日常和途中的检查工作,行驶中要随时注意检查各仪表工作状态及各种安全提示及车辆运行状况。
- 仪表的报警显示功能只是一种提示作用,是定期检查、维护之外的一种监测手段,不要等到警告提示后才进行检查或维修,那会给车辆造成很大伤害或带来严重的经济损失。

2. 出车前检查

(1) 发动机部分

三油:燃油、机油、自动变速器油。

四液:制动液、冷却液、玻璃清洗液、蓄电池电解液。根据消耗进行添加,还要特别注意停车位置的地面上是否有泄漏的液体。

蓄电池:免维护蓄电池要依据技术指标提示查看检视孔内的颜色显示。

传动带:散热风扇、发电机传动带,空调压缩机传动带及转向助力泵传动带,应按照维修手册要求调整松紧度。

车辆停放时间太久会造成蓄电池电力不足,因此要在定期维护的同时,注意给蓄电池进行补充充电。特别是在入冬前,应根据蓄电池电力的消耗或使用情况及使用年限进行补充充电或提前更换新蓄电池。

(2) 操作部分

仪表显示屏各项功能指示及中控锁、方向盘、喇叭、刮水器、车窗升降开关、空调、车内照明灯及车外各种照明、灯光显示(小灯、近光灯、远光灯;前、后雾灯、转向灯)危险警告灯、制动灯、牌照灯、倒档灯、车身腰灯或后视镜外壳灯,制动灯等是否正常。

(3) 车辆外观部分

后视镜、牌照、车体、门、窗、天窗、刮水器片、收音机天线、前后灯光总成、保险杠。油箱口、盖、发动机舱盖、行李舱锁止情况等。

（4）轮胎

胎压、胎壁是否有起包、划伤，胎面是否有扎伤、金属异物，花纹缝隙中是否夹有小石子，轮胎磨损情况和螺母紧固情况。特别是新换过轮胎行驶一段距离以后，一定要进行二次紧固。

（5）行李舱

灭火器，备胎胎压（及时修补更换下来的受损轮胎），危险警告牌（简称三角牌）、千斤顶、随车工具或用具、反光背心等。

长途或野外必备用品：气泵及应急灯、拖车绳、蓄电池线、急救包、备用机油、冷却液或锹、镐、防滑链等。

3. 行驶途中

随时注意用下视余光查看各仪表工作状态及各种安全提示，注意听察行驶中的车辆是否有异常、异响、异味或方向抖动、跑偏、行驶吃力、胎噪过大等其他异常工作状况。

4. 中途休息或收车

停车熄火前，注意确认仪表工作状态，灯光是否有缺光、损坏或其他非正常技术状况，再次查看胎压、胎温、轮胎紧固情况、地面上是否有滴漏的液体。

5. 跑长途或自驾出游

去4S店对车辆进行全面的检查，视情况将某些定期保养的项目提前做，免得因"亏油少液"或备胎气压不足而在路上吃苦头，影响出行计划。

车辆的日常检查：机油、汽油、冷却液、制动、喇叭、灯，这是老话。现在还要加上刮水器、后视镜，胎压、车牌照等一系列细节和内容。新能源汽车增加了许多电子设备和驾驶辅助功能装备，如果驾驶人对它了解、检查、养护不够或操作不当，极有可能埋下安全隐患。

第二节　寻找实际路感

一　车道中行驶位置的选择方法

在有分道线的道路上行驶，车道宽度为2.5~2.75米。

许多新手初上路时找不到车道中间位置的行驶感觉，多数是偏靠左线走。他们认为左侧看得见，把握比较大，对车体的右侧盲区有较大的恐惧心理。而正常的行驶位置（或行车占位时）是根据道路上的路况决定的。

行驶中，一定要根据行驶的需要（转弯、变更车道、会车、让车、超车）及前方或相邻车道中的车辆的具体的行驶姿态，必须调整自己车辆在车道中的行驶的速度、位置或与他车的间隔距离。

一是从前车的行驶姿态中可以推断出可能的变化，二是自车的行驶状态的变化中有防范的成分的同时，也是给各方车辆提供了新的路况信息。

1. 居中行驶

在自己的行车意识中，可将行驶的车道宽度一分为二，找出车道中心线，将自己车体的中心线，即变速杆或驻车制动操纵杆的位置向下与地面中心线重合即可，再参照观察左右后视镜衡量对比，找出车体两侧距左、右分道线的间距约 50 厘米的等距宽度，即可确定车辆在车道中的行驶位置。

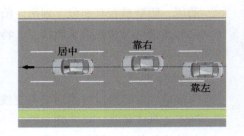

2. 靠左行驶

在自己的行车意识中，可将行驶的车道宽度一分为二，找出车道中心线，把副驾驶座位的中心线（前后纵线）重合在车道的中心线上时，车辆即靠左线行驶，再配合观察左侧后视镜确认，但要注意左侧轮胎不得压线，后视镜壳体也不得越线。

3. 靠右行驶

在自己的行车意识中将行驶的车道宽度一分为二，找出车道中心线，将自己驾驶座位的中心线（或转向轴）重合在车道的中心线时，车辆即靠右线行驶，再结合观察右侧后视镜确认，同时右侧轮胎不得压线，后视镜壳体也不得越线。

要有严格的"标线"意识。按线走车是行车的规矩，各行其道是安全的保证。

行车中，一定要以标线为行驶依据，各行其道，不得长时间压线行驶，特别是在转弯、进出环岛路口和快速、高速的出入口时。

二 驾驶操作时的参照或感觉

驾驶操作时的参照位置，主要是能帮助新手在初上路阶段时，以车身某一部位对应路面标线或车体标志物，以意识上产生的感觉直接对应或锁定到某一具体位置或距离上。

了解车体参照位置的特性，尽快地培养或建立起一种完整的操作感觉，有助于新手尽快找到道路上的行驶位置和实际车体周边距离的感觉，以便合理、准确地控制车辆。

方法

将车停在铺有水泥方砖的空地上，把车体的中心纵线对正在一条直线上，设为中心线 E 到 F。在车体左右两侧各施画出一条与车体同宽的向前的延长线，设为右侧延长线 A 到 B，设为左侧延长线 C 到 D，一共三条线。

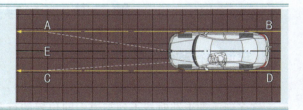

根据自己所驾车型，调整好座椅、后视镜，以便确认车体参照位置与实际位置或间隔距离的感觉，坐在驾驶操作位置找出：

1. 体验驾驶位置

坐在驾驶位置上，体验自己在驾驶位置上的偏位感觉，用看远顾近的方法和下视余光的感觉，体验车体两侧两条平行延长线向前无限伸展后与地面上的两条砖缝线重叠或重合的感觉。

2. 两个参照点与前轮的行驶位置

1）当你用"看远"和自我意识的感觉把发动机舱盖叠加在两条延长线或砖缝线上时，会发现左侧砖缝线（2 倍车长约 10 米处的延长线）在发动机舱盖前沿左侧边缘约 10 厘米的位置上，右侧砖缝线约在发动机舱盖前沿中间的位置上，分别形成两个意识中的交汇点。而感觉到的这两个交汇点，正是判断左右两侧轮胎行驶位置的参照点。

2）体验或感觉这两个参照点时，一定要用意识去感觉较远距离的延长线，用"顾近"的下视余光去感觉这两个参照点在发动机舱盖前沿上的大概位置，千万不能只盯着发动机舱盖前沿找参照点，而忽略对远处道路情况的观察。当确定这两个参照点位置后，要下车进行反向对比、核实，贴着车体从后侧往前看，记好延长线的指向和轮胎的位置，再上车确认自己的体验或感觉。

3）在"顾近"的下视余光或意识中，两脚尖的指向正好与两个参照点重合，正好指向车体两侧向前 2 倍车长 10 米左右的延长线上或是前车行驶的轨迹线上。由此证实了行内"左脚位置就是左前轮位置，右脚位置就是右前轮位置"的传统说法。

比如在通过限宽门时，只要想着把变速杆对正限宽门中间，用两侧延长线对两侧限宽杆根部，临近时用发动机舱盖左右两角对准两侧限宽杆，待车体两侧间距相等时，车辆即在限宽门的中间位置上。这也是行内对通过较窄路面时所用目测估算方法的一种解释。行驶中，用这种方法确定车辆在车道中的行驶位置，知道两个轮胎压在什么地方，行驶方向就准了。在通过狭窄路段的会车时，心里就有底了。

3. 体验保险杠位置

在驾驶位置上，让朋友配合或立竹竿在前后保险杠前面及四个角的位置上，体验前后保险杠及四角的位置和与自己在座位置的实际距离的感觉。

4. 体验四个车轮的位置

在驾驶位置上，让朋友配合或立竹竿在各车轮切点位置上，体验右侧前后车轮和左侧前、后车轮四个车轮位置和与自己在座位置的实际距离和感觉。

5. 体验停止线位置

在驾驶位置上，找出前保险杠平齐地面停止线时的参照点。

停止线参照点，显示在左侧后视镜下沿处（停止线延伸出车体左侧 1 米外时）。而右侧则在右侧后视镜后方位置基本被后视镜遮挡，伸延部分因右侧车体盲区的原因，只能看到间隔距离约 5 米以外的停止线。如果是在单车道的情况时，右侧没有参考意义，故使用频率较低。

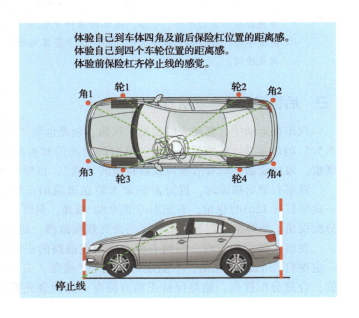

6. 体验与前车之间的停车距离

请朋友帮忙，将两辆车按正常停车的距离，以前后顺序停在空地上。前车作为参照车辆原地不动，并在它后方直线距离的地面上标示出若干个停车检测位置。

以下距离只是坐在一般中型乘用车上观察到的大概参数，具体的距离位置应根据自己所驾车型单独测定。

在驾驶位置上，找出与前车1/4车长至1倍车长的停车距离和参照位置或感觉。

1）从自车发动机舱盖前沿到前车后保险杠垂直于地面的落地点位置时，自车与前车约有1倍车长的距离。

2）自车发动机舱盖前沿到前车后轮位置时，自车与前车约有3/4车长的距离。

3）自车发动机舱盖前沿到前车后保险杠下沿位置时，自车与前车约有1/2车长的距离。

4）自车发动机舱盖前沿到前车后保险杠上沿位置时，自车与前车约有1/4车长的距离。

5）分别在不同的距离上停车，通过朋友报出实际距离的尺寸，看是否与你的感觉的距离一致，然后下车进行实际距离的核实、对比、确认，及时修正你感觉上的偏差。只有这样，才能真正领会或体验到比较准确的停车时的间隔距离。

静态体验找感觉，主要是培养目测能力和对车体周边距离感知能力，都是要通过在车上感觉到参照点，再下车进行实际距离的核实对比。把确定一个感觉的建立，要从车上、车下两个方向对比着去找，只有在通过多次参照、对比、核实、确认的基础上，才能真正领会和体验到这些感觉的存在和与实际距离的位置。它就是通常俗称的"车感"的基本功，是为了日后在道路上的合理行驶、狭窄位置停车控制间隔距离打基础。

"车感"，就是指驾驶人对所驾驶车辆的长度、宽度、高度、底盘最小离地高度、纵向通过半径、最小转弯半径（内轮差）、最小掉头半径的认知和动态感觉或操控意识。另一方面，以上的几个点只是作为新手的一般参照，在基本掌握要领后就应该用观察与前车的直线距离进行估算。

这种动态感觉或操控意识的强弱表现在处理路况时，可使驾驶人准确地判断自车所占据的道路空间及对周边距离及其他车辆的行驶位置和占据道路的空间位置或宽度，做到心中有数。简单说，就是"行车占位"，它是处理路况的基本功，或者是一种驾驶意识的"感觉场"。否则会在正常的会车、让车、超车的操作中估算不准、心中无数、缩手缩脚，造成侧向间距把握不准，不是太大就是太小，不是过于紧靠路边就是根本不敢靠边，容易发生刮刮蹭蹭或其他险情。

三 后视镜的动态观察方法

汽车在运动中，驾驶人的视觉、视角、余光也要"动态"，这是驾驶人"眼观六路，耳听八方"的基本功。观察后视镜时，视野的余光仍然要留意道路前方情况或做快速扫视、动态观察。眼神要活，既看后视镜或后视镜的"点"，也要照顾前方道路的"面"。

观察右侧后视镜时，视野左侧余光留在道路的正前方，视野的右侧余光打在B柱后方，一定要打开120°的视角，不能用习惯的80°视角，只盯着后视镜、丢失余光角度的功能。合理分配视角，始终给正前方留有一定的余光观察范围，随时注意前方路况变化。

观察左侧后视镜时，视野右侧余光留在道路的正前方，视野的左侧余光打在B柱后方，一定要打开120°的视角，不能用习惯的80°视角，只盯一侧的后视镜、丢失余光角度的功能。合理分配视角，始终保持正前方留有一定的余光观察范围，随时注意前方路况变化。

- 注意在出主路进入辅路时，交汇距离上有约 20°~30°的夹角形成的盲区——"转头角"。
在城市环路或快速路上，当车辆准备驶离主路车道进入辅路车道前一定要注意，由于主路车道与辅路车道交汇处的变更车道距离短会形成一定的变更车道的夹角，使变更车道的车的车身不平行于辅路车道，此时右侧后视镜里看不到辅路车道内的情况。
进辅路时要适当放慢车速，要放弃观察右侧后视镜，直接以向右侧扭身、转头的动作，直接观察右侧辅路车道内的情况。在没有看清辅道的路况时，车头右角不得过多进入辅道的分道线。其他路段也有相似的"转头角"，如盘山公路上有较大高度差的大于 120°的转向弯道，从操作角度讲我把它称为掉头式的"回头弯"。有时主路车道绿化隔离带上有改路补开的出口，一般都是变更车道的夹角小，距离短，原有的绿化隔离带会形成一定范围的视线障碍，通过时一定要谨慎。
- 在一些 Y 形路口、立交桥与引桥结合部位的路段上，也有类似这种较大变更车道角度的导流标线的路面。通过这种"转头角"的路段时，要放弃观察后视镜，注意扭身、转头直接目视观察路况。
- 进入左侧主路（通行优先权）车道时注意让行主路车流：当变更车道与主路车道形成不平行的"转头角"时，通过时必须适当顺正车身或以向左侧扭身、转头的动作，直接观察左侧主路的情况。

四 后视镜中后车的距离感

车辆在变更车道的操作过程中，把握住与相邻车道内后方车辆的空当距离是能否安全变更车道的关键。这就需要我们借助后视镜，动态观察侧后方情况。

但各系车型的后视镜面曲率不同，镜面大小也不同，在镜面中反映出的实际距离的感觉也不同，所以要事先确认后视镜的成像比例，找出所驾车型后视镜的在路况使用中的实际距离的感觉。

在车辆后视镜中观察到的后方车辆的图像，都是越远越小，越近越大，由远及近时会逐渐占满整个镜面。这时，后车距自车 2~3 米。当你针对某款车型的后视镜时，一定要先在车辆停止的状态下做实际距离的察验和确定。

检测后视镜中后方实际距离感的方法：

1）根据自车后视镜的镜面曲率，请朋友帮忙，将两辆车按正常停车的距离，以前后顺序停在空地上。后车作为参照车辆原地不动，并在它前方直线距离的地面上标示出若干个停车检测位置。

2）坐在前车上，分别停在自己设定的检测位置上，通过后视镜观察后方车辆，体验后视镜中的后车距离。

3）可通过朋友报出后车实际距离的尺寸，看是否与你感觉的距离一致；然后，再下车进行实际距离的查看、核实、对比、确认，及时修正感觉上的偏差。只有这样，才能真正领会和体验到比较准确的后车实际位置的距离。

第二章
驾驶操作关键技法

学员没形成完整的操作意识时，驾校教练员许多及时、重复的提示或重复提醒是很有必要的，因为汽车驾驶就是简单操作反复做。下面根据具体情况，针对相同情况作出不同路况的处置，目的就是使您能掌握要领并独立操作。

第一节 手部主要操作技法

在整个驾驶操作中，"坐姿是保证，方向是脸面，手法是重点，技法要熟练"。方向盘的操作规范与否，看一眼驾驶人的坐姿，双手在方向盘上握法及操作时的动势姿态即可，窥一斑而知全豹。

一 方向盘操作的手法

汽车方向盘的作用，就是调整前轮转向角度，控制汽车行驶方向。
行内称："眼不离路，手不离把。"

1. 方向盘的握法

在前轮正直的前提下：针对乘用车，双手分别握在方向盘轮缘外侧，四指并拢握住轮缘，拇指搭在轮缘上方。一是便于操作方向盘上的各种功能键，二是为防止在坑洼路面或意外挤靠路沿、土坎、沙堆使轮胎侧壁受力时方向盘发生回转打伤拇指。

2. 方向盘的操作原则

方向盘的操作，以左手为主，右手为辅。
任一单手上行为推方向，任一单手下行为拉方向，推为主，拉为辅。原则上，不论向左或向右打方向盘都是双手操作，右手除做换档和其他辅助操作以外，应随时积极配合左手操作方向盘。

3. 方向盘三个基点位置的作用

在方向盘360°的范围内，8点方位，12点方位和4点方位，形成鼎足三分之势，"三个基点"之间各占120°角。从动态操作的角度讲，8—12点为左侧操作范围、12—4点为右侧操作范围、4—8点为下方换手范围，是松手换把、翻手上推的"转换范围"，是单手操作方向盘转动角度的"下止点"位置。不论哪只手在此"转换范围"等待时，应放松、虚握蓄势待发。

以连续向右打方向盘为例：12点方位是右手下拉方向盘到4点方位时松手换位、上跨接手的位置。而左手从8点方位上推行至4点方位之间，是操作方向盘效率最大的角度范围。当左手进入到 4—8 点方位的转换范围时，就应及时松手换把、翻手上推，这是重要的转换被动、连续操作的蓄势准备阶段。否则，就会在 8 点的方位上支起大臂，造成扭着手臂转动方向盘的错误发生。

4. 方向盘操作的技术要求

1）车辆在行驶中，严禁双手同时离开方向盘。

2）操作方向盘时，肩、肘、腕一定要放松，四指的握力要自然适度，不耸肩，不僵劲。用小臂带动大臂的动作，完成打、回、推、拉、接、递方向盘的操作。

3）打方向盘换手时，暂时脱离方向盘的手不要张开手掌，手形一定要虎口合拢，屈指半握拳，贴着方向盘轮缘外侧翻转手臂，以防意外戳伤手指。

4）正常情况下，手在方向盘 3—9 点方位的扶握位置"万变不离其位"，不论方向盘打、回多少圈，换手时、停手后 3—9 点扶握的位置不变。如果当回正方向盘，车辆恢复正常行驶，双手扶握方向盘的位置发生移位时，应随即纠正扶握位置。

5）打方向盘时双手操作，回方向时，方向盘在车体的重力的作用下相对较轻，可视当时操作情况（右手换档时）用左手单独回转方向盘。但不可松手或虚握方向盘，让其自行回转，因为方向盘的自行回转有少量惯性，会造成车辆突然偏离正常的行驶方向（俗称"跑方向"）。

6）在坡陡弯急、蜿蜒曲折的山区及坑洼不平的损毁道路上行驶时，更需小心谨慎、规范操作，双手操作方向盘。

- 从实际操作的角度讲，每推或拉方向盘一次为一把方向。每整打一圈方向盘为打一圈方向。"打满方向"，即是向任一侧把方向打满到头。
- 当有人指挥倒车时，一定要搞清楚往哪边打方向，打多少，回多少。

5. 方向盘的三组基础练习

建议：选择平滑地面、原地着车，降低转向机构负荷，减轻前轮胎面静态磨损。

（1）双手 90°、180°、360°打、回方向盘的手法练习

1）双手配合，打、回方向盘 90°的操作手法（需左右对称反复练习）。

向右打方向盘时：左手推、右手拉双手合力向右转动方向盘，左手上推至 12 点方位、右手下拉至 6 点方位虚握等待，方向盘向右转 90°时停顿，然后回正方向盘。

向左打方向盘时：右手推、左手拉双手合力向右转动方向盘，右手上推至 12 点方位、左手下拉至 6 点方位虚握等待，方向盘向左转 90°时停顿，然后回正方向盘。

2）双手配合，打、回方向盘 180°的操作手法（需左右对称反复练习）。

向右打方向盘时：左手推、右手拉双手合力向右转动方向盘，左手经 12 点方位上推至 3 点方位处停顿、右手下拉至 6 点方位停顿、虚握等待。然后，回正方向盘时，右手随动、回到方向盘 3 点方位。

向左打转向盘时：右手推、左手拉双手合力向左转动方向盘，右手经 12 点方位上推至 9 点方位处停顿、左手下拉至 6 点方位停顿、虚握等待。然后，回正方向盘时，左手随动、回到方向盘 9 点方位。

3）双手配合，整圈打、回方向盘360°的操作手法（需左右对称反复练习）。

双手整圈打方向盘的操作，一般多用在较小半径的直角转弯和掉头、移库时方向的连续操作上。在具体操作上，有时还应视行进距离和车身角度的具体情况分别做出：快打快回、慢打慢回或快打慢回及慢打快回等不同频率的操作手法。

向右整圈打方向盘时，左手推、右手拉，双手合力向右转动方向盘，当右手在下拉方向至4点方位松手的同时，顺势屈指半握拳，小臂带大臂自胸前提起从左小臂上方越过，直接在12点的方位握住方向盘继续下拉的同时，左手推方向到达4点方位及时松手，顺势贴着方向盘外缘在同步移动时翻转手腕，在到达7点方位前翻手握住方向盘先前的松手位置顺势上推至9点方位，这时右手下拉方向盘也刚好到3点的方位，双手在方向盘上的扶握位置同开始打方向时相同，方向正好一圈。

整圈向左回方向（即向左打方向）手法与右打方向相同，但方向相反。方向盘转动一圈后双手在方向盘上的扶握位置依然不变。向左打满方向后，再改变方向向右打满，形成左右双向的循环练习。

一般情况下，双手合力打、回方向盘时，上行推方向的手为主，下行拉方向的手为辅。当遇推、拉和接、递或抡、揉及扣、涮时，全是单手独当一面。

（2）单手推、拉、接、递方向的手法练习

推方向、拉方向盘（不论左右手，下行时为拉，上行时为推）：

推、拉方向盘的角度可大可小，转角极大。如左手上推时可达4点方位，下拉时可达6点方位。右手上推时可达8点方位，下拉时可达6点方位。

推、拉方向盘的操作，多数情况下用在变更车道、慢弯和行驶中方向的少量调整时。推或拉方向的角度一般都在30°~180°范围内。调整角度的大小，应与车速相匹配，速度慢时角度可能稍大，速度快时角度必须要小。

对30°左右的角度调整时，单手上推即可，也可用下拉的手法。如右手主动下拉时，左手可在原位虚握方向等待，左手主动下拉时，右手可在原位虚握方向等待。

对90°左右的角度调整时，只可单手推出，停顿等待回方向时机然后拉回。如果推方向的角度到180°左右时，在停顿等待回方向的时机时，就会出现另一种灵活的等待手法——"扣方向"，即原地等待。

对210°左右的角度调整时，即形成大角度推拉。即从9点方位上推至4点方位时，或从3点方位上推至8点方位，可单手独立上推，另一只手随即放松，虚握轮缘在下方"转换范围"等待回方向时一同回原位，此时就会出现另一种小于一圈方向不用换手的操作手法——"涮方向"。

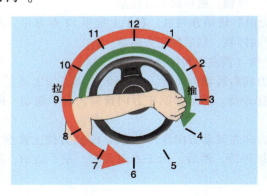 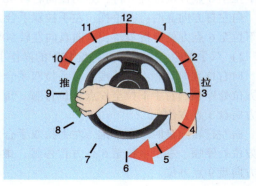

单手接、递方向盘（方向盘转角在90°～180°范围时）：

对90°左右的角度调整时，可双手同时进行接、递操作，即行内俗称：虎口对虎口。

如左手从9点方位上推递方向至12点方位，右手虚滑至12点方位，双手"虎口对虎口"后，右手接方向下拉至3点方位。回方向时，动作相反。

对180°左右的角度调整时，就需要进行大角度操作，当右手准备做其他操作前，左手可过去直接到3点方位上方把方向接到9点方位上来。回方向时，接、递均可。也可以用右手先从3点方位直递方向到9点方位上方，再回手再进行其操作。回方向时，接、递均可。如在待转区绿灯放行，车辆起步后持续加速冲车的同时，右手直接推方向盘递给左手扶握，然后回手抓握变速杆时，正好是加2档的时机。或者左手伸到3点方位上方，拉方向盘回到9点方位的同时，自然地腾出右手进行连续的加档操作。

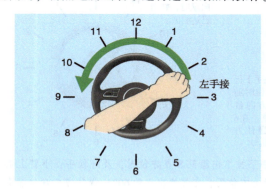左手接

右手递

不论是右转还是左转，这种一接一递和一递一接，或接来接去及递来递去，实际就是一打一回。哪只手去调整方向盘的角度，完全要适应路况或操作的需要。左、右两手，一主一随，相互配合，完全可以融会贯通、交替操作，即有章法又无定式，方便、随意、轻松和流畅。

在上路以后的实际运用时，角度小时用推或拉方向盘，双手、单手均可。角度稍大时，看双手的操作分配情况，右手忙时左手主动接或递方向盘，左手忙时右手主动接或递方向盘；角度再大时（8～4点的240°内），可采用任一单手的大推或大拉的方法操作。

在实际操作中，不论单手或双手，不论角度大小，在推拉、接递或打方向盘完成后，扶握方向盘的双手要自然放松，保持手的扶握位置不动，保持转向角度不变。在等待回方向的时机出现前，双手不要急于返回起始位置。否则，在等待回方向的短暂过程中，双手忙于返回起始位置时，一是"双手不得闲"，显得很忙乱，形成"倒手"过来回正方向盘后，还要再次"倒手"回去确定正确的扶握位置；二是增加操作频次，来回两次的"倒手"极不规范，应了行内的戏称"手碎"。如果形成痼癖以后，在山路驾车时双手就真的忙不过来了！

6. 实际应用中的5种技法（"抢方向""缓方向""备方向""掰方向""甩方向"）

（1）抢方向

简单地讲，就是双手在打一整圈方向盘的基础上，能通过变通操作手法在方向盘上抢出更大的转向角度以提高操作效率。例如，在类似移库、掉头或急弯的快速打方向盘、连续操作的快打、快回方向盘的过程中，使用"同步转动"和在方向角度上"前出抢位"的手法，使整圈打方向盘的角度最大化。俗称就是"抢一把"。

老司机的开车秘笈

> **操作方法**

　　向右打方向盘：双手合力向右打方向盘，当右手下拉方向盘到4点方位时，及时松手，小臂上提跨越左小臂，"前出抢位"在10点方位（正好是左肘上方位置，直接抢出了约60°角）握住方向盘继续下拉的同时，左手顺时针推方向正好到4点方位（此时双手正好在对应位置上）及时松手，顺势改屈指半握拳用手背靠紧方向盘外缘，以手背抵压方向盘外缘产生的摩擦力，随着转动的方向盘"同步转动"手臂，用滚动手腕（类似齿轮传动）的动作完成手掌的翻转，在6点方位（还是在右手的对应位置上）握住方向盘继续顺时针上推，当完成一整圈方向盘的操作时，方向盘的转动角度已达420°。

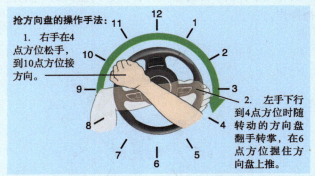

抢方向盘的操作手法：
1. 右手在4点方位松手，到10点方位接方向。
2. 左手下行到4点方位时随转动的方向盘翻手转掌，在6点方位握住方向盘上推。

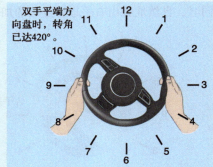

双手平端方向盘时，转角已达420°。

　　向左打方向盘：双手合力向左打方向盘，当手下拉方向盘到8点方位时，及时松手，小臂上提跨越右小臂，"前出抢位"在2点方位（正好是右肘上方位置，直接抢出了约60°）握住方向盘继续下拉的同时，右手逆时针推方向正好到8点方位（此时双手正好在对应位置上）及时松手，顺势改屈指半握拳用手背紧压方向盘外缘，以手背抵压方向盘外缘产生的摩擦力，随着转动的方向盘"同步转动"手臂，用滚动手腕（类似齿轮传动）的动作完成手掌的翻转，在6点方位（还是在左手的对应位置上）握住方向盘继续逆时针上推，当完成一整圈方向盘的操作时，方向盘的转动角度已达420°。

注意事项　　在"抢方向"的操作中，当向右（左）打方向盘时，即使是在4—8点发不出力的"转换范围"内时，左（右）手始终就没离开过方向盘外缘，利用手背抵压方向盘外缘产生的摩擦传动，轻松完成松手、换把，然后在6点方位处抄底、上推的操作转换。这一操作手法，就是下面要讲的单手的"抢方向"手法的关键基础。

- 现在小型车的方向盘都有助力，一是轻，二是转向速比大，只要"一把方向"下来顺势加上个"扣轮"动作，任一侧的转向角度就完全打满了。前驱车方向盘左右各 $1\frac{2}{5}$ 圈，约510°。
- 用这种"抢方向"的技巧，可提高单位时间内的工作效率，且达到连贯、自然、轻松、高效的效果。如连续打（回）方向盘时，再用同样手法进行操作。
- 打方向盘时，千万不要数圈。注意车头行进指向。如在掉头的多次前进、后倒的整打、整回方向盘之后，注意观察车头不要偏离设定的行驶方向。只要车辆偏行，就证明方向没有回正（停车前）。车辆进入正常行驶状态后，只要感觉双手扶握方向盘的位置不正时，及时恢复到正常的扶握位置即可。

(2) 缓方向

主要指车辆在狭窄路面或受限场地掉头或移动车位时，充分利用路面坡、坎、坑路沿等地形地物，合理利用离合器，巧妙使用断续传递动力的方法，在车辆拱坡、回溜时少量移动的过程中，趁机配合"抢方向"让前轮获得最高效的掉头角度或转向半径。

> **操作方法**
>
> 用"半联动油离配合"的方法缓慢移动车辆，让某一车轮"拱坡"或"拱坎"，然后在迅速收加速踏板踩离合器踏板切断动力，利用车辆出现回溜移动的同时，双手快速"抢方向"及时调整前轮的转向角度。此法在让车身指向获得主动角度的同时，可减少行驶的距离或减少倒车、前进的操作次数。

(3) 备方向

所谓"备方向"，就是在等待转弯前调整车身指向，或掉头的起步时，提前打出所需的转向角度。

1) 如进入待转区等待放行信号时，视路况提前打出适当的转向角度。

2) 在道路上掉头时，当感到掉头路段宽度不足，在没有一次性顺行通过的把握时，本着"宽打、窄用、先紧、后松"的原则，可利用靠边停车，打灯观察，让行等待的同时，采取先在原地微量倒车并快速向左打满方向盘的手法，备足最大的转向角度后，再进行掉头操作。

在进入没有待转区标志线的路口等待放行信号时，在"转弯让直行"时要"合理占位"。停车时，注意让出适当的距离，"备方向"的位置不要挤靠或侵占直行车的行驶通道。

(4) 掰方向

"掰方向"，也有"掰轮""掰把/头"之称，这些都是方向盘操作方法的俗称，都是以前洋车、板车、人力三轮车、摩托车和后来的直行车的方向控制在"车头"，转向操作靠"车把"控制演变而来，主要是指车辆驶离原车道"变线"时，对操作方向盘的动作的一种简称。在南方有的地方，还有把"打方向"称之为"打轮"或"打盘"的。

路口绿灯放行时，前车"抛锚"或打出让行手势，后车打方向"掰头"借道从旁通过。路边停放的车辆在驶离时，通过"打轮"把车头"掰"出来，还有形容车辆超车前"掰出车头"查看前方路况及错位观察的方法。所有这些"掰轮""掰把""掰头""掰方向"的俚语或俗称所形容或描述的经过，都是通过最基本的"打轮/盘""打方向"的动作，将车辆开出车位或驶离原车道，进入相邻车道继续行驶的操作。

(5) 甩方向

所谓"甩方向"，也有"涮一把方向"之称，主要是以是否"换手"为区分。是否"换手"的根据，主要取决于跨入外侧车道的幅度大小决定。

1) 这种手法主要是半挂大货车在转弯前，先往反方向快速打一把方向盘，然后再向内侧打够转向角度，形成快打、缓回甩正车尾的操作，主要是为给转弯的拖斗或半挂留出足够的内轮差距离。

2) 路口掉头时，同样用"甩方向"的手法，最大限度地占足路口左右两侧的路面距离，低速行车，快速向右打满方向盘，然后再向左缓速打够掉头角度，完成一个"大灯泡"型的掉头轨迹。

7. 单手操作方向盘（"抢方向"、"揉方向"、"扣方向"、"涮方向"）

转向机构按设计的要求，方向盘有自动回正能力。所以打方向盘时稍重，回方向盘时很轻。通常情况下，不论向左、向右打方向盘，原则上都是双手启动，回方向盘时可用单手"抢方向"、"揉方向"的方法操作方向盘。特别是在有转向助力的车辆上操作时更显得轻松，特别是在另一只手有其他操作动作时。

（1）抢方向

基础手法就是"抢方向"时的滚动手腕翻转手掌技法的延伸。当熟练掌握手背紧压方向盘外缘、转动手臂、翻转手掌的操作手法后，在转身后视观察的倒车操作时，可用右手扶在副驾驶椅背上稳固坐姿，完全是单手在方向盘的外缘上控制方向盘进行独立操作。但是，在倒车时连续大把"抢方向"，还需要注意车头方向的外轮差与路沿的距离，或保险杠与附近障碍物的间隔，以及在路边停车倒入车位时注意左侧通行的骑车人或不懂行规见缝就钻抢行通过的车辆等情况。

（2）揉方向

1）左手向右回方向：双手配合向左打满方向盘后，当向右回方向盘时，左手顺时针上推方向盘到12点方位时，手型改用屈指半握拳，在1点方位顺势用掌根"小鱼际"压在方向盘上缘处，利用掌根"小鱼际"肌肉下压方向盘产生的摩擦力，直接连续回转方向盘，方向回转到位后及时用四指合力握住方向盘外缘。进入正常行驶后，视情况调整双手的扶握位置。

2）左手向左回方向盘：双手配合向右打满方向盘后，当向左回方向盘时，左手逆时针下拉方向盘到8点方位时，手型改用屈指半握拳，在8点方位顺势用掌根"小鱼际"压在方向盘上缘处，利用掌根"小鱼际"肌肉下压方向盘产生的摩擦力，直接连续回转方向盘，方向盘回转到位后随即用四指合力握住方向盘外缘。进入正常行驶后，视情况调整双手的扶握位置。

3）方向盘的操作，以左手为主，也是配合右手的其他操作。如遇右手回转方向盘时，手法相同，动作相反。

"揉方向"是在正向坐姿情况下进行回方向盘的操作，摩擦力在方向盘的面上。"抢方向"的操作是在转身后视的情况下，靠把握和滚动摩擦，控制于方向盘的外缘处，可有效地防止左手可能的滑脱。

（3）扣方向

在实际操作中，用于对应相应的弯道的操作，双手合力启动打半圈方向盘，约180度。上推方向盘的手差不多在先前的对向位置停顿（如9、3点），等待回方向盘的时机时，即形成适应配合操作的"扣轮"手法。

1）向右打方向盘时：双手合力向右打方向盘，左手从9点方位打方向盘到3点方位（上方）后，等待通过弯道后回方向盘，右手在3点方位自然放松、虚握轮缘等候不动。

回方向盘时，双手合力启动，左手从3点方位拉方向盘回到9点方位，右手随方向盘回到3点方位，操作完成。9—3点方位的转动角度约180°。

2）向左打方向盘时：双手合力向左打方向盘，右手从3点方位打方向盘到9点方位（上方）后，等待通过弯道后回方向盘，左手到 9 点方位下方自然放松、虚握轮缘等候不动。

回方向盘时，双手合力启动，右手从 9 点方位拉方向盘回到 3 点方位，左手随方向盘回到 9 点方位，操作完成。3—9 点方位的转动角度约 180°。

以上操作，如当左手打方向盘到 3 点或 4 点两个的不同方位（角度）时，3—4 点方位之间转动的角度相差 30°。在特殊状态下大角度的操作中，单手操作的推方向盘的角度可从左侧操作范围直达右侧操作范围，即从 7 点上行经过 12 点到达 5 点位置，转动的角度达 300°，是单手动态操作时"力所能及"的角度范围。另一只手可在方向盘 4 点或 8 点方位附近的范围内自然放松、虚握轮缘等待参与回方向盘的操作即可。

如连续向左打一圈半后，也就是"360°+180°"，这就是"左打满"位置。再到"右打满"位置，只要上推方向盘的手在对向位置停顿，等待回方向盘的时机时都可称为"扣轮"。

单手推拉方向的最大角度，可以达到 240°，主要用在快速推（拉）方向盘到位后，立刻拉（推）回方向盘的单手操作上。一般多用在掉头、移库时的"快打快回"的抢方向角度的瞬间操作时。

以上这些方向运用的手法和说法及俗称，都是在实际情况中采集、分类和整理出来的，都是针对不同环境下的具体的方法、手法和技法操作的真实记录。

双手 90°、180°、360°的打回方向盘是基本功，也是"抢方向"的基础。

推、拉、接、递可灵活、变通应用，是"扣方向"的基础。

双手的"抢方向"，是单手"抢方向""涮方向"的基础。

"缓方向""备方向""掰方向""甩方向"，属于具体应用和配合操作。

快打快回、慢打慢回、快打慢回和慢打快回等不同频率的操作手法，都是针对具体情况的对应或变通的方法。

单手的"抢方向""揉方向""扣方向""涮方向"是应对具体情况的灵活的变通反应，也是操作能力或操作水平的体现。

- 双手禁止同时放开方向盘，让方向盘自行回转，防止回转惯性造成的"跑方向"，使车辆意外地发生偏离正常行驶路线的危险。
- 单手的"抢方向"及"揉方向"的手法，多用于在转向阻力小、地面平整的场地或车场内掉头、移库或车位调整的操作。凡遇路面条件差，方向盘沉重及手上出汗时，则一定要恢复双手操作方向盘。
- 双手"抢方向"和单手"抢方向"的能力及揉方向这些操作的手法或技法，对稳固的坐姿，腰、腹肌、臂力、腕力都有很高要求和技巧，是在扎实的基本功和协调性的基础上水到渠成、熟能生巧的结果，新手千万不要盲目模仿，急于求成。

8. 三把方向的运用

靠边停车：提前动态观察后视镜，车内后视镜，注意正后方、侧后方道路情况，打右转向灯的同时再次观察右侧后视镜，确认安全后：

第一把方向：变更车道带制动。

第二把方向：调正车身跟离合。

第三把方向：回正方向停稳车。

滑行过程看远顾近，确定车身与路沿间距停稳车辆，拉紧驻车制动器，把变速杆移至空档位置，关闭用电设备，熄火，先松离合器踏板，后松制动踏板。

技术要求

"三正"指车身正、轮胎正、方向盘正。车身右侧前后轮胎平行于路沿间距宽度不大于30厘米。

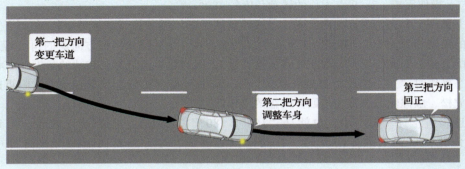

在实际路况中，除了路沿较高——挡门、冰雪路肩——滑、新路路肩——松软、雨后路肩——陷等以外，尽可能紧靠路边停车，给通行的机动车和非机动车让出尽可能宽的通行路面，避免意外发生。

注意事项　靠边停车前，动态观察后视镜，在确定安全后，一定要在收加速踏板滑行推出第一把方向驶离行驶车道后，再制动减速。决不可在行驶车道上先制动减速再推方向盘驶离，会给跟行的后车制造突然情况，有引发追尾的可能。

靠边停车，一般情况多是利用惯性滑行操作，但在行驶惯性不足、车速过低的情况下则应减档加速行驶，以适宜的车速完成靠边停车的操作。

变更车道与靠边停车很相似，都是"三把轮"，只是角度不同而已。

行驶中的变更车道操作，就是把靠边停车时踩制动踏板减速停车改换成滑行或加速行驶即可，而方向盘的操作手法相同，转动角度要与当时的车速和距离相配合。

在实际道路的靠边停车时，要在看清路沿高度后，再确定选择车辆右侧轮胎与路沿的宽度。低路沿或平路沿时尽量靠边多让出行驶车道。路沿高过车门下沿时，应适当加大停车间距的宽度，否则妨碍车门开启，影响乘车人上、下车。车停稳后，要打开危险警告灯。

克服停车方向盘不正的方法：

停车前，看远顾近，不可死盯着"参照点"，用下视余光注意感觉移动中车头的指向及双手的扶握方向盘的位置，发现向一侧偏移时或双手不对称时，随手调整方向盘的角度，顺正车身、扶正方向盘即可。

- 平时注意保持方向盘及其他操作部件的清洁卫生。对于双手出汗，特别是在山路行驶时，车上备一块纯棉方巾擦汗或戴上汗布手套操作方向盘。方向盘附加把套会影响操作手感，也别加装转向手柄。
- 车辆在日常使用中，尽量避免停车时原地打方向盘。如果经常习惯性的"打死轮"，一是会形成对轮胎的静摩擦。二是会加大转向系统传动负荷，会对球笼、悬架系统造成损伤或非正常磨损。

掉头时：当边打方向盘边踩加速踏板提速掉头时，轮胎会发出"吱吱"的摩擦异响，地面上会出现明显的剧烈摩擦形成的黑色印迹，由于前轮定位角度，胎面会形成严重的盘偏磨，原因就是车速与转向角不匹配时结果。如车速较快，突然大把打方向盘时，车辆就会产生较大的离心力，出现转向滞后（俗称推头）甩尾或侧翻。
- 具有液压助力转向系统的车辆，将方向盘向任何一侧打满后，停顿的时间不能超过10秒。如确实需要长时间保持转向角度，可随即把方向盘的转向角度退回约10°或三指宽的弧度距离，避免因转向系统油压过高而损坏转向系统部件。
- 不论是电子助力转向系统或液压助力转向系统的车辆，方向盘向任一侧打满后，千万不要再用力"生扳硬转"方向盘。如果经常性的生扳硬转方向盘，会使前驱车的转向球笼提前损坏。
- 停车时，尤其对传动带传动液压助力转向系统的车辆而言，一定要回正方向盘，使轮胎正直。释放助力系统的液体压力，保护液压系统不受损伤。即使是电子转向助力系统，经常性的不回正方向盘停车，同样会造成转向系统的损坏。
- 具有液压助力转向系统的车辆在行驶中遇发动机熄火后，方向因丧失发动机传递的助力作用而变得沉重，如属操作失误造成的熄火，应及时重新起动发动机恢复助力。如属故障性熄火发动机不能起动，应加大操作的力量，双手用力打方向盘，转向依然有效。

9. 容易出现的误区

（1）"单边碎掏"方向

如应该整圈向左打方向盘时，双手在方向盘左侧半边12—6点方位间做高频率交替换手打方向盘，向右打时双手在方向盘右侧半边12—6点方位间做高频率交替换手打方向盘。

（2）"上半部碎掏"方向

如应该整圈打方向时，双手只会在方向盘上半部操作。左手上推到约3点方位的那只手不会随方向盘转动方向下行翻转手腕换手，直接水平缩手回到起点位置再打半圈方向盘，右手在2点方位接手后下拉到4点方位。

（3）"碎递"方向

如应该整圈打方向盘时，双手只会在方向盘上半部操作。左手上推到12点方位，右手在12点方位对接后，左手直接虚握方向盘下滑按原路返回到约8点方位再上推方向盘。右手总是在12点方位对接后下拉到约4点方位，再上揎到12点方位接着往下拉。双手反复快速"碎递"方向。

（4）"碎撑"方向

如应该整圈打方向盘时，双手只在方向盘左右各半部操作，各自为政。如：右打时，左手推方向盘到11点方位停止、右手在1点方位接方向盘往下拉到4点方位，左手再从8点方位推方向盘到11点方位，右手再到1点方位接方向往下拉到4点方位、反复快速地打方向盘。

这些错位手法十分类似，问题出在基础阶段没有掌握打方向手法、换手时机和换手位置，以及用力方向不协调，心急手乱，才导致造成小角度高频率换手，"单边碎掏"，连续快速"碎递"或"碎撑"及打"上半把"方向的错误。

（5）"掏"方向

就是在整圈打方向盘时，把一只手插进方向盘内缘上半部，与外缘的另一只手交替往下拉方向盘。

现在汽车都有转向助力装置，打方向盘时手感很轻，而且方向盘都是多功能、小型化，高配车方向盘轮辐上除了喇叭按钮和安全气囊外还安装了许多电子功能调节键，轮辐中能伸进手的空档很小。在小车上用"掏方向"的手法，一是不规范，二是实在没必要，搞不好触碰到其他功能键还容易引起误操作。

(6)"搓"方向

即手掌张开翘起手指，用手掌指根部位接触面的摩擦阻力操作方向盘。

1) 不符合虎口合拢，屈指半握拳的操作要求。

2) 指根部与方向盘的接触面积小于掌根肌肉接触面积且弹性差，在手掌出汗时极易滑脱或戳伤手指。

(7)"跑"方向

1) 行驶中车辆总是不能沿着车道正常行驶，一会儿偏左，一会儿偏右。

主要原因在于不能看远顾近，两眼只盯着发动机舱盖用参照点瞄准分道线，或精神紧张，浑身较劲，用力握紧方向盘限制了方向盘正常的游动间隙。

2) 违反操作规程，回方向时双手同时松开方向盘，方向盘的回转惯性会造成车辆突然偏离正常的行驶方向。如在湿滑路面的情况下，车辆极易发生失控。

> **纠正方法**
>
> 1) 用千斤顶支起前桥，轮胎轻触地面即可，或停在冰雪地面上，减少转向系统的磨损。打开方向盘锁，按技术要求反复做分解练习，做到自然、放松、熟练为止。
>
> 2) 方向盘抓握过紧的纠正方法：看远顾近，放松心情，用举报阅读的感觉，轻松扶握方向盘。

二 手动档变速器的操作手法

驾驶人通过操作变速杆，改变变速器齿轮的啮合状态，以获得不同的行驶方向及转矩和转速，保障车辆以足够的动力、适当的速度行驶。

低档位，车速慢但转矩大；高档位，车速快但转矩小。在驻车状态下，选择空档时发动机可以怠速运转，提供暖风、空调及小负荷用电等需求。

根据现行道路的交通状况，手动档的档位速度级别大致可分为三个速度区段：1、2档适应于低速区段，3、4档适应于中速区段，5档适应于高速区段。

操作要求：手脚严密配合，手法横平竖直，操作轻巧准快，动作协调一致。

手法：大臂带动小臂——横平竖直，前后左右拐角——手腕给劲。

1. 各档位的适时换档时机

以桑塔纳乘用车为例，列举一组一般道路情况下档位和速度配比数据。

档位	发动机转速	正常行驶速度
空档	怠速1000转/分左右	原地
1档加2档时	1500～2000转/分	20千米/时左右
2档加3档时	1800～2000转/分	35千米/时左右
3档加4档时	2000～2500转/分	50千米/时左右
4档加5档时	2200～3000转/分	70千米/时以上

车辆在行驶中，加档前一定要充分提高车速，使车辆产生更高的速度和行驶惯性后再加入高一级档位。一般情况下，加档要逐级操作，减档操作可根据当时车速情况采取逐级或越级减档。如若不然，当变速器的某一档位被发动机的最高转速或最低转速"拖累"时，就可能会出现"拉档"或"拖档"的情况。

（1）拉档

车辆使用低档位，发动机长时间处于高转速情况下的行驶，如长时间用2档跑40千米/时、3档跑60千米/时，或用4档跑80千米/时，行内称"拉档"。

现象：高噪声。

危害：高油耗、高磨损、高排放。

> 纠正方法
>
> 充分踩加速踏板提速，在车辆产生行驶惯性后及时加上高一级档位。

（2）拖档

车辆使用高档位，发动机较长时间处在低转速下的行驶。如用5档跑40千米/时或用4档跑30千米/时用3档跑20千米/时，或制动减速后"跟离合"较晚，严重时底盘发出撞击声。行内称"拖档"。

现象：车辆行驶无力，发动机出现爆燃时，加速性差，严重时越踩加速踏板非但不走车，反而会出现齿轮的撞击噪声甚至造成发动机熄火。

危害：高油耗、高排放，发动机超负荷易产生积炭，变速器齿轮磨损非常严重。

> 纠正方法
>
> 及时踩下离合器踏板，"认速选档"，把档位及时减至与当时行驶速度相适应的档位上。

2. 各档位间的速度重叠区

汽车发动机产生的动力经过变速器各齿轮组的组合，输出不同转矩和转速，以适应车辆在不同路况行驶的需要。我们在操作时应选择适当档位配合相应的车速，充分利用发动机在各个档位不同转速时的重叠效能，达到节约燃料、降低发动机磨损的目的。

速度的重叠区

● "拖档"临界点　　● "拉档"临界点

档位	临界转速	最高转速
5档	1500转/分	4500转/分
4档	1300转/分	4000转/分
3档	1200转/分	3500转/分
2档	1100转/分	3000转/分
1档	—	2500转/分

车速：1　10　20　30　40　50　60　70　80　90　100　110　120

通过了解速度重叠区在实际行驶中的应用，可防止行驶中的"拉档"或"拖档"，以达到合理调节档位减少操作频率，充分发挥发动机动力性能和节油的目的。

1）上坡加档：踩加速踏板起步后，持续提高发动机转速，把车速提速到30千米/时再加

2档。一般道路20千米/时即可加2档。1档30千米/时最高转速与2档20千米/时最低转速之间有一个10千米/时的差值，这10千米/时的差值速度就是两个档位之间的速度重叠区。当换档操作在收加速踏板、踩离合器踏板的瞬间车辆处于无动力的惯性滑行状态时，车辆在上坡阻力的作用下惯性损失很大，速度很快降下来，当加档完成踩加速踏板松离合器踏板将动力传续上时，降低的速度正好落在2档的承受范围内。同理，各档位之间在上坡加档时都是这种情况。因此，一定要合理利用车辆档位间转速重叠区的工况时段，根据路面情况，充分踩加速踏板提速后，依次逐级加档。

　　2）平路紧急提速加档：乘用车平路1档起步踩加速踏板加速稍微拉档到30千米/时，可直接挂入3档行驶，这也是利用了转速重叠区的工况时段完成的越级加档。1档时发动机的高转速能使车速达到30千米/时，便可和发动机的低转速下3档的30千米/时相衔接，这是1档和3档都能承受的车速范围。这种操作方法，在平路上属于"急速模式"，一般只是用在快速行驶初始阶段的加档操作时；这种操作，只限于低、中档的衔接，一般情况下挂入3档后应进入正常的逐级加档操作。中级以上的"拉档"操作，会让发动机超负荷，或者说比较费油。一般情况下，多借下坡行驶时效果明显。

　　3）利用下坡路段，用2档"溜坡"起步。稍微踩加速踏板就可加上3档。也可用2档"拉档"，用发动机的高转速把车速拉到40千米/时，直接挂入4档，正好与发动机的低转速40千米/时相衔接，这些都是在轻微"拉档"行驶状态下的档位衔接，符合速度重叠区运行规律的原理。

　　4）处理情况：有时在平路上处理情况收加速踏板滑行或制动减速，待路况缓解车速降低时应根据车速减档行车，即"认速选档"。如车速降至40千米/时，只要把5档减至4档，利用行驶的惯性缓踩加速踏板就能继续跑起来，特别是遇上下坡时效果更明显。如果是5档减至3档，则需加较大的节气门才能补齐减档前的速度。而在遇上坡路段时，直接从5档减至3档及时踩加速踏板，重叠区的衔接则恰到好处。

　　　　　　驾驶手动档车辆，一定要有对车辆行驶速度的感觉和车速与档位相匹配有清晰的概念。要强化培养速度感和提高对道路坡度、弯道半径、交通状况的观察与判断的能力，这些都是驾驶车辆时动态感觉的基本功，都是在实际行车中用得着的有效方法。乘坐他人车辆时，可以观摩、学习。

　　自动档车辆利用重叠区原理，可挖掘发动机潜力，目前进入了多档化趋势。把前进档从早期的三四个档位增加到现在的六七个档位，个别的大排量车有八九个档位。全是通过调配变速器档位及时优化传动比，减轻发动机的工作负荷，减轻机械磨损，使车辆行驶的状态更平稳，车速更快，同时也提高了发动机的燃油经济性。

3. 起步时档位的选择

不同道路,不同乘坐人数时

1）冷车、上坡、满员时，必须用1档起步。

2）热车、下坡、无乘员时，可用2档起步。

3）热车下坡时，可用2档借坡溜车起步。需要注意的是，必须是着车状态。踩离合器踏板换档，松开驻车制动器操纵杆，车辆先移动，松离合器踏板时稍踩加速踏板，当车速达到20千米/时时加3档后松开离合器踏板进入正常的行驶操作。

4）对于有些严重拥堵的路况，1档起步后需用半联动控制车速。

在平坦路面车载较轻时，用1档较大节气门行驶，不如用2档小节气门行驶。

2 档在短时间、短距离内也可使用半联动操作。主要应对泥泞、冰雪路，低符着力路面的起步时，目的是减少转矩的输出，防止轮胎打滑。凡遇半联动时，千万不要用大节气门，否则会加剧离合器片的磨损或烧蚀及轮胎打滑或空转，造成非正常磨损。

5）换档时机取决于发动机负荷、路况及车速。汽车起步后，只要道路条件和交通状况允许，就应及时踩加速踏板提高车速，按百米加档的要求完成加档操作，用较高档位进入正常行驶。

①市区、拥堵时、经济或平缓模式时，小功率（较小节气门）起步及行驶。

②快速或高速上及山路上坡模式时，大功率（较大节气门）起步及行驶。

6）备档：即 1 档起步后右手和左脚不离开操作位置（即备档），等待加 2 档的时机。主要是因为 1 档加 2 档所行驶的距离不长、等待加档的时间很短，一般也就是 2—3 秒。在整个等待操作的过程中，右手始终不松开变速杆，左脚虽然要彻底松开离合器踏板行程，但不离开踏板。待 1 档提速完成加 2 档的操作后，右手和左脚再回到起始位置。否则，手脚在相对短的时间内来回换位显得很忙乱。但如遇起步后长距离低速跟车行驶时，手脚必须及时回到起始位置。

1档起步后不松手，等待2档

注意事项

当车辆进入正常行驶后：

1）换档操作后，勿将手臂长时间压放在变速杆上，应及时回到方向盘的扶握位置，以免手臂的压力传到换档拨叉上，导致拨叉早磨损。

2）不进行换档操作时，左脚要彻底离开离合器踏板，不得将左脚压在离合器踏板的自由行程上。否则，左脚的压力，会造成分离轴承和分离杠杆的非正常磨损。

4. 行驶中加档时机的选择

驾驶人应当学会感觉或聆听发动机的声音：开始踩加速踏板"冲车"时，发动机声音发闷、低沉、厚重，随着车速逐渐提高发动机的声音变得轻快、明亮、音调升高，并产生行驶惯性，这时就是加档时机。加档动作要及时，否则过迟的加档操作会造成动力损失。换档操作动作要快，动作缓慢就会造成惯性损失。驾驶人可以结合自己对车速的感觉、发动机的声音变化，配合观察发动机转速表来综合判断车速及加档时机。关键是"冲车"加档的过程中，一定要把低档位的行驶惯性"悠起来"再行加档。归根结底：驾驶车辆的过程，就是利用发动机产生的动力，操纵车辆产生惯性行驶的过程。

5. 行驶中减档时机的选择

（1）以控制车速为目地的减档

先减速后减档：根据道路及交通状况确定通过速度而提前制动减速，如转弯前、视线不良处、处理路面情况时，在收加速踏板滑行减速或制动减速完成及路况缓解后，再进行认速减档操作，平稳通过。

也就是说，遇到处理情况时，一定要先将车速降下来而后再选择适当档位继续行驶。

先减档后减速：在山路行驶下长坡前或冰雪路面处理情况的减速时，需提前收加速踏板减档，利用发动机怠速的牵阻作用减速。

（2）以保持发动机动力为目地的减档

上坡前，视坡度提前减档，选择适当的档位，才能发挥发动机最充足的动力性能。如当感到发动机声音轻微沉闷，就是发动机动力不足的表现，应及时减档。一旦感到踩加速踏板时发动机声音沉闷、微微发抖及伴随爆燃，就要及时越一级减档，以迅速弥补动力不足和惯性消失的被动局面，否则很快会出现"拖档"现象，严重时会导致发动机熄火。

（3）以提高车速为目地的减档

超车前，应主动减一级档位，利用低一级的档位获得更大转矩和驱动力，通过加大发动机转矩提高车速，迅速完成超越后再加档正常行驶。

一般道路下缓坡路段时，只要路况许可，就应该尽可能地选择使用高一级档位和中等转速以下的节气门，让发动机的中等转速与高一级的档位相匹配，以获得发动机最佳工况。

山路长距离上坡时，应选择使用低一级的档位和中等转速以上的节气门，让低一级的档位与发动机较高的转速（更大的转矩）相匹配，让车轮获得强大的驱动力。

6. 山路行驶时档位的选择

1）山路行驶只有选择适当的档位（一般选择中速档），才能发挥发动机最合理的动力性能。上坡时，为保持发动机的足够动力，就应适时提前减档，时机要早于平路时。而加档时应尽量利用相对平缓上坡路段，下坡道加档不需要过量"冲车"提速，靠听或感觉发动机声音变化作出判断，声音轻快、惯性初现即可。

2）上坡与下坡之间档位选择的级差不能太大，主要看路况条件。如果上坡时用3档能够正常行驶，下坡时一般还用3档，最高用4档。但遇弯多、坡陡、视线不良等情况时，还是要主动提前降低车速，选择原来的3档或降低到2档低速通过，才能保证行驶安全。

3）在山路上坡行驶时加减档的操作中，动作要比平路时更加轻、巧、准、快，以避免动力损失。操作前，"手脚到位"，右手"备档"，左脚"备离合"，看准时机操作。加速踏板的操作，只应有间歇声，换档入位的动作清晰准确，不应有空踩加速踏板的声音。"油离配合"紧凑平稳，不应有太明显的顿挫感。

4）发动机制动：一般在下长坡的情况下，降一级档位，充分利用发动机怠速的牵阻作用控制车速，可减少制动的使用频率，避免制动鼓过热发生热衰减现象，使制动效能降低或失效。

7. 弯道的换档时机及操作技法

在一般道路行驶时，为获得足够的动力及合理的速度，要通过及时换档来适应路况变化。按照一般道路的规律，弯道前减档多，待弯后再加档，以获得发动机低负荷的运转和合理的行驶速度。

一般道路：即平路弯道一般最大不过120°的直角弯。

山路弯道：就是有高度差的近似180°的掉头弯。

弯前的加、减档，弯中的加、减档或弯后加、减档的操作手法，更适合山路驾驶，且使用频率最高。

山路的特点：为保持发动机足够的动力，档位的选择要灵活运用，为把握速度，方向运用的手法、技法要熟练准确。因此，特别是在山路行驶的上坡时，一定要在控制转弯速度、保持发动机动力的情况下灵活掌握操作时机，适时变换档位，以不同于驾校初级阶段的操作去适应山路行驶的需要。

（1）弯前减档

主要是以控制转弯速度，保持发动机动力为目的。在转弯前的适当距离内收加速踏板减速（上坡时）或制动减速（下坡时）后减档，而后打方向盘进入弯道，待回方向盘时加速、加档继续行驶。

（2）弯中减档

利用弯道前的上坡路收加速踏板减速或下坡路制动减速，把车速控制在适合转弯的速度上，然后在打足转向角度进入弯道后，利用回方向盘前的等待时机，用左手控制方向盘，右手完成减档操作，待驶出弯道双手回方向盘时加速后加档继续行驶。

（3）弯后减档

一般是弯前对弯道的判断有误，对车速的控制不当或档位的操作有误、弯中无法及时修正造成弯后回正方向盘后的被动减档，或弯道中偶遇路况变化制动减速后的减档。

（4）弯后加档

双手回方向盘，提速后加档，正常行驶。

弯中加档或弯中减档是在双手配合的情况下做出换档的操作；一定要根据路况在选择好时机的情况下，双手紧密配合进行操作；一定要在双手打足转向角度后在等待回方向盘的间隔中，左手扶握方向盘，腾出右手进行加减档操作。

新手可以先在一般道路的弯道上练习，时机、手法配合要得当，动作一定要干净利落、准确到位。一定要在手法熟练的基础上再做坡道上的弯中加减档操作，万万不可强求，否则会"顾此失彼"，顾了方向，顾不了档，或极易发生"丢"方向或挂不上档的情况。

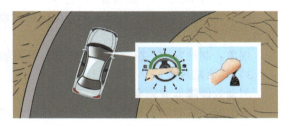

8. 驻车时档位的选择

平路驻车时，拉紧驻车制动器操纵杆，把变速杆移至空档位置即可。如果在坡道的情况下驻车，为防意外溜车，可选择换上与坡度相反的档位，上坡处换前进档，下坡处换倒档，用熄火的发动机牵制行驶系统，再加上拉紧的驻车制动，能起到双保险作用。

在弯中加减档时要注意，一旦在操作中遇到路面情况与转向、换档发生冲突时，应以处理情况（即制动减速）为主，其他为次。当转向与换档发生纠结时，应以转向为主，档位为次。档位选择，要对应弯道或上坡弯道的具体情况而定。

当你开朋友的车或在外租车时，在上车的第一时间就要确定驻车制动器是否拉紧，一定要在踩离合器踏板第一时间，检查变速杆是否在空档位置后才能起动发动机。否则，赶上别人用换档不拉驻车制动器的方法驻车时，你在不踩离合器踏板的情况下起动发动机时容易发生意外。

不论何时何地何原因，起动发动机前一定要先确认驻车制动、空档后再踩下离合器踏板起动发动机。这样做还有一个好处，因为发动机与变速器齿轮组分离后，可减小起动阻力，减轻起动机负荷，减少大功率放电，延长了蓄电池使用寿命。

9. 空档

现在的电喷发动机，当松开加速踏板后带档滑行的过程中，电控单元会根据发动机的工作状态调配停止供油。如果车速低于40千米/时，电控单元调配重新供油，以维持发动机怠速的正常运转。而发动机的停油运转和怠速运转主要作用，都是为了保证制动系统的真空负压和早期的液压转向助力泵（现在全是电子助力转向）或发电机的正常工作。因此，现代汽车空档滑行并不节油，只能是增加操作频次或增加离合器片的磨损，丧失制动系统的真空负压和液压转向助力泵或发电机的正常工作。

空档滑行可能会造成发动机熄火，关闭点火开关后，一是可能会锁止方向盘，二是彻底丧失制动系统的真空增压及转向系统助力作用，三是冒方向失控的危险及制动效能降低的风险。

10. 抢档

"强行减档"俗称"抢档"。与"抢档"相关联时，就必然提前讲到"制动踏板"和"驻车制动"了。

在现代车辆中，制动系统完全失效的情况一般不会发生。制动性能降低的情况一般有4种：

1）制动液缺失。

制动主缸液面高度过低，或管路意外损坏（管路漏油）。

现象：感觉制动"发软"。

2）真空助力泵皮碗或管路漏气。

助力作用失效，属于机械故障，也包括发动机熄火后空档滑行时的第二脚制动，同样无助力。

现象：制动发硬、沉重，效率降低。但要加倍用力踩，制动依然有效。

3）热衰减现象。

制动效能降低或完全失效。

下山时，长时间、长距离、频繁使用制动减速，造成摩擦片不同程度的烧蚀，降低或丧失摩擦作用。烧蚀严重时，制动鼓内摩擦片表面全是焦炭，无论多大的制动力，制动完全失效，根本停不住车。

4）水衰减现象。

制动效能衰减，感觉绵软。

汽车涉水后，制动鼓内积水未排净、磨干。制动反应迟缓，制动距离成倍增长。

在制动时，当感觉制动踏板无力度感（发软）或制动减速反应迟缓，驾驶人一般的正常反应都是下意识地补踩一脚制动踏板，而当第二脚制动无明显效果时，一定要踩住制动踏板不放，应不失时机、果断启动"抢档"的操作程序，利用发动机制动的方法，逐步降速后再配合使用驻车制动器或视情况及时使用其他辅助的方法达到减速直至停车的目的。

平时，车辆行驶是在发动机运转的情况下产生驱动力，动力（转矩）通过离合器、变速器及传动轴等部件传给车轮，驱动车辆行驶。而"抢档"操作中的发动机制动的方法，就是将车辆行驶的动能，反向通过变速器低速比的齿轮组合，经离合器传给发动机，利用发动机被动运转阻力所产生的牵阻作用，利用各档位间的速度差强迫车速逐渐降下来，再配合使用驻车制动器或其他物理辅助的方法迫使车辆减速。因此，在"抢档"操作的整个过程中，在每次减档松离合器踏板时都会产生较大的顿挫感和巨大的发动机爆音，并且会伴随整个减速过程，所以"抢档"对发动机和传动部分损伤是很大的。

以下讲解"抢档"步骤及操作方法。

(1) 逐级"抢档"减速停车

操作的全过程：

左脚踩下离合器踏板，如从 5 档减至 4 档后，双手控制方向盘，左脚控制住离合器踏板在半联动接触位置后，再缓慢地松开踏板时，车体顿挫感产生并伴有巨大的发动机爆音。当离合器摩擦片全部结合时，左脚应完全放开离合器踏板。等到发动机的牵阻作用把车速降到 4 档的速度范围内时（约 40 千米/时）再减至 3 档，重复离合器踏板在半联动接触位置后缓慢地放开踏板的过程。

当车速降到 3 档的速度范围时（约 30 千米/时）再减至 2 档，重复在半联动的操作和放开踏板的过程。

当车速降到 2 档的速度范围时（约 20 千米/时）再减至 1 档，重复在半联动接触位置后缓慢松开踏板的过程。

当速度降到 1 档的速度范围时（约 10 千米/时）再配合使用驻车制动停车。

(2) 越级"抢档"减速停车

一般在下山坡道或其他情况比较紧急的情况下使用。

左脚踩下离合器踏板，从 5 档直接越级减至 3 档（可根据当时的档位，从 4 档直接越级减至 2 档，或从 3 档直接越级减至 1 档）。

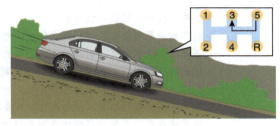

双手控制方向盘，左脚控制住离合器踏板在半联动接触位置后，再平稳地放松，此时车体会产生猛烈的顿挫感，并伴有巨大的发动机轰鸣声。当离合器摩擦片全部接合时，左脚应完全放松离合器踏板。

等到发动机牵阻作用让车速下降到 3 档速度范围后，再直接越级减至 1 档，待车速下降到 1 档速度范围后配合使用驻车制动停车。

(3) "抢档"操作中驻车制动的操作方法

当速度降到 10 千米/时以下时，左手控制方向盘，右手握住驻车制动操纵杆，拇指要始终按住释放按钮，用力曲臂上提驻车制动操纵杆。在发动机的牵阻作用和驻车制动的共同作用下直至临近停车时，再松开按钮，彻底锁止驻车制动器。

(4) "抢档"时控制住方向盘

"抢档"的减速过程中控制住方向盘。要注意观察路况积极寻找可利用的障碍物，危急关头要不失时机地利用简单的物理方法，人为制造行驶阻力，果断地实施强行停车。如利用紧急避险车道、阶段性的上坡路段、路边排水沟、农田、沙石料堆、土丘、坑坎、灌木丛、小树林、大树或山体、岩壁、实质墙体的隔离带，造成车辆拖底或车身次要部位的碰撞、刮蹭或撞击等方法，使车尽早停下来。

注意事项

1) "抢档"操作，一定要按操作程序进行。特别是现代电喷发动机车辆，千万不可关闭点火开关，因为发动机熄火后可能会锁住方向盘，丧失对方向的控制。另外，快速行驶的车辆在发动机熄火，方向盘锁住，驱动轮骤停的情况下，可能会发生倾覆的危险。

2) 不论是逐级或越级"抢档"，在到达离合器半联动的接触点后，一定要平稳地逐渐地彻底松开离合器踏板，利用离合器摩擦片强行带动发动机进入超高转速，起到牵阻作用。这时离合器的摩擦动作相当于是"半个"制动的减速作用。因此，"抢档"后千万不可急速猛"抬"离合器踏板，否则会有击碎离合器摩擦片的可能，那时发动机的牵阻作用就会因为没有离合器片的摩擦传递而完全失效。

3) 汽车以经济车速行驶时，发动机转速在 2500 转/分左右，而强行减档后发动机转速可能高达 5000 转/分，发动机会发出欲碎般的咆哮声，非常难听，特别是在高档位区段时。只有当转速逐渐下降到 2000 转/分左右，才是再次减档操作的最佳时机。

4) 在车速未降下来之前使用驻车制动器，减速作用不明显。如强力锁止驻车制动器，机械传递的钢丝拉线有崩断的可能。

5) 在减入 1 档车速下降后，配合使用驻车制动器停车时，拇指一定要压住驻车制动器按钮用力拉紧驻车制动器操纵杆即可。当感觉力量不足时，借助腰部力量，上身可向左侧倾斜。车停稳后才可完全锁止。

6) 车辆在"抢档"自救或在其他情况的行驶中，一旦发生拖底情况，一定要认真检查底盘，任何地方漏油（发动机油底壳、变速器壳体、制动系统液压管路）都不要冒险行驶。

7) 至于越级"抢档"，除非遇到下坡路或巨大危险时才被迫使用。紧急险情发生时，是顾人不顾车的。

- 变速器换档方式各异，厂家配备的驻车制动器的形式，一是根据不同车辆技术性能设计的，二是有些厂家是否考虑到"险情自救"的因素，是否在使用说明中有详细说明。因此，有些机械故障或机械事故及交通事故，完全是由于不了解操作步骤或顺序，误操作而引发的。
- 驻车制动器有传统机械拉杆式和现代电子拉杆式两种。电子驻车制动器的制动传递又分电子拉索式及电传式。制动部件又分蹄式和卡钳式两种形式。最重要的是电子驻车制动器系统的程序设定（工作逻辑）如何应对制动失效的意外情况。在这一点上各系、各款车全都不同，操作方法肯定也会有所不同。
- 一定要根据自己所驾车型的具体配置查看使用说明书。具体的细节可咨询 4S 店。在没搞清楚变速器及驻车制动器结构或形式问题之前一定不要冒险试验。
- "动车三分险，处处要小心。"我们每次上车前一定要看一看车下地面上是否有滴漏的油渍。秋冬季节，特别是早晨开车起步时或下坡前试踩一脚制动踏板，随时随地检查制动效果，不要相信高档车就不会发生故障。在租车、借车、长期停驶车、进厂检修维护，特别是刚修过制动系统以后的车辆，要注意查看制动液是否达标，制动是否有效。车一动，就先踩一下制动踏板，没问题再走！下坡前，试踩一脚制动踏板，一旦感觉减速效果不对劲，马上果断地"抢"一级档位，借助发动机的牵阻作用控制住车辆初期下滑速度，不要错失良机，尽早设法停车，避免在判断的反应过程中车辆下坡加速，给后面的操作增加困难。

三 驻车制动器的操作方法

驻车制动器，就是以机械或电控的传递方式，锁止停驶车辆的驻车装置。

目前，乘用车常见的驻车制动器有机械式和电控式两种形式。机械式分手动操作或脚踏操作两种操作方式。

1. 操纵杆式驻车制动器

驻车制动器的操纵杆，安装在驾驶人座位右侧，变速杆的后方。操作时，四指并拢，握住操纵杆握把，拇指虚放在操纵杆顶端的按钮上（正常停车制动时，拇指不用按压操纵杆顶端的按钮），用"爆发力"曲臂上提拉紧，同时可听到 3~5 声连续的"嗒、嗒、嗒"的棘齿锁止声，将操纵杆拉紧到位后即起制动驻车作用，仪表板上驻车制动器图标符号显示灯即同时点亮。

放松驻车制动器时，在曲臂上提操纵杆的同时，拇指按下操纵杆顶端的按钮，然后再将拉杆向下推送到底，即解除制动作用。这时，观察仪表板驻车制动器图标符号显示灯是否熄灭，以确认驻车制动器是否彻底松开。

2. 脚踏式驻车制动器

脚踏式驻车系统也是驻车制动器的一种，两者的作用是相同的，只不过是换了种操作方式，用脚踏板来控制。欧美系自动档汽车多用机械式脚踏驻车制动器，它安装在左脚放脚踏板的位置上方，是悬空的一个小踏板。操作时，左脚直接踩下踏板，可听到疾齿锁止声，仪表板上驻车制动器图标符号显示灯点亮，即起制动作用。放松时，先踩下踏板，随即抬脚，即可解除驻车制动，仪表板上驻车制动器图标符号显示灯即熄灭。

在少数车型中，还有另外一种制动解除形式，在脚踏式驻车制动器上方仪表台处，专门设置有解除驻车制动的拉手，直接拉动即可解除驻车制动。

 传统机械式驻车制动器的主要作用是停驶后使用，正常行驶中使用减速效果不明显且容易发生甩尾或跑偏。

3. 电子式驻车制动器

电子"手刹"是电子式驻车制动器的俗称。电子式驻车制动器和传统驻车制动器相比，操作更为简单，而且省力。

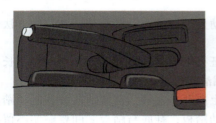  

电子驻车制动器的开关键和门窗玻璃升降器开关键类似，一般设置在副仪表板下部。各系车设置位置略有不同，详见所驾车型使用说明。

（1）拉紧电子驻车制动器

单指上提按键，组合仪表显示屏的驻车制动器的图标符号显示灯即点亮，表示驻车制动器拉紧。

（2）松开电子驻车制动器

起动发动机后，踩下制动踏板下压按键，驻车制动器即松开，组合仪表显示屏上的驻车制动器图标符号显示灯即熄灭。

电子驻车制动器有起步自动松开的功能，直接踩加速踏板提高发动机转速，电子驻车制动器自动松开，便于坡道起步，组合仪表显示屏里的驻车制动器图标符号显示灯即熄灭。

高配车型启动电子驻车制动的 AUTO HOLD 模式后，无论在 N 位还是 D 位，在堵车断续缓行、上坡断续跟车，制动停车等红灯时，不需要长时间踩住制动踏板，有自动锁止功能，可以保证车辆不溜车，而且踩加速踏板即解锁。

电子驻车制动系统如果有紧急辅助功能，在制动系统正常工作的情况下能起到副制动的作用。当单指持续上提驻车制动器的按键，会通过 ESP 系统控制行车制动器对四个车轮进行制动，由电子驻车制动控制单元发出点亮制动灯的指令。

对于手动操纵杆式驻车制动器在行驶途中可灵活运用,如遇红灯或道路拥堵造成的停车,视具体情况而定。

- 临时停车:观察到前方车辆已经逐渐起步或判断停车时间一般不超过 10 秒时,右脚制动停车后不松脚,或把变速杆移至空档位置,松开离合器踏板。待前车一动,适路选挡,松开制动踏板、踩加速踏板(下坡时稍踩加速踏板或不踩加速踏板)、松离合器踏板即起步。但要是停在上坡时,你就得配合使用驻车制动器或用你有把握的操作方法(制动踏板配合离合器半联动)做坡道起步了。
- 预测停车时间长就果断拉紧驻车制动器。除严冬酷暑外可考虑是否熄火等待。
- 在道路上行驶时,不允许用驻车制动器代替制动踏板使车辆减速或停车,主要原因是车尾制动灯不亮,会给后车判断、操作造成困难。从安全角度讲,制动踏板是四个车轮制动,驻车制动时两个后轮制动,当车速较快或前轮方向有角度及在湿滑路面的情况下,车辆极易发生侧滑或引发事故。

第二节 脚部主要操作技法

一 制动踏板的操作方法

制动踏板是控制行驶车辆减速或停车的装置。制动力是通过制动踏板传递液压的方法作用于四轮制动器。

行车中正确、合理、适时地运用制动踏板,是保证行车安全的首要保证,同时对延长相关部件的使用寿命,减少轮胎的非正常磨损以及节约燃油都有着直接影响。

操纵制动踏板时,抬起右腿带动右脚从加速踏板上离开并左移,自然地落放在制动踏板上,脚跟着底板作为支点,前脚掌放正,完全盖住制动踏板,鞋底与踏板之间要贴实不留缝隙。一般情况减速制动时,主要以小腿和脚跟支配前脚掌做踩下、放松制动踏板的动作。制动踏板的操作力度要稍大于加速踏板,操作中用力要平稳、均匀。紧急制动时,要抬腿离开加速踏板,落脚踩制动踏板,用座椅支撑腰背的作用,加强腿部和右脚的力量,直接作用于制动踏板上。

 当鞋底上带有积雪、泥水,再加上脚在制动踏板上位置摆放不正,情急之下踩制动踏板时极易滑脱。解决办法:上车时磕鞋,上车后在脚垫上蹭几下,把鞋底彻底清理干净。前脚掌在踏板上的位置要正,完全盖住制动踏板。

制动的几种操作方式:

1. 准备制动

1)右脚从加速踏板上抬起左移至制动踏板上方落脚,鞋底要与踏板完全贴实,脚跟落在地板上做支点,只备不踩。

2)制动踏板上约有 5 毫米的自由行程。顶端位置包括有 2~3 毫米的踏板间隙,再往下即是制动灯压发开关的微量行程。当右脚与踏板完全贴实后少量轻压踏板,就能感觉到这个间隙。当踏板间隙被踩下时,制动灯即被点亮。

3)对新手来讲,从一开始就要养成准备制动的习惯,形成下意识的动作,这是预防停车时错踩加速踏板最基本的有效措施。行车中,当你遇到看不透、吃不准、处理不了的情况时,在收加速踏板后，直接把右脚放在制动踏板上准备制动。一旦情况有变可立刻制动，可减少反应时间和制动停车距离，更重要的是防止情急之下错把加速踏板当制动踏板踩。

4）谨慎小心、潜移默化，有备而无患！在多次准备制动后冷静的观察中，你会体验出各种路况的一些变化规律，逐渐地把判断路况的能力练出来，也会逐渐领悟出各种不同路况的行车规律和观摩到高手们处理不同情况的完整过程，总结出处理不同情况的变通方法。

有备无患，安全是第一位的。谨慎、严谨的操作，可以避免许多意想不到的麻烦，防范性的操作就是安全自保的唯一有效手段。在初上路行驶，经验不足、判断不准的情况下，"制动备一万次没踩，绝不为过"。

2. 紧急制动

汽车在行驶中，一旦遇到突发紧急情况时，驾驶人千万不能慌乱。

1）直接果断用力踩下制动踏板，一脚到底，持续用力直至停车。

在制动减速过程中，千万别踩离合器踏板，不可把变速杆移至空档位置，不用拉驻车制动器。集中精力观察路况，控制住方向盘，视情况按住喇叭警告对方。

2）在踩下制动踏板及车辆在减速过程中，眼神要活，不要把视线聚焦在当时的障碍物体上，要注意周围情况的变化。千万不能死盯着危险目标"发愣"，造成"目标锁定"。那时，只要"一愣神"，车辆估计就会顺着视线锁定的目标冲过去。

3）在制动后的减速行驶过程中，一定要留意后视镜及左右两侧的路况，根据前方障碍物位置的情况，尽可能地选择合理路线，选择小角度调整方向，做好避让。尽可能避开与任何物体的接触，避让的原则是避人就物，避重就轻，把危害减少到最小的范围或最小的程度。

4）停车时发动机已经熄火。如需下车查看，只做两件事，一定要拉紧驻车制动器，一定要打开危险警告灯，其他操作暂可忽略不做。千万别动变速杆，不要换空档，因为熄火、换档、拉紧驻车制动器能保证车辆即使停在坡道上也不会溜车。

- 有时喇叭的警告声能使危险情况化解，当危险情况一旦化解，随即选择与当时车速相适应的档位继续行驶。
- 在紧急制动时，ABS 车辆的制动踏板会出现高频振动并伴有异响，属正常现象，此时千万不可放松制动踏板。
- ABS 是以高频的点制动，防止车轮抱死的同时保持前轮的转向能力，并可消除制动过程中的跑偏、侧滑等非稳定状态。但如果在车速较快的情况下，在紧急制动的同时急打方向盘，车辆还是会发生侧滑或倾覆的。
- ABS 不会缩短制动停车距离，特别是在湿滑路面上紧急制动时，ABS 无法有效地缩短停车距离。最重要的是要全神贯注、小心谨慎，在预判路况、处理情况、制动停车时一定要有足够距离的提前量。

3. 减速制动

用于行车中控制跟车距离或调整行驶速度的操作。

行车中，当发现道路上有妨碍自己车辆通过的情况时，应做好两手准备：

首先，要有在这段距离上有能把车停住的思想准备和把握，千万不可有侥幸心理，别以为你按响喇叭就会化解情况。必须保证能在到达可能阻断通行的障碍之前的距离内把车稳稳地停住。

其次，在带档制动减速的过程中，注意观察情况是否变化。在与阻挡的障碍物打"时间差"或"距离差"的减速制动的过程中，当看到道路情况得到充分缓解后，就可以及时松开制动踏板，充分利用车辆的剩余惯性和速度，减档继续行驶。

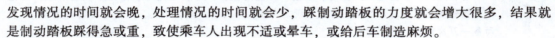

制动运用的前提是对路况的全面观察，一定要看得远一些，宽一些，透一些，才能正确分析路况。不能有任何侥幸心理，必须留出足够的制动停车距离。如观察距离近、视角窄，发现情况的时间就会晚，处理情况的时间就会少，踩制动踏板的力度就会增大很多，结果就是制动踏板踩得急或重，致使乘车人出现不适或晕车，或给后车制造麻烦。

行驶中踩下制动踏板的力度，应根据车辆行驶的速度和到障碍物之间的距离决定。当将制动踏板踩下少量行程，车辆即应有可感知的减速反应。制动踏板踩得越深，脚上体验或感知到的力度感就越大，车辆减速效果也就越明显，制动停车的距离就越短。

4. 预见性制动

行车途中，针对道路上可能会影响通行的运动物体进行预测或预判，根据情况分提前收加速踏板滑行减速再配合制动停车，或直接果断制动减速至停车两种情况。

1）滑行减速是收加速踏板后的惯性滑行，就是利用发动机怠速的牵阻作用使车辆平稳减速，可平稳降低车速和减弱行驶惯性。

一般讲：档位越高，车速越快或遇下坡路段，惯性滑行距离也越长，反之则短。

2）制动减速是根据车辆行驶速度和到障碍物之间的距离决定的制动操作，一定要保证车辆能在到达障碍物之前的距离内平稳停车。

在远距离发现道路情况有可能影响自己车辆通过时，应提前根据距离、车速、路面坡度选择收加速踏板滑行的适当时机，先充分利用滑行减速的距离，再掌握好制动减速的制动力度。用提前收加速踏板降低车速的方法与妨碍通行的障碍物体打时间差或距离差，等待路况化解或许可以减少不必要停车。

又如：路口遇红灯停车，进出高速公路的收费站前、停车场刷卡机前的定点或定位停车、选择路边空当处的停车位置，都是预见性制动的具体应用之处。

5. 制动力度

用多大力踩制动踏板，主要是看着距离，感觉着车辆减速的幅度踩制动踏板。

例如：一辆车同是80千米/时的车速，在同一路段上做两次定点停车距离的比较，第一次一脚制动在100米处停车，第二次一脚制动在80米处停车。

两次一脚制动停车，之间相差20米距离能停得住车的原因，就在制动力度上，80米处停车的制动力度肯定大于100米处停车的制动力度。

处理路面情况时，用多大力度踩制动踏板合适，主要是看行驶速度和到障碍距离的远近决定的，速度快、距离短或下坡路段及满员时，制动力度相对就大，反之则小。

制动时，一定要根据路况、车速快慢，脚一上制动踏板，就要有足够力度的平稳减速感觉和降速效果，让车速尽早降下来，或者是先慢后停。特别是在距离较近时，如果制动距离的前半部分的踏板的行程太浅，力度太"轻"，车速不能及时降下来，剩余的制动距离短，后半部分距离的制动很可能会踩得"急、重、狠"，造成"乘车人身体前倾，停车时"车辆大点头"，赶上雨雪路面很可能就停不住。

不同的制动力度，对应不同的行驶速度或到障碍的距离。当制动开始，车速大幅度下降后，就应根据具体情况，适当减少一定程度的制动力度。

在制动停车过程中，当车辆行驶速度降低，惯性消失临近停车时，可将右脚的制动力减少一些，适度放松一点制动踏板，停车才会平稳"不点头"。车速降下来之后，用不着先前那么大的制动力度，所以右脚不论是踩制动踏板或是加速踏板时，都不是用力，而是用"意"。紧急制动踩制动踏板时除外。

为了讲解方便，试将踩制动踏板的行程或从感觉上划分出五个不同的行程高度：10%、30%、50%、70%、100%，你可以分别在不同的行程高度上体验踩下踏板时脚上

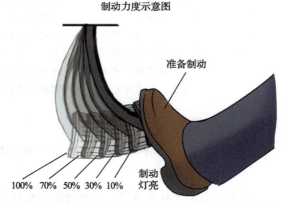

制动力度示意图

所受的阻力感觉。原地练习时，一定要在发动机运转、制动系统真空增压器起作用的情况下体验，否则找不到感觉。

在一般道路上，以经济车速行驶的情况下，当你"带制动"时，即把制动踏板一下踩到30%的力度上并持续控制住，你就会有一种平稳的减速感觉。一般讲，以正常的经济车速行驶的情况下，平稳、适宜的制动减速力度一般是在30%~50%。

如果经常用50%~70%的制动力度制动减速处理情况，是否是在整个制动减速的一定距离内有"先少后多或先轻后重"的情况，造成的操作滞后、有效制动过迟，是否是在一定距离内处理情况没打出提前量或发现情况较晚及判断失误造成"速度快、距离近时不得已地用较大的制动力度瞬间减速或停车"。

而当山路的下坡减速时，除利用发动机的牵阻作用外，制动力度基本上要控制在踏板行程高度50%~70%，这时的制动一定要大于一般道路的制动力度才能有效地消除下坡惯性，控制住车速。

上坡减速或停车时，一般情况下是提前收加速踏板滑行，利用上坡阻力减速再配合20%~30%的制动力度即可减速或停车，或直接在惯性消失车辆停顿瞬间的临界点时，直接用驻车制动器完成驻车。

在跟随制动减速的前车行驶时，看到前车制动灯点亮，自车的制动力度也应随着前车降速的程度而及时调整下来，严格控制住跟车距离。

通过调节制动力度，控制住自车的行驶速度与跟车距离，看着前车速度、距离，跟着前车踩制动减速。他减多少速度，你就踩多少制动，他慢到什么程度，你就跟着制动到什么程度。此情此景，全靠眼睛观察到情况后大脑反应出操作方式，脚上反应出操作力度。而且，在准备停车前的临近的距离内，车速一定要稍稍低于前车车速，不要想着与前车同时停车，一定要保持安全距离。这样，一是为了彻底消除行驶惯性，二是防止前车突然停车。但是，

你的观察视线、隔位观察的方法、应急操作的意识,一定要放在前车的前面,"替前车观察路况,才能争取主动"。

- 欧美系车辆的制动踏板,比日韩系车辆制动踏板显得"硬"或"重"一些。
- 在同等车速情况下,正常行驶中的紧急制动的停车距离和防范性的提前收加速踏板滑行后的紧急制动的停车距离差别很大。前者惯性冲击力度大、反应距离长停车"大点头",后者惯性冲击力度相对小,反应距离相对短,停车过程会柔缓一些。如果把两种操作情况做对比,则完全代表着两种不同的操作风格。在实际路况中,制动停车过程中哪怕只少走一寸距离,兴许就能避开事故,主要就是对惯性冲击力作用的控制。
- 在附着系数较低的雨、雪、冰,遗撒的浮土、沙子或砂石路面行驶时,对道路情况的处理距离一定要提前 2 倍,跟车距离加大 2~4 倍。处理情况,要提前收加速踏板滑行减速,联合制动,平稳停车,保证足够的安全距离。
- 在驾驶操作位置周围(包括座椅下方、后方空间),不要放置任何零散物品。像茶杯、瓶、罐类饮料或散口塑料袋盛装的有一定硬度的水果,如苹果、梨、核桃等,一旦滑落或滚到踏板下,极有可能会影响到制动操作,出现意外,引发交通事故。

新车首保前,不要超速、超载,发动机转速最好别超过 3500 转/分。

新车在行驶 300 千米前,可利用路况良好的下坡路段,少量踩制动踏板,约 10% 力度即"少踩轻磨带点制动"。让车辆有轻微制动,目的是磨合制动片和轮胎。同时,在正常处理路面情况时,要特别注意留有足够充分的提前量距离,保证制动停车的有效距离。

1) 制动片磨合:由于制动摩擦片与制动盘或制动鼓的接触面积都存在着粗糙的加工痕迹,要经过一定距离的制动磨合后,才能达到最佳的摩擦接触和制动效果。

2) 轮胎磨合:由于新胎花纹会产生较大胎噪,附着力不是最佳状态,也要经过一定距离的适应性磨合后才能达到最佳的所谓"抓地力"。另外,轮胎换位后,只要改变了先前的滚动方向,就会产生较大胎噪和附着力不佳的状况。

3) 车辆只要进厂维修,特别是换制动液、制动片,接车时首先检查制动主缸液面高度,起步时一定要先试一下制动踏板,确认制动系统工作正常,安全有效。

4) 原车更换新轮胎后,也要进行一定距离的适应性磨合(雪地胎除外)。如果只换两条前轮胎时,用制动踏板"少踩轻磨"即可;如果只换两条后轮胎时可用半把驻车制动,即用拇指按住操纵杆顶端的按钮,适度曲臂上提,感觉后轮产生制动摩擦即可。如车辆是脚踏式或电子卷绳器式驻车制动器时,因结构原因及操作不便,只能用制动踏板进行磨合,以便尽早、尽可能地使前后轮胎达到平衡一致的附着力。

6. 联合制动

(1) 减档牵阻滑行降速(发动机制动)

山路下长坡行驶时,以平稳(防滑)为目的减速,直接使用"揿档"的方法,利用发动机的牵阻力,限制下坡时车速的提高,是缩短滑行距离的辅助或变通操作。在使用"揿档"方式减速的基础上,再根据车速和路况的需要,辅助使用制动踏板,进一步减速或停车。

1) 在山路下长坡路段上,提前采取降低行驶档位的方法,利用发动机的牵阻力作用于驱动轮上。在通过弯道时,再适当配合使用制动踏板控制速度,主要是为防止因长时间或长距离踩制动踏板造成制动鼓过热,发生热衰减现象,使制动失效。

2）在冰雪、湿滑道路上处理情况时，必须留出足够的提前量，直接用"撮档"方法进行牵阻滑行减速，可平稳地消除部分行驶惯性。当车速有所下降，可再一次"撮档"（先将4档减至3档，再减至2档），就可加大消除和降低绝大部分的行驶惯性和车速，且方向可控。这是在当年没有ABS的情况下，冰雪、湿滑路面上最安全有效的减速方法，同时也给后面的平稳、可控地制动停车打下基础。一旦情况化解，档位不变，踩加速踏板就走，形成完整有序的操作。

（2）电喷发动机在"撮档"降速与直接制动减速的区别与配合

1）一般情况下，车速40千米/时以下时，电脑设定供油，维护发动机正常的怠速运转。在"撮档"降速时，电喷发动机不供油，发动机的牵阻力作用于两个驱动轮上。

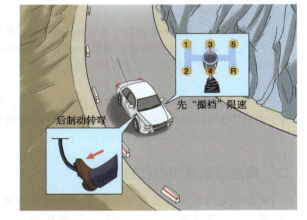

2）在冰雪道路处理路况直接使用制动减速时，ABS即刻启动，制动力作用于四个车轮上，可保证方向的可控，避免打滑、跑偏现象。

"抢档"与"撮档"，手法相似，但作用和目的不同：

"抢档"是在制动失效的情况下，直接逐级或越级减档，再配合驻车制动或其他辅助方法强制停车。"撮档"是在有制动保证的前提下，同样用降低档位的方法，利用发动机的牵阻力，在山路下长坡路段减少制动的使用频率，防止发生热衰减现象。

（3）电喷发动机在"撮档"降速与制动减速的区别与配合

1）在"撮档"降速时，电喷发动机不供油，发动机的牵阻力作用于两个驱动轮上。

2）在冰雪道路处理路况直接使用制动减速时，40千米/时以下时，电脑设定供油，维护发动机正常的怠速运转，制动力作用于四个车轮上。ABS即刻启动，可保证方向的可控，避免打滑、跑偏现象。

3）在冰雪道路上处理情况时，必须留出足够的提前量，直接用"撮档"方法进行滑行减速，可降低车速，消除一部分行驶惯性。当车速有所下降，再一次"撮档"（如先前4—3档，而后再3—2档）后，就可消除和降低绝大部分的行驶惯性和车速，给后面的平稳、可控地制动停车打下基础。一旦情况化解，档位不变，踩加速踏板就走，整体感觉平稳、流畅、动作干净、利落。

7. 制动真空增压助力器

真空增压助力器，是制动系统中的一个关键部件。它是利用真空（负压）原理来增强驾驶人施加在踏板上的制动力的部件，对行车安全起着至关重要的作用。

制动时，位于制动主缸前方的增压助力器在发动机进气吸力的作用下被抽成真空，实施对制动主缸的制动液进行加压，直接减轻了驾驶人的操作强度，增强制动力。但有一点，当发动机熄火后，真空增压助力器只会保持一脚有增压助力的制动，一旦缓脚再踩时，负压消失，增压失效，制动踏板相对会显得十分沉重。这时，第二脚制动一定要用力踩，以加大腿部的力量替代真空增压助力器的作用，制动或减速依然有效。

例如：处理情况过程中如遇发动机熄火，一定要及时踩下离合器踏板滑行避免拖档，利

老司机的开车秘笈

用仅有的一脚真空助力的制动，控制住与周围车辆相同的车速或距离，及时起动发动机。

1）起动成功，视速选档，减档行车。

2）起动无效时，打开转向灯，持续踩住离合器踏板，借有限的惯性滑行距离避让通行车辆，及时靠边停车。

正常行驶中发动机突然熄火，一般都是电路原因。此时，千万不可立刻停车。如果在路况无异常的情况下突然停车，会给后方车辆造成措手不及的局面，容易引发连环追尾事故。

应对方法

迅速踩下离合器踏板在滑行状态中重新起动发动机。

1）起动成功后，根据车速直接踩加速踏板至3000转/分以上时，再缓松离合器踏板继续行驶。这样做，为的是平衡转速与车速的平稳衔接，避免"闯车"。但一定要及时进入服务区进行检修，根除隐患。

2）如果起动无效时，必须持续踩下离合器踏板，保持惯性滑行，及时打开右转向灯或加辅助手势，利用惯性滑行距离，利用仅有带真空助力的一脚制动择机靠边停车。

二　离合器踏板的操作方法

离合器是汽车发动机与变速器之间的动力传递装置，离合器踏板是控制发动机动力输出的操纵装置。当踏下离合器踏板时，发动机动力与变速器暂时分离，动力被切断；当松开离合器踏板时，发动机与变速器之间动力被传递。

1. 离合器踏板的操作

离合器踏板是用左脚操作的，操作要领为"两快、一停、一慢"。

一快：左脚放在离合器踏板上，前脚掌踏住整个踏板，以大腿的力量和膝关节、踝关节的屈伸动作将离合器踏板快速用力地一脚踩到底。

二快：以左脚跟为支点，放松左腿的下踏力，左脚在离合器内部三组回位弹簧的作用下自然弯曲脚踝，放松踏板，上翘脚掌，似乎是被弹簧弹回到半联动结合位置或接触点处。

一停：当感到弹簧回位行程将要结束前，脚掌停止松踏板动作，此处既是离合器的半联动位置或接触点位置（大约在踏板整个行程的1/2处）。如果发动机着车时换1档体验，会感到车体有轻微的颤动。

一慢：缓慢松开离合器踏板，待离合器完全结合后，把脚放在离合器踏板左下方。

技术要求

熟练准确、平稳传递动力。二快时是"放松"离合器踏板，借弹簧的回位力量找半联动位置，一不是"抬"脚，二不是"抬"离合器踏板，而是"放松"踏板。"松"和"抬"不是一个概念。"松"的过程中有控制力度，控制力度来自于左脚跟支点的稳定和大腿、小腿的放松程度、学会用脚踝的生理弯曲角度的力量来控制松离合器踏板的行程，在到达半联动位置时"停顿"并"稳住"、右脚同时配合踩加速踏板，然后才是缓慢松开离合器踏板，平稳起步。

2. 离合器的半联动感觉

调整座椅，确认空档，拉紧驻车制动器，在起动发动机后：踩下离合器踏板，换1档，右手回到方向盘3点方位的同时，左脚以脚跟为支点，放松腿部的下踏力量主动弯曲脚踝，脚掌快速上翘放松踏板。

当感到发动机有轻微的颤动时，左脚掌停止上翘，这就是半联动的接触位置。再重新做踩下、松开的体验，用脚踝的生理弯曲角度记住这个行程位置，这就是操作要领中的"一停"。

如果在颤动的位置继续松抬离合器踏板，脚抬得越高，发动机颤动就越厉害，直到发动机被憋熄火。而半联动开始颤动的接触位置到发动机熄火这段很小的感觉距离内，就是操作要领中"一停"的位置，也是离合器半联动的工作范围了。半联动的工作范围，因车型、离合器片磨损程度不同而高低各异。当你找到半联动的感觉后，可以闭上眼睛，用耳朵去听发动机颤动时声音的变化，用身体感觉发动机通过车体传导的颤动频率，反复体验，以提高左脚控制离合器踏板稳、准、快的能力。

起步，找到半联动位置，在车体颤动、左脚稳住半联动的情况下右脚踩加速踏板、右手直接松开驻车制动器，待车移动后，左脚再平稳而"缓慢"地松开离合器踏板，起步完成后把脚放在离合器踏板左下方。

- 在反复踩、松离合器踏板的体验中，左脚掌会逐渐上移，脚心会上窜到踏板位置，这时一定要重新确认前脚掌位置后再继续操作。否则，就会发生离合器踏板踩不到底、换档困难的情况。
- 换档时，离合器踏板要一脚踩到底，否则离合器分离不彻底，会造成换档困难及变速器齿轮的非正常磨损。

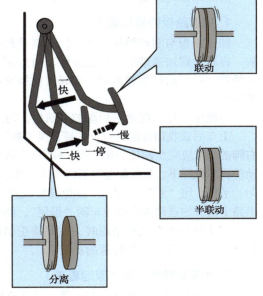

3. 离合器在实际中的应用

将车停在上坡处，做坡道起步操作，换1档，通过"油离配合"，找到半联动位置，松开驻车制动器后，车停在坡道上原地不动。这种情景完全是利用离合器的半联动将发动机的转矩适度传给车轮，平衡了上坡的阻力。这时只要松一点点离合器踏板或微踩加速踏板，车便会前进，踩下一点点离合器踏板或松开加速踏板车便会后溜。这时，车的动与静，走与停，全凭驾驶人的操作意识，全是在离合器的半联动控制和加速踏板的微量调整中完成的。

4. 坡道起步时的操作要领

有些新手平路起步很平稳，但是就怕坡道起步。他们一般都是加速踏板踩得很猛，车辆却移动缓慢，起步显得很吃力。坡道起步时，即使是同一辆车，在坡上起步需要的较大的动力来抵消上坡阻力，而动力的传递是要靠离合器半联动控制摩擦片的接触压力。坡道起步时，离合器半联动踏板的高度一定要比平路起步略高一点，只要左腿肌肉的控制力度稍微放松一些，半联动位置即稍微高一点，传递稍大动力克服车辆的上坡阻力即可顺利起步了。

- 正确的操作方法应该是：在松离合器踏板的同时踩加速踏板，让发动机动力在半联动操作过程中平稳传递，换档操作才能平顺。从理论上讲：不论起步或加档、减档，加速踏板一定要在离合器半联动位置之前踩到位，才能保持动力的平稳传递。
- 在道路上起步或行驶，手动档驾驶人都应学会用耳朵聆听发动机的声音，以此来判断换档操作的时机。如坡道起步，只要发动机有空踩加速踏板的声音，就证明离合器半联动不到位。当声音沉稳下来时，证明离合器已初步结合，这时就是松驻车制动器的时候了。完美的起步是在发动机颤动之前右脚踩加速踏板，左脚在接触点之后缓松离合器踏板的同时，右手松开驻车制动器，手脚配合，各司其职，齐心协力。以"油、离、驻车制动"的顺序，三个动作几乎在一瞬间同时完成。

- 离合器半联动状态在发动机低转速、低档位时使用频率高、时间长，平时换档操作时只是短时间使用。当遇泥泞，冰雪路面的起步时，一定要选择2档或3档，调整转矩，小节气门起步。
- 如遇拥堵低速跟车，长距离的用2档半联动状态行驶不如减至1档低转速小节气门行驶。如经常性地长时间大节气门的半联动行驶。会加速摩擦片的磨损，易造成离合器分离轴承和分离杠杆的过早损坏。

三、加速踏板的操作方法

加速踏板是控制发动机转速的操纵装置。

1. 加速踏板的操作要领

加速踏板与制动踏板并列，位于制动踏板右侧，高度略低于制动踏板，都是用右脚操作的。行车时踩加速踏板，减速或停车时踩制动踏板，功能不同，作用相反。新手一定要注意分清两个踏板的位置和形制，养成"收加速踏板后抬脚准备制动"的驾驶习惯，千万不要搞错位置。

行驶中，尽可能地平稳踩加速踏板，匀速行驶，在一定程度上是可以降低油耗的。

上车后或收加速踏板时，右脚直接"飘"在加速踏板上。踩加速踏板时，以右脚跟为支点，右脚前脚掌应完全踏住加速踏板，鞋底与踏板之间要贴实不留缝隙，以小腿力量和脚踝的运动带动前脚掌做踩下、放松加速踏板的操作。加速踏板的操作力量要小于制动踏板，操作时力度要均匀、平稳，用"意"不用力。避免没轻没重"深一脚、浅一脚"地踩加速踏板，特别是在冰雪道路上猛踩加速踏板会引发车辆"甩尾"。同时，杜绝空档状态下猛踩加速踏板。

当车辆行驶在颠簸路面时，在保持正确的驾驶姿势的同时，右脚外侧可以依靠在底板的侧壁上，可保持发动机转速的稳定。

2. 加速踏板的体验（原地着车）

在驾驶位置上拉紧驻车制动器、确认空档、右脚放在加速踏板上起动发动机后：

1）观察发动机转速表：体会发动机怠速时的工作状态。冷车状态时，环境安静时，可以听到喷油嘴（电磁阀）的喷油声。

2）踩加速踏板：分别在2000转/分、3000转/分或4000转/分的转速上稳住加速踏板，听发动机在不同转速下的声音变化，感觉发动机不同转速下右脚踩加速踏板的力度和踏板行程的深度。

3）用"意"不用力，体验小节气门逐渐缓加速踏板时，查看转速表指数逐渐升高的变化，体验发动机声音的变化和体会右脚踩加速踏板时的意念及踏板行程的变化。

4）均匀平稳地逐渐踩下加速踏板，看发动机转速表指数稳定上升，听发动机排气急速加大的感觉，体验右脚踩加速踏板时的力度变化及踏板行程的平稳变化。

5）急加速：体验大节气门急加速时，查看发动机转速表指数的快速变化，听发动机声音的急加变化和右脚踩加速踏板的力度及踏板行程的幅度变化。

6）每一次踩加速踏板体验完毕后，右脚即刻放在制动踏板上，顺便练习"准备制动"，两个动作为一组。基础很重要，细节更关键，一定要养成良好的驾驶习惯。

3. 发动机转速的几种工作状态

发动机转速表标定的最高转速属于理论转速，实际转速各排量车型不尽相同。根据不同工况，把现代汽车发动机的转速大致分为几个转速区段：

怠速：发动机起动后怠速运转一般都在 1000 转/分左右。冷车高怠速或在停驶状态下使用空调制冷时转速在 1100～1200 转/分。

低转速：发动机处在低等负荷区，转速在 1000～2000 转/分。

中转速：发动机处在中等负荷区，转速在 2000～3000 转/分。

高转速：发动机处在高等负荷区，转速在 3000～4000 转/分。

超高转速：发动机处在超高负荷区，转速在 4000～5000 转/分。

6000 转/分以上时，转速指针将进入极限负荷的红色警示区段。在这个转速区段，基本上是理论数值。

对大部分家用车型而言，车速在 70 千米/时左右的时候，发动机转速约在 2500 转/分左右，这就是我们常说的经济车速。此时，发动机处于最佳的工作状态，油耗也最低。在高速公路上，车速达到 120 千米/时时，发动机转速在 3500 转/分左右。

怠速运转的油耗是标准油耗的 60% 左右，夏季经常在拥堵状况下使用空调时的油耗会上升 20% 左右。

第三节 手脚配合操作技法

当年学车条件艰苦，抓紧时间用简便方法练习：坐在马扎上，右手拿根小棍当变速杆。双腿前伸，两脚翘起，按学习进度先做起步、停车练习。两手比画动作，口中念念有词。

起步：打转向灯、看后视镜、1 档、踩加速踏板、松离合器踏板、松驻车制动器、走！

停车：打转向灯、看后视镜、踩制动踏板、跟离合器踏板、停车、拉驻车制动器、把变速杆移至空档位置。

一 油离配合的操作技法

方法：左脚踩下离合器踏板，同时右脚松开加速踏板；然后右脚踩下加速踏板，同时左脚松开离合器踏板，反复交替，周而复始，一直练到出现肢体记忆及大脑形成下意识地做出有控制力度（半联动的接触点）的动作为止，并体会加速踏板踩下的行程深度和离合器踏板半联动接触点的准确位置的感觉。只有把这些基础动作在原地反复练熟后，才能在实际道路处理情况时做到"油离配合"不慌不乱、有条不紊。这是事半功倍的好方法，否则上路时本来就精神紧张，遇上情况就会手忙脚乱，浑身出汗。

二 变速杆、加速踏板、离合器踏板、驻车制动器、制动踏板配合操作的技法

要求：手脚配合、横平竖直、轻巧准快、协调一致。

加减档操作前手脚应先到位，即"手脚到位"，右手要抓住变速杆"备档"，左脚应到位"备离合"。避免在先踩下离合器踏板后再伸手抓变速杆的情况发生。如在行驶中手脚配合脱节或分离，加减档动作延时，行车的动力就会造成损失，行驶的惯性就会衰减，特别是在上坡加减档操作时。

1. 逐级加档

左手扶握方向盘 9 点方位，右手抓握变速杆"备档"的同时，左脚踩离合器踏板到底，右手随即挂入 1 档后回方向盘 3 点方位的同时，右脚稍踩加速踏板，左脚及时松开离合器踏板到半联动位置。要求：五个动作衔接紧密、连贯、一气呵成。

当挂好 1 档，"油离配合"完成后，再做加 2 档的操作及"油离配合"的动作。

收加速踏板的同时踩离合器踏板，在右手抓握变速杆快速加上 2 档后回握方向盘的过程中，双脚重复"油离配合"的操作，周而复始。按步骤逐级加到 5 档，熟练后再做减档练习。

2. 逐级减档、双手扶握方向盘

1）右脚踩下制动踏板做减速操作。

2）在左脚踩下离合器踏板的同时，右手抓握变速杆做 5 档减至 4 档的操作后直接回握方向盘 9 点位置。

3）右脚及时放松制动踏板右移回到加速踏板上以后，双脚重复"油离配合"的操作。

4）上下联动，手脚配合。按此操作步骤逐级减到 1 档。可以将加档和减档配合起来循环操作，周而复始。

3. 越级减档

同逐级减档操作相同，只是选择档位的位置不同而已，一定要横平竖直。

实际道路中，越级减档是根据处理情况制动减速后，视当时车速选择适合的档位继续行驶的需要。越级减档是随速度而定的操作，许多情况下基本是直接从高档位越级减至低档位。例如，从 5 档减至 3 档、2 档或 1 档。

 在不低头看的情况下，确定档位并准确无误地操作是档位操作的基本要求。只有把这些基础动作练熟后，并做到完全下意识的操作，才能在实际道路处理情况时得心应手。

4. 倒档

当变速杆在任一前进档或空档位置时，都可在停车后（或停车时）直接换入倒档，这是行车中行驶方向变换的需要。在实际操作中：前进档与倒档转换时，应先制动，待车停稳后再换入倒档。同理，倒档停稳后换 1 档起步。

当变速杆在低档位（1 档、2 档或倒档）行驶时，应采取"先离合后制动"的操作程序，停车后踩住离合器踏板、制动踏板不松脚，直接将变速杆换入所选档位即可。

当变速杆在中、高档位行驶时（3~5 档），采取"先制动后离合"的操作程序，停车后离合器踏板、制动踏板不松脚，直接换入倒档即可。

1) 加减档时，每次做完加减档动作后，在做"油离配合"的同时，右手回握方向盘。每次减档前，一定要配合做制动减速的操作，不可缺少。
2) 某些老款车型的倒档，要先将变速杆向下按压低后，才能挂入。
3) 在踩制动踏板和离合器踏板的练习过程中，两只脚是交替操作的。先踩制动踏板的一只脚的脚跟落地形成支点后，另一只脚才能抬腿落脚踩离合器踏板。同理，踩完制动踏板的右脚要等踩离合器踏板的左脚到底时，才能移至加速踏板上，不可能两脚同时抬起同时上踏板。否则，不是坐姿失衡，就是双手把平衡上身的力量压在方向盘上，容易使方向失控，脚下"拌蒜"不利索。
4) 准备起步的动作：换档后"油离配合"半联动的同时，右手扶握驻车制动操纵杆，做好松驻车制动器的准备。

"油离配合"，主要体现在换档时小臂到位手腕给劲的同时（起步及行驶中的加减档），加速踏板、离合器踏板紧跟到位，衔接紧密，三位一体，不留缝隙，没有空踩加速踏板的声音。

三 "先制动后离合"与"先离合后制动"技法的应用与原理

许多新手开车踩制动踏板时，总有一种怕熄火的潜意识心理，路上遇到情况需要踩制动踏板时不管车速快慢都是先踩离合器踏板后踩制动踏板减速。

车速快时先踩离合器踏板，发动机动力被切断的同时，发动机的牵阻作用会丧失，车辆会产生一种惯性前冲的感觉（车速越快越明显，下坡时更严重，有一种瞬间的往前飘的感觉），其结果只能会造成加大制动力度或增大停车距离。

在相同路段、同等车速（特别是车速较快时）、在用相同的制动力停车的对比中：

先踩离合器踏板，从操作上就能感觉到"先离合后制动"时车体惯性前冲，制动力显得软弱，制动效果反应滞后，制动停车的距离要比"先制动后离合"的距离长，同时"隐形的损伤"就是离合器的分离杠杆、分离轴承和制动系统的制动片磨损严重。

先踩制动踏板，可充分利用发动机收油后低转速产生的牵阻力，再加上制动减速的双重作用，可以减少制动反应距离和制动停车距离，减速平稳可靠，制动效果好。只要在拖档前踩下离合器踏板，发动机是不会熄火的。

先踩制动踏板，发动机在牵阻作用时电脑调配不供油，以类似发动机制动的方式保证制动系统真空增压助力器正常工作。而先踩离合器踏板时，发动机会随即降低转速，以怠速运转状态保证制动系统真空增压助力器正常工作。因此，一定要根据不同车速决定操作方法。

正确的操作方法如下：

低档位（1档或倒档）、车速10千米/时以下，在右脚先"准备制动"到位的情况下，直接先踩离合器踏板后，紧跟着再踩制动踏板。因为车速低时，离合器踏板、制动踏板的配合操作衔接要紧密，空档时的滑行距离极短。而"先制动后离合"就会造成熄火。

1档起步或跟车时，只要遇阻或停车肯定是先离合后制动。

2档、车速20千米/时，遇情况需制动减速时，右脚直接先踩制动踏板减速的同时，左脚随后迅速踩下离合器踏板，右脚在先，左脚随后，衔接紧密，只有顺序，中间没有间隔时间，一般不会发生拖档情况。

3档、车速40千米/时，遇情况需制动减速时，直接先踩制动踏板减速。当感觉车辆速度降到接近30千米/时时，再踩离合器踏板到底。

4档、车速50千米/时，遇情况需制动减速时，直接先踩制动踏板减速。当感觉车辆速度降到接近 40 千米/时时，再踩离合器踏板到底。

高速公路 5 档、车速 120 千米/时，遇情况需制动减速时，首先直接踩住制动踏板减速，待车速降到接近 50 千米/时时，再踩离合器踏板。而 50 千米/时的车速，正对应 5 档适用范围，不会产生拖档的现象。如果车速继续降低还迟迟不踩离合器踏板或进行减档，就会出现拖档甚至可能熄火。

以上 3 档至 5 档的制动减速操作，都是"先制动后离合"。待车速降到该挡的最低车速前，再踩下离合器踏板。如果是处理情况，见路况缓解即松开制动踏板越级减档，把档位减到与当时车速相对应的档位速度后踩加速踏板行车，继续行驶即可。

山路行驶联合制动减速时，只要不接近当时档位的最低行驶速度前，就别踩离合器踏板。

简单讲：档位低、速度慢，先离合再制动，符合机械原理，制动效果好。

档位高、速度快，先制动后离合，发动机不会熄火，能保证较短的制动距离。

制动后，在各档位的最低行驶速度出现之前，及时踩下离合器踏板，就不会发生拖档或熄火的情况。认速、识档是避免拖档或熄火的基本感觉或操作要求。

- 只有把每个部件的操作养成习惯性动作，再从熟练阶段中找出感觉，然后再闭上眼睛，静心去体会要领，反复练习，一直练到肢体产生记忆，一直练到大脑形成条件反射，一直练到完全是下意识的操作为止。同时，加强理论知识的交流和学习，提高实际操作的能力和经验，才能够实现"油离配合"的"准"、转弯速度调整的"稳"和制动力度控制的"巧"。行内称："起步不闯，转弯不晃，制动不点头。"

第四节　安全装置操作技法

一　汽车灯光及操作方法

1. 外部照明

现在多见的汽车灯光开关，是操纵杆顶端带旋钮的组合开关，可以控制转向灯、示廓灯、近光灯、远光灯及雾灯的开启或关闭的装置。多数车辆都将其安装在方向盘下方的转向柱上。德系车是平面旋钮开关，安装在仪表板左侧。两种开关都是用左手操作。

（1）日间行车灯

发动机起动后，车头的 LED 白色灯即自动点亮，主要作用是动态显示提升日间行车的安全系数。

（2）示廓灯

操作开关位于组合开关拨杆顶端旋钮的第一档。

打开示廓灯后，车头灯（白炽灯）、车尾灯（红色）和车身两侧的腰灯或后视镜外壳灯（黄色）和车尾牌照灯（白炽灯）全部点亮。车内的组合仪表灯、各类安全监视显示灯和其他的功能面板、功能键（如空调显示、音响显示等）等同时点亮。

示廓灯的主要作用，是在傍晚时分，路灯未亮之前以及雨、雪、雾、沙尘等恶劣天气下光线昏暗时显示自车位置，提醒周边车辆和行人注意。

（3）近光灯

操作开关位于组合开关拨杆顶端旋钮的第二档，主要用于夜间市区行驶及光线昏暗环境条件时使用。仪表板上有近光灯显示标记。

国产新型乘用车一般都配备感应式照明，当车辆遇光线昏暗时近光灯会自动点亮。另一种情况，有些车型一直把近光灯作为日间行车灯使用，以表示车辆在动态行驶中。

（4）远光灯

在近光灯开启状态下，下压组合开关操纵杆，远光灯即被打开，主要用于夜间无照明或照明条件不良道路时使用。仪表板上有远光灯显示标记。

（5）红外夜视系统

少量高配车装备，主要是夜间灯光照明不足时配合使用。

（6）远、近光变换

在近光灯开启状态下，上提组合开关操纵杆，远光灯即被打开，松手后自动弹回，主要用于发出超车信号和提示对方车辆会车时使用近光灯，如快速变换远近光即俗称"晃大灯"。日间晃远光时，在行内有一定的警告或警示作用，要慎用。

（7）前、后雾灯

打开示廓灯后，再打开旋钮开关里侧的环形雾灯开关，主要作用是在光线昏暗的路况及雨、雪、雾等能见度较低的恶劣气候条件下使用。一般情况下，只开启前雾灯，浓雾时也要打开后雾灯。仪表板上有雾灯显示标记。

（8）倒车灯

挂上倒档，倒车灯即点亮，是给车后的车辆及行人明显的倒车信号，提醒过往的车辆和行人注意。但是，夜间倒车时照明作用不明显，如有需要，可临时打开后雾灯加强照明。

（9）牌照灯

在车尾部牌照上方，与示廓灯同时点亮。

2. 内部照明

（1）开门照明灯

安装在车厢内顶部和脚下位置的照明灯及各车门内侧下角的警示灯。

（2）车厢内顶部的照明灯

可根据需求设置成开门即亮，关门即灭的照明模式。车厢内顶部照明灯同时还设置有独立的手动开关。

（3）阅读灯

安装在车厢顶部前后排座位上方的射灯，并设置有独立的手动开关。

3. 信号显示灯

（1）转向灯

主要作用是给周围车辆、行人发出动态的信息预告。如车辆的起步、变更车道、转弯、超车、停车、掉头时，以及在繁华路段倒车的情况下，为明示倒车转向、入库转向时应与倒车灯配合使用。一定要提前开启转向灯予以明示行驶方向或视路况辅以手势、喇叭。目的，就是给周围经过的车辆或行人、骑车人一个信息提示或告知，特别是在倒车转向时一定要打开转向灯给过往或穿行的车辆、行人或骑车人一个明示。

（2）灯光反射板

安装在车辆尾灯组合处，红色，夜间驻车时靠反射外部光源发出红色信号，显示车辆位置，提醒周边过往的车辆注意。

4. 警示灯

（1）制动灯

现代车辆一般有 2 套制动灯，一套低位的安装在尾灯组合中，另一套高位制动灯安装在后风窗玻璃上沿处，便于隔位的后车观察。它的主要作用，就是明示制动全过程，警告后方车辆注意保持跟车距离。

夜间示廓灯开启后，尾灯显示红色光。当踩下制动踏板时，另一组电路被接通，红色制动灯亮起，功率是示廓灯的 2 倍，亮度格外醒目。

（2）危险警告灯

当汽车出现故障、发生事故且妨碍交通又难以移动，或遇到其他情况需要占道停车时，要及时打开危险警告灯，还应在车后 100 米外增加放置危险警告标志（高速公路时在 150 米以外，夜间及冰雪路面时在 200 米以外），用来提醒周边或过往的车辆和行人注意。当被牵引车辆牵引时，前后两车均应打开危险警告灯。

- 转向灯、制动灯、危险警告灯、夜间的行车灯，雨、雪、雾条件下的雾灯，是给过往车辆和行人看的。夜间的远、近光灯，特殊昏暗情况下的雾灯，基本是给自己观察路况用的。
- 因为转向灯和危险警告灯两条电路共用一套灯光显示，所以开启危险警告灯后，车体两侧四角黄色灯光同时闪耀。此时再打开转向灯时，转向灯的显示作用失效。

单独打开转向灯时，车体的一侧发出闪耀信号。当再打开危险警告灯时，车体两侧四角黄色灯光同时闪耀。危险警告灯完全覆盖转向灯。

二　转向灯的操作方法

转向灯设置在组合灯光开关上，多数车辆都安装在方向盘下方的转向柱上，操作时：

左手掌握在方向盘 9 点方位，中指、食指或中指、无名指夹住开关操纵杆顺方向盘转动的方向上推（右转）或下拨（左转）即可，仪表板上有转向灯的显示标记。待车辆转弯完成回正方向盘、转向灯自动关闭时，仪表板上转向的灯光显示自动熄灭。但有时在较小角度的变更车道的过程中，由于方向盘转动的角度小，当回正方向盘调正车身继续行驶时，转向灯不能自动回位，这时一定要手动关灯。

如在其他操作中需开转向灯，左手又不在方向盘的操作位置时，则要把左手掌握在方向盘上方，伸手指拨动转向灯操纵杆即可。不要手整把握住操纵杆上下扳动，因为小臂悬空时不易控制操作力度，特别是车辆颠簸时容易损坏开关。

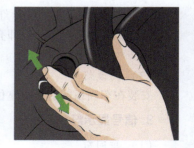

在起步、停车、转弯、变更车道、超车、掉头以及倒库或路边倒车进入车位时，应当提前开启转向灯。向前行驶时，车速低时提前 50～100 米，车速快时提前 100～200 米。高速时需提前 200～300 米。后倒时，在换倒档同时打开比较显眼一侧的转向灯（如右方向盘倒车进入路边车位时，应打开左转向灯，提前给后方车辆或骑车人一个清晰的灯光信号的预告）。现在，道路上"入行不入规"的现象比比皆是，转弯、变更车道、路边倒车进入车位时根本不打转向灯，特别是在主干线以外及居住区的道路上尤为严重。

意识决定行为，细节决定成败。进入转弯的导向车道前，地面上或路边的指示标志牌上的转弯箭头只是对驾驶人行驶方向的提示或指示，而驾驶人打开的转向灯是给周围车辆、骑车人或行人的一个明确的告知。简单说，打转向灯是一项操作程序，也是一种态度和责任。

千万不要省略转向灯的操作，千万不能图省事或为"减少磨损"而违规操作，千万不要有任何侥幸心理。否则，一旦发生剐蹭或事故肯定是要担主要责任的。

三 刮水器的操作方法

操作刮水器的方法同操作转向灯的方法基本相同。但位置相反，右手掌要搭扶在方向盘上，用食指、中指夹住刮水器操纵杆顺方向盘转动的方向上推或下拨即可。

1. 刮除雨水时

顺方向盘转动的方向上推操纵杆，是间歇档，每隔约 3 秒刮水一次，适合刮净毛毛细雨、零星小雨或浓雾时附着的细微雾水。

顺方向盘转动的方向下拨操纵杆，一共三档。每加一档，刮水器刮水速度就会加快，分别适合刮净小雨、中雨、大雨。

装备雨量传感器的车型，在打开刮水器并开启自动模式后，刮水器会根据雨量自动调节刮水速度，无需人为调整。

2. 清洗风窗玻璃时

当需要单独清洗前风窗玻璃时，右手把操纵杆开关顺转向轴方向往上扳住的同时，风窗玻璃前的喷水嘴即开始持续喷出清洗液，刮水器随后开始清洗工作。

停止时，松开操纵杆，喷水嘴停止喷液，但刮水器会继续工作 2～3 秒，待刮洗干净前风窗玻璃后才会停止工作。

四 喇叭的操作方法

喇叭按钮基本上都设置在方向盘上，按钮大小各异，但都设置在双手正常扶握方向盘时拇指伸指可及的位置上，并有图形显示按钮位置。也有个别老款法系车型，喇叭按钮在转向灯开关操纵杆的顶端。

喇叭的鸣响是通过按压喇叭按钮操作的。如果用"点击"的方法，即压住按钮一点即松，喇叭就只发单独的一声"嘀"。对近距离的行人、骑车人一般都是用短促单音或间断双音，比较温和，总之是以既提示又不吵人为度。在自己没有优先路权的或路遇堵车的情况下，不要乱按喇叭。

路上所有的喇叭声，都能反映出驾驶人的心态，和对当时路况的心情以及对道路情况处理时轻、重、缓、急的情绪。

五　文明合理地使用喇叭和灯光的技法

喇叭和灯光的作用：提醒、表达、沟通、照明、显示、警示、探路、报警。

喇叭和灯光被比喻成驾驶人的嘴和眼睛。它们是驾驶人之间传递信息的工具，也是与行人、非机动车及其他汽车交流的一种沟通或互动方式。正确地使用喇叭和灯光，会给行车安全带来极大的方便，也可避免不必要的麻烦。单从喇叭和灯光的使用方法或技巧上，就可以看出驾驶人的驾驶作风、技术水平和个人素养。

喇叭和灯光的使用，一定要遵守法规的规定，还要根据具体情况，分清时间、场合、地点合情合理地使用，或辅以手势清晰地表达更多的意图。在没有优先路权和非紧急情况需要警示外，多按喇叭多晃远光灯容易干扰、刺激他人，容易引起对方的反感，这是行车禁忌。

1. 喇叭

起步时，视情况按一声喇叭，可提醒周围经过的行人及车辆注意，但禁鸣区除外！

路上遇到熟人、朋友，打个手势或轻"嘀"一声喇叭，这是招呼，也是一种问候方式。

路口等灯，绿灯亮时前车驾驶人无动于衷，后车"嘀"一声喇叭（晚间变换一下灯光），提醒一下即可。

路口绿灯放行时，前车起步熄火，后车切不可用喇叭猛催、远光灯猛晃。有时适得其反，后车越催越晃，前车越紧张就越容易熄火，催急了容易引发矛盾。

另外，停车前只要自己注意留出半个车长的防范距离，一旦遇前车故障或事故，看清环境"掰把"，变更车道，驶离即可，没必要用喇叭、灯光去催人家。

遇上孕妇、推婴儿车或怀抱小孩的行人，以及老人、盲人、残疾人时，一定要慎用喇叭，要以让为主或在远距离处轻"嘀"一声即可，一定要放慢车速缓行通过。

遇上疏于看护的儿童及追逐打闹的小学生时，喇叭对他们似乎是不起作用的，只能降低车速、认真观察或只能用间断"嘀"音慢行。在对方没有注意到来车的情况下，一定要在准备制动或主动提前停车。

胡同里、小区内遇上行人、骑车人，在远处轻"嘀"一声喇叭低速通过，一是避免扬尘，也是防止在你意想不到的时候或什么地方，突然跑出个小孩或宠物，岔道里或盲区内窜出个自行车。

胡同里、小区内，汽车行驶速度要"随俗"，原则上不要超过同行自行车的行驶速度，因为自行车也在防范着乱跑的小孩，你超自行车时一定是冒着两种风险。

低车速、近距离内喇叭用一个单音即可。遇到问题需提示对方时，有时用喇叭、灯光不太适宜，可以降低车速用手势肢体语言表达或稍踩制动踏板落下车窗直接与对方简短对话，收到的效果要比喇叭、灯光好。如遇窄路或不便，自己提前找个位置靠边停车让出车道，打个手势或关闭前照灯（夜间）让对方先行。

窄路会车，双方不便，对方主动"礼让三先"（先让、先慢、先停），可打个手势或轻"嘀"一声喇叭表示谢意，大家都开心。如果见缝插针、争道抢行，对方肯定不愉快，卡在狭窄处，互不相让，两车对立起来，怒目相视，也许谁都走不了。时间一长，堵成一大片，想退都没处倒车。

转弯注意三件事："减速、按喇叭、靠右行。"遇上障碍盲区，一定要先将车速慢下来，留出一段距离用有间隔的喇叭声探路，小心谨慎保安全。喇叭按得要有道理，否则就是噪声。按得急了，催得紧了，惹人心烦，使人心生反感，搞不好惹出别的麻烦来。

超车前按喇叭，夜间用灯光告知前车，通过后"嘀"一声喇叭（闪一下前照灯）表示谢谢，这种情景所表现的是规范操作，相互配合，遵规守则，礼貌行车。

可有些情况下的喇叭声，则是不合时宜，或者是极不文明也不礼貌的行为。

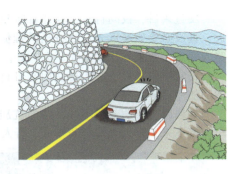

在行人身后近距离内突然猛按喇叭催人让道，着实会吓人一跳，特别是老年人，一旦惊慌失措后运动规律或行为举止就很难预测，容易引发危险或意外。

己所不欲，勿施于人。不要用喇叭催人，特别是近距离按喇叭。

有些驾驶人开车不注意观察交通标志，在禁止按喇叭的区域内按喇叭。一般情况下，凡遇禁止按喇叭的区域内行车，更要注意观察路况，车速一定要慢。

有些大型客车驾驶人违反市区禁止使用高音喇叭的规定，在市区繁华路段、社区，不分昼夜地违规使用高分贝的气喇叭狂鸣。

个别驾驶人在路上不论遇到什么情况，总是先按喇叭，把提醒变成了警告，总以为别人听到喇叭响就会马上让路。如果遇上残障人士或心不在焉、思想不集中、走路想事及走路低头看手机的行人时，就很容易发生意外。

遇上路口堵车，大家心里都着急，这时应该调整心态，顺序等候。但是有个别驾驶人气急冒火，按住喇叭不松手，发泄不满情绪，乱上添乱还添烦。

夜深人静时，在胡同里和小区内，有车持续不断地用刺耳的喇叭声叫人、叫门，或防盗报警搞得过于敏感，严重影响大家休息。

郊区、集市、村镇行车，临近情况时突然猛踩加速踏板、按喇叭，搞得鸡飞狗跳。如果牲畜、马车受到惊吓，容易引发危险或意外。

用喇叭开路、驱赶行人、骑车人，与防范性驾驶的用喇叭探路、提醒他人注意是两种完全不同驾驶作风和道德行为的表现。

2. 灯光

正确使用灯光非常重要。夜间对于灯光的使用，除了前照灯的道路照明，示廓灯的显示功能外，晃前照灯提示、危险警告灯的警示功能要合理使用。

当黄昏来临路灯未亮时，应该打开示廓灯行驶，待天色全部暗下来再打开近光灯。如果是直接开近光灯，灯光和斜射的落日余晖交叉在一起，既不能照亮道路，而且还显得很碍眼。

白天遇阴天下雨、沙尘、雪、雾等特殊气候条件光线昏暗时，也应及时打开雾灯，放慢车速，加大跟车距离。这时，点亮的车灯既能照亮路面，更是为了让别人能及时看清楚自己车的位置和状态。

在道路通行的早、晚高峰时，特别是在冬季，天亮得晚、黑得早，路上人多、车多。在这种情况下，车速要慢，配合使用近光灯、喇叭，尽可能少按或轻按，"嘀"一声起到提醒作用即可。

现代汽车近光灯的照射距离为40米左右。在有路灯辅助照明的道路上行驶时，应使用近光灯；在无路灯辅助照明的道路上行驶时，车速低于40千米/时使用近光灯，高于40千米/时，跟车距离高于100米以上时再使用远光灯。

夜间行车，市区应使用近光灯，不是紧急情况不应使用喇叭，不要用变换远/近光灯晃对向临近的车辆、行人、骑车人。特别是骑车人，在被灯光晃花眼的情况下，容易失控或产生逆反心理，极易发生危险。

老司机的开车秘笈

反过来讲，夜间行车，你开着前照灯，别人很远就可看到你或知道自己后方车辆已经临近，真没必要变换远光灯或按喇叭催促别人。实在不行，可用关、开近光灯的变通方法提醒路人注意，效果要比用远光、喇叭好。

正常气候条件下，不得使用雾灯行驶和会车。夜间倒车时，在无法看清车后路面时，可辅助使用后雾灯照明。

如遇路灯照明效果不好，路面坑洼或有积水、积雪、施工等通行不便的路段，可提前把车速慢下来，开近光灯与骑车人、行人随行，帮人家照个亮。

有时个别骑车人在没路灯的窄路上，在前边就是不让路，这时就别催了，他是借灯光在赶路。特别是在风雨交加等不良气候条件下，开车人更要理解、特别关注行人和骑车人。

夜晚窄路上会车，建议关闭近光灯，打个手势，给对方一个彻底的明亮的通过环境，痛痛快快地让个方便。

用远光灯连续晃对方或在市区用远光灯行驶，使对方车驾驶人眼睛不适，容易引发交通事故和行车纠纷。

小区、胡同里讲人情，喇叭、灯光上见文明。现代汽车由于新技术的应用，灯光都很亮，特别是氙灯可以说是非常刺眼，面对它时让人眼睛极不舒服，近距离时甚至使对方致盲！因此，合理地使用灯光是非常重要的，并且必须谨慎对待。建议配备氙灯的车友在夜间提示骑车人和行人时，用关、开近光灯的方法处理路面情况，以不刺激对方视力为度。

友情提示

- 行车中，驾驶人之间应用喇叭、灯光或辅助肢体手势及语言进行沟通、交流。
- 夜间在无照明或路灯照明不足的道路上百米外用远光灯，会车前，双方在150米距离外改用近光灯。跟车距离小于100米内一定要改用近光灯。市区内行驶使用近光灯。
- 开氙灯车辆的车友，夜间会车时应主动提前转换成近光灯，避免造成对方产生逆反心理而做出挤占你的行驶路线的冒险行为或引发对方强光致盲而发生意外事故的可能。
- 不准用远光灯照射对向而来的骑车人和行人，适度距离内改用近光灯或雾灯。尊重同行，尊重非机动车，尊重行人的同时，也是尊重自己，肯定可避免许多不必要的纠纷或麻烦。
- 尽量少用喇叭。远距离用长音，近距离轻"嘀"一声，以不吵人为度。小环境情况下用辅助手势、简短语言。夜间不是紧急情况不用喇叭。
- 行驶中如遇其他车辆非正常急促地使用灯光或喇叭时，则证明是警告，可能有危险或特殊情况将要发生。这时，一定要警惕，迅速查明情况，及时采取措施。

相关实例

在拥堵路段，有时在移动或减速的过程中，提前给对方一个简单的让行或停止手势，对方即可"心领神会"，根本用不着满大街的晃前照灯、按喇叭的扰乱环境的所谓现代"灯语"。

六、驾驶人之间的沟通与互动

日间，坡路行驶会车前，上坡车在远距离处连闪两下前照灯，行内称"要道"，意思是请求让道先过。一般情况下，山区或丘陵地带比较多见，来车是因为重车上坡行驶困难，肯定

052

是要利用惯性冲坡。遇此情况时，下坡车一定要让。

另外，遇对方上坡车道路前方有障碍或对方车在超越过程中感觉超越的安全距离不足时，在想保持动力利用惯性冲坡的情况下会向你"要道"。凡遇到类似这种对方比较困难或危险的情况时，应礼让或避让。一定要及时打开右转向灯，在告知对方的同时制动减速让路即可。这都是当年在老旧山路搞运输时互相关照的一种操作和沟通的方法，是当时的道路条件所决定的，属于比较特殊，但必须互动的情况。

顺便说一下，大小车在同等车速情况下的紧急制动时，大型载货汽车的制动停车距离可能是乘用车制动停车距离的 3~4 倍。如果在高速公路上，特别是在车流受阻，制动减速时一定要留意观察一下后视镜，如发现后方的大型载货汽车跟车近或急促不断地按喇叭，急晃前照灯或危险警告灯急闪，给人以非常紧张的感觉。这就是警告！后方有危险！这时很有可能就是后方大型货车警告制动有问题，恐怕停不住了，希望前车赶快躲避。这时，你一定要视情况避险。

路口红灯停车后，后车急按喇叭，急闪灯光，可能是提醒要往后溜车了。

日间，有时对方车在近距离内"嘀"一声喇叭用手指一下你车头，这是善意提醒你检查车灯，及时关闭。

现在新产的车辆都装配日间行车灯，即发动机起动后近光灯或示廓灯自动点亮，主要作用是动态显示，提升日间行车的安全系数。如果自车是这种车型且又遇有人提醒，"嘀"声喇叭感谢对方即可。

行驶中或临近路口时，相邻车道的车辆闪着转向灯，轻"嘀"一声喇叭或朝你打一下手势，这时邻车的意思是请求变更车道，只要路况许可，应尽量礼让。

夜间行车，人的视觉对速度的感知力下降，对距离的判断也会产生很大误差。因此，夜间会车前，不用理会当时的实际距离有多少米，只要感到对方来车灯光有轻微的眩目时即可改用近光灯。当行驶到双方车头横向平齐时，或是对向车流的尾车时，再改用远光灯。

当发现对方来车改用近光灯或间歇地快速变换远近光一两次时，就是提醒对方此时正用远光灯行驶，这时尽快改成近光灯。

如果让路后，后车不但不超车反而"不依不饶"地晃灯、按喇叭或手势时，则要考虑后车可能在提示自己（车辆）有事。

行驶中，一般在不便超车的路段，有时后车会错位跟行，急促不断地按喇叭或伴有前照灯急晃，或者是在超车并行过程中驾驶人（或副驾驶）落下车窗玻璃向你比画手势或在喊着什么。光看对方嘴动却听不清内容，也许就是提醒你车辆出现了什么问题，这时应及时选择安全路段停车查看车辆。

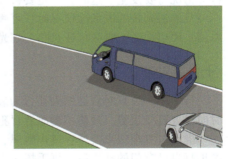

车辆行驶时，应严格遵守法规关于喇叭、灯光的各种使用规定。白天用喇叭，夜间用灯光，再加上其他附属灯光以及车行中流行的传统手势或辅助肢体语言，三者结合，路上的照明、显示、提醒、表达、沟通、警示、探路、阻止、报警等功能就全有了。

1. 温和的提醒作用

一般是喇叭响一两声或灯光闪一两次。

1）如前方车辆绿灯后无起步迹象时，或行驶中前车车速过慢不能跟上车流行驶速度前方空当距离过大时，一般情况下白天按一声喇叭，夜间晃一下远光，提醒前车及时跟进。

2）夜间在无照明或路灯照明不足的道路上，百米外用远光灯，会车前双方在150米距离外改用近光灯。跟车距离小于100米内，一定要改用近光灯。市区内行驶使用近光灯。

夜间会车时，如遇对方车开远光灯临近会车距离时，自己晃一下远光灯，提醒对方车辆改用近光灯。对方无反应时，再晃一下远光灯。

3）白天，提醒对方来车未关闭转向灯或示廓灯时，按一声喇叭或晃一下远光灯。

4）在特殊或自己不便并无优先通过权的情况下，请求优先通过，向对向来车晃一下远光灯，发出请求。

5）开氙灯车辆的驾驶人要特别注意，夜间会车前应主动提前转换成近光灯，避免对方误会或逆反心理而做出挤占你的行驶路线的冒险行为或引发对方强光致盲而发生意外事故的可能。

6）在禁止按喇叭的路段可适度晃灯，提醒对向车辆，骑车人和行人注意。不准用远光灯照射对向而来的行人和骑车人，适度距离内改用近光灯或雾灯。

2. 善意提醒注意起到警示或显示作用

一般是喇叭响两三声或灯光闪两三次。

如超车前，打开左转向灯，原则上白天用喇叭，夜间用灯光示意。但在高速公路上超车或循速经过右侧大型货车时，即使白天也可视具体情况，喇叭、灯光齐用，夜间单独用灯光示意即可。

3. 严肃警告或阻止对方

喇叭连续急促，灯光变换连续不断。

喇叭尽量少用，使用原则远距离用长音，近距离轻"嘀"一声，以不吵人为度，小环境情况下用辅助手势和简短语言。夜间不是紧急情况，不用喇叭，不乱晃远光灯。

对违反法规的挤、抢、钻、别行为的车辆，可根据当时具体情况的轻重缓急，白天用不同节奏按两三声喇叭或连续急促按喇叭，夜间可断续地晃两三下远光灯或连续急晃。

4. 特殊或危险情况时

行驶中，如遇其他车辆非正常急促地使用灯光或喇叭时，则证明是警告，可能有危险或特殊情况将要发生。这时，一定要警惕，迅速查明情况，及时采取措施。

凡是遇到特殊或危险情况时，可喇叭、灯光齐用。距离近时，喇叭短促急鸣、灯光短促急晃；距离远时，喇叭单音长鸣、灯光急晃或灯光持续远光。

七 辅助手势

行车中，一旦对自己的失礼行为表示歉意时，或者是向对方有求助要求的情况下，可及时向对方打个手势。只要不是故意冒犯、行车环境许可，对方都会有正常的互动反应。

提示对方车门未关严：按声喇叭，配合闪前照灯。主要是为引起对方注意，用肢体语言做拍打自己车门的动作后，再手指对方车门表示对方车门未关严。

提示轮胎有问题：按声喇叭，配合晃前照灯。主要是为引起对方注意，用手指示对方车辆异常轮胎的位置即可。

提示未关灯光：日间行车，当与对方车辆会车前，发现对方驾驶人"嘀"一声喇叭或配合闪前照灯。

1）示廓灯未关：伸手对着你做五指并拢，再以三根手指（拇指、食指、中指）做张开的动作，反复并拢、张开两三次。

2）前照灯未关：伸手对着你连续做五指握拳，再完全张开手掌的动作，反复两三次。

这时，当看到对方手势时一定"嘀"一声喇叭或举手表示谢意，同时关闭灯光。或见到对方向你闪一下前照灯后，自己就主动检查一下灯光开关。

掉头手势：车辆打左转向灯，驾驶人高举左手伸出窗外连续挥臂向后画圆圈。遇到这种情景，降低车速，视情况给掉头车留出较大的回转距离。如果自车让行不便时，可按喇叭闪前照灯拒绝即可。

倒车手势：左手握拳伸拇指，弯肘上曲小臂，拇指向后，前后摆动。或左手平伸手臂，四指朝上握拳，伸出拇指，手臂向后平摆。

让行或让超车手势：驾驶人左手伸出窗外，手心向前，往前摆动手臂。

让左右方向车辆通行：面向前方抬臂平肩前伸，横向左右摆动手臂。

慢行或停车手势：左手伸出窗外手心向下，做向下摆动手掌或小臂的动作。

致谢手势：完全的哑语手势。单臂平举握拳，拇指竖起，或做连续弯曲点头状，及随机腾出一只手高举过头打招呼状或敬个军人礼。

这些手势，全是驾驶人在驾驶位置上做出的。如横向摆动小臂的手势，可以用在斑马线前的让行，主要针对行动缓慢的老人，表示让老人放心通行。

八 对"灯语"的看法

从自然规律和使用实效的意义讲，喇叭是白天用的，灯光是夜间用的。

汽车灯光的照明、显示、警告及交流作用非常重要，但现在网上传播的所谓"灯语"，完全是在引申舰船的灯光信号之作用，用车辆的灯光在路面的交通中交流信息。这种方法不符合道路交通的实际情况，容易造成相互干扰，影响交通环境。

车辆前照灯是照射光束，在非紧急情况下一般不应该连续晃前照灯。况且用的都是大瓦数的远光，不论对向或同方向，双方一般都是在较近的距离上，关键又是在大的交通环境下，即使是在白天，相互"默契配合"地使用"灯语"交流，容易刺激他方视力，从而影响大的交通环境。如果在城镇、市区、交通要道、路口附近日夜不分地"交流信息"晃前照灯，肯定会干扰其他方向车辆驾驶人的视觉，让大家的眼睛都不舒服，这犯了灯光使用的"大忌"。

合理使用灯光，是非常重要且必须谨慎，特别是在车多、人多的交通环境下，应严格遵守法规，遵守喇叭、灯光的使用规定和约定俗成、简单达意、行之有效的规范操作。

在夜间乱晃前照灯，是关乎他人的生命安全和自己有连带责任的大事。

心有灵犀一点通，不用满街去晃灯。

约定俗成即行规，举止眼神可互动。

第三章
路况观察与视觉分析

平静是种心态,心静是种专注,冷静是种成熟。

第一节 路况动态观察要点

在驾驶汽车的观察中,景物是静态的,车辆是动态的,高达90%的路况信息都是通过驾驶人眼睛的视觉系统感知的。驾驶人对道路或环境的观察能力,是保障车辆安全行驶的首要条件。没有合理的视线、视距和适应车速的观察角度,就不可能保障行车观察的有效性。

一 全景观察(看远——点)

注意行驶方向区域内的道路条件及交通状况,根据路况及车速,调整视线、视距、视角,全面观察道路及周边环境中的汽车、非机动车和行人的动态。驾驶人对路况景物的观察感觉,应该是三维立体的。

二 动态搜索(顾近——面)

行驶中,观察路况环境,迅速把眼前的视域全景分割成若干个区域部分,通过动态观察、不停搜索,把重要方位的情况尽收眼底,重点关注。这样,既能获得全景图像,又可获得更多的主要的路况细节。

行车观察,先看的是静态的环境,动态搜索是在静态的环境中寻找或发现动态的物体。了解视觉观察的分布,学会注意力分配,掌握视域内的观察方法,这是驾驶人首要的任务。

全景观察——看远处的点;动态搜索——顾近处的面。
远近参照——可及时发现;判断处理——兼防范周边。

三 路况观察的基础方法

针对一些常年在相对封闭的狭小的空间或固态环境下伏案工作的驾驶人，习惯性的视距、视角及视觉意识不能快速地适应道路环境的观察要求。再加上由于紧张或不适应，坐在驾驶位置上不知道应该往哪看或看什么，显得比较茫然，而且操作时还有不时地低头看档的毛病。针对这些情况，可借用"十"字分画标线的启示，把他们的观察视线引导到实际道路上具体的观察目标上来。

1. 水平方向视界角度

向前直臂伸出自己右手，手心朝下，五指自然张开：中指指向代表自己的中心主视线观察远处，食指和无名指之间形成60°～80°角是生理的自然状态下的视角，拇指和小指之间形成120°角是观察较近距离时的视线区域，120°～180°视角范围是余光角度，这些就是行内通常所说的"扇面形观察角度"。

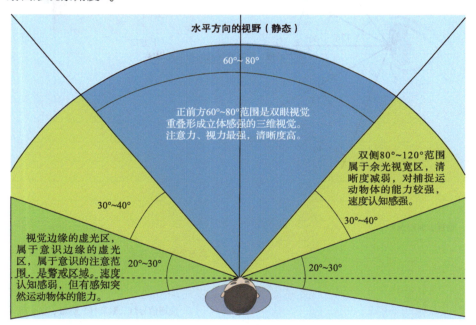

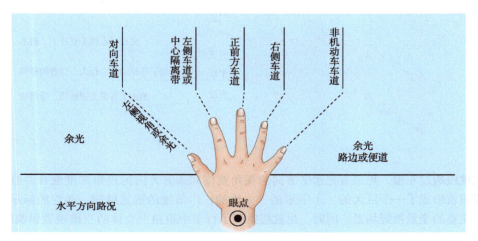

2. 垂直方向视界角度

向前直臂伸出左手，五指自然张开，手心朝右：拇指、食指指向空中，代表观察不同高度的景物，如道路上方的指路牌、信息屏、监视探头，灯光信号和各类空中的交通标志牌等；中指指向代表观察路面上的汽车、非机动车、行人、隔离护栏、隔离墩和锥桶等其他障碍物；无名指代表高出地面的，如减速带、路沿等交通设施或其他物体；小指指向地面、代表施画在地面上的各类交通标线、标记、字符、图案、防滑色带或井盖等。

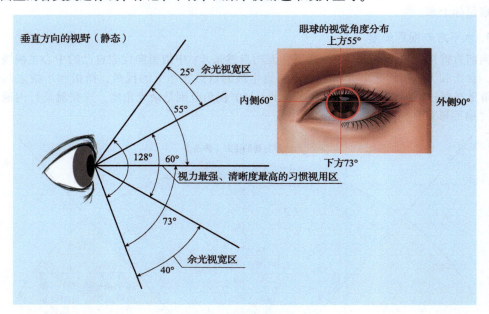

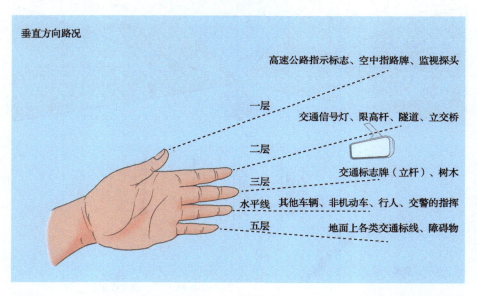

把视线透过车窗，想象着把水平方向的视角宽度和垂直方向的视角高度融合并叠加在一起，眼前就形成了一个巨大的、十字形的、立体的、广角度的视觉感知，在它的标示下出现了一个完整的全景视野场景。同时，也就想象到了行车中道路上立体的三维视觉影像的场景。

它就是行车中的最重要部的感觉：视距、视角、视力。这些就是驾驶车辆时观察道路情况的视觉基础。

第二节 人眼视觉特点分析

一 视野

当两眼注视某一目标，注视点周围可以看到的范围叫视野。正常的单眼视野范围，面颊侧为 90°，鼻侧为 60°，上方为 55°，下方为 70°，双眼的水平视角范围可达 180°，垂直视角 115°。

将头部与眼球固定，同时能看到的范围为静视野。若将头部固定，眼球自由转动，同时能看到的范围为动视野。动视野角度比静视野大，左右约加宽 15°，上下约加宽 10°。两眼同时所能看到的更广阔的范围，就是视域。

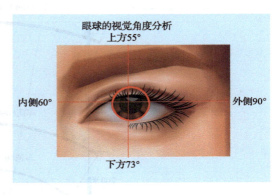

把视野的观察范围转换到驾驶位置透过车窗看外面的时候，新学员的感觉是：车窗外全景视域完全被"框化"，左右两侧的余光视线被两根 A 柱"分割"了，上部的余光视线被车顶遮住了，下部余光视线被发动机舱盖挡住，车体周围近距离内形成了一定范围的视觉盲区，只剩下远处的模糊的视野背景，整个车窗外的景物没有距离感，没有景深，就像两维的电影画面。

二 视距（视线距离）视线分布及注意力分配

行车中，驾驶人观察道路中不同距离上移动或固定物体的直接视线距离，称为视距。

视距与视力有关，是指驾驶人在行车中正常的观测距离的能力，是一种既能观测远或近距离的目标，又有清晰度，特别是要有观测较远目标的能力。狭义讲，视力决定视野，视野体现视距。更广阔视野就形成了视域，主要体现在行驶道路之外的开阔环境。

视距、特别是对驾驶人来讲，只有看得见物体所在位置才能目测出大概距离，只有看得清物体运动方向、估算出当时的速度，才能做出相应的判断和处置操作。因此，视线的观察距离是驾驶车辆的绝对重要的先决条件，是安全行驶的基本保障。

视距的变化会带动视角的改变。在高速行驶时，要想同时看清远处动态物体和近处静态物体是很困难的。高速行驶时，驾驶人会加大动视力的视距，强化对远距离运动物体的注意而使视角收窄的同时，淡化了对近距离物体的注意，造成对近距离物体观察时出现视线模糊的现象。

车速慢时，动视力的视距缩短，但视角自然扩大，强化了对近距离物体观察的同时，对远距离物体观察视线就会出现淡化现象。总之，不论是动态物体或静态物体都要在各自适当的车速和距离时才能清楚地观察到，这些都是眼睛自然调节功能所决定的。行车中，一定要根据车速不断地调整视距和修正视角，根据情况的方位适时调整观察的方向或角度。

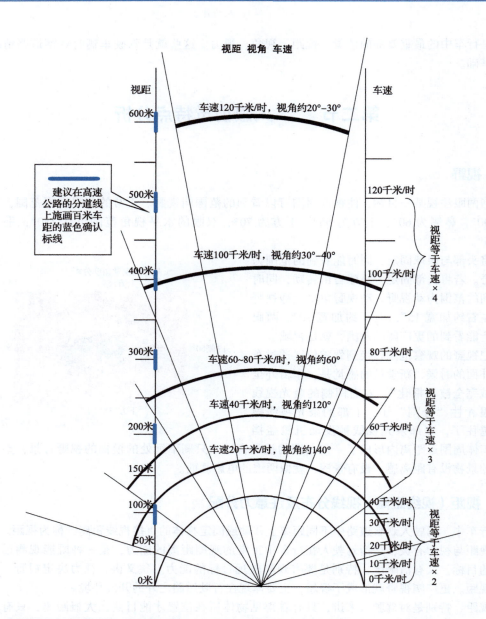

不同车速条件下视角的变化情况（视距与视角互为补充、随机调整）如下：

车速 5 千米/时	最小视距2倍	车速 10 米以上	视角约为160°的范围
车速 10 千米/时	最小视距2倍	车速 20 米以上	视角约为140°的范围
车速 20 千米/时	最小视距2倍	车速 40 米以上	视角约为120°的范围
车速 40 千米/时	最小视距2倍	车速 80 米以上	视角约为100°的范围
车速 60 千米/时	最小视距3倍	车速 180 米以上	视角约为70°的范围
车速 80 千米/时	最小视距3倍	车速 240 米以上	视角约为50°的范围
车速 100 千米/时	最小视距4倍	车速 400 米以上	视角约为40°的范围
车速 120 千米/时	最小视距4倍	车速 480 米以上	视角约为30°的范围

行车中，要根据路况把"看远"和"顾近"相结合，同时兼顾两侧，不停搜索，不间断地观察、发现、判断和处理情况。转身扭头，扩大搜索视角。眼神要活，视距要调，视

线要搜,余光要扫。不要长时间注视某一目标,而忽视了对整体路况的观察。

三 视角(余光)

视角,就是驾驶人行车时头部和眼睛随路况变化而移动时两眼所能看到的视野角度,也称动视野。在临近无灯光信号控制的路口,在降低车速或停车观察的情况下,可将平时一般习惯的60°~80°观察范围,按当时实际需要配合左右转头观察路口两侧路况时,观察的视角可扩大到180°~220°左右的范围。这是一个合格驾驶人观察路况的基本标准。

汽车在行驶中,随着车速的提高,视线的观察距离至少是车辆行驶速度的2~4倍的观察距离·米的同时,还要保持视线的前瞻性和广阔的视野范围。

车速越快,视线的距离就要看得越远,以便提前发现情况。而视距越远,视角就变得越窄,余光角度也随视角收窄,这是眼睛结构所产生的自然调节作用。这时余光角度内的视线模糊,路边的树木、标志、景物从车旁一闪而过,不易看清物体,这时"速度感"就在余光的感知作用下逐渐产生。

当车速因处理情况慢下来时,视角因观测近距离物体而自然加大,视距自然变短,同时也加宽了余光角度,这也是眼睛结构所产生的自然调节能力。也就是说,不同的车速对应着不同的观察距离,不同的观察距离必然产生不同的视线角度。而当视角余光部分不能看清更大范围的侧向运动物体的动态时,就要加上转头的动作观察侧向的路况或通过观察后视镜加大视觉角度。例如:开门下车前、起步、变更车道或转弯、掉头、倒车、入库前的观察,就要借助后视镜的作用来扩展我们观察的视角范围。

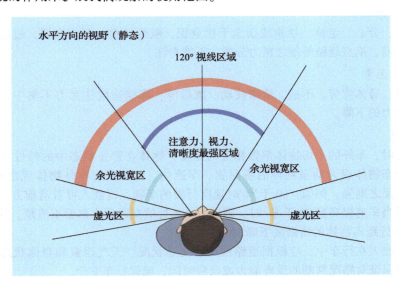

1) 行驶中,当观察侧向的情况或后视镜时,不要把所有注意力集中在一个点上,一定要把一定量的余光留在车辆行驶的方向上,保证全面观察的有效性。

2) 任何功能的眼镜,不论是矫正视力的还是遮光的太阳镜,在校正或保护视力的同时都会遮挡或影响余光视线的角度。因此,每当观察车体两侧或后视镜时,一定要配合转头或侧脸扫视观察。

四 视力

视力是眼睛分辨物体细节能力的一个生理尺度,也指驾驶人眼睛观察不同远近距离目标的能力,可分为:

1. 静视力

静视力,是指人和观察对象都在不动的状态下的视力检查。学员在驾校报名前、驾驶人体检时,都要经过视力检查,这是对驾驶人视觉器官的一个数值要求。

2. 动视力

动视力,是指人和观察对象都处于运动时检查的视力。

驾驶人在行车中的视力为动视力,动视力随车速的变化而变化。车速越低,动视力越好;车速越高,动视力越差。一般情况下,动视力比静视力低10%~20%,运动速度较高时动视力比静视力低30%~40%。夜间的动视力只是白天动视力的一半。另外,驾驶人的年龄越大,动、静视力的差别越大。

驾驶人的动视力还受其他多种因素影响:

(1) 环境因素

夜色、阴雨、雪雾、风沙、光雾障,黄昏、黎明时的弱光、逆光及炫光,都能降低能见度和视距。光线越暗,动、静视力的差别越明显,使行驶时的观察能力受到限制,直接影响动视力,从而影响行驶速度或影响安全行车。

(2) 注意力

接打手机,分心、走神,景物或杂念干扰意识,吸烟饮食,深度交谈,过度兴奋、意外刺激,着急忙慌、抢点赶路等使之精力分散,不能专注。

(3) 身体因素

精神疲惫、身体疲劳、不适、情绪波动、酒后等,都能造成注意力不集中,从而引发动视力及反应能力的下降。

(4) 车速

汽车行驶时,车外的一切物体都做相应的运动,物体在静止状态中的特性在驾驶人心里发生变化,静态物体成为动态物体的参照物。车速快,驾驶人对车外物体观察的时间缩短,动视力就弱,反之则强。例如:60千米/时速度行驶的车辆,驾驶人可看清前方240米处的交通标志,可是当车速提高到80千米/时,则连160米处的交通标志都看不清楚。基本是车速提高33%,视认近距离物体的清晰度下降36%。

因此,驾驶人在行车中,应根据道路情况、交通状况、天气因素和身体状态等条件选择行驶速度,以保证对路况判断的反应能力或反应时间,确保行车安全。

五 视力的适应性

1. 暗适应

人从明亮的地方突然进入黑暗的环境,眼睛的适应过程叫暗适应。从开始的不适到逐渐适应。例如:晚上我们从灯光明亮的室内走出,进入夜色中或开车驶入隧道时,眼睛需要一段

时间来适应黑暗的环境后才能看清物体。一般情况下，暗适应需要 10～15 秒，主要看明暗度的对比。反差小，眼睛适应的时间相对就短。

2. 明适应

人从黑暗处进入明亮处，眼睛的适应过程叫明适应。从开始的不适到逐渐适应。例如：夜晚从街道进入室内或灯光明亮的环境或白天走出地下室，以及开车驶出隧道时的感觉。如明暗度反差小，眼睛适应的过程相对就短；如明暗度反差大时，眼睛还会有不舒服和光线刺眼的感觉，这时明适应的时间就会延长，一般比暗适应短，需要 1～5 秒。

为了防止视觉危害，减少由亮到暗或由暗到亮所引起的光线反差，在道路照明设施上通常的做法是，在城区与郊区的交界处将路灯的间隔距离拉长，慢慢减低路灯的照度。隧道内全都安装照明灯光，这样可以给驾驶人的视觉有一个明暗适应的缓和过渡。

如夜晚从明亮的环境走出准备开车时，不要着急走，先把眼睛眯起来，以减少眼睛进光量，待进入暗环境时再完全睁开双眼。夜间，起动发动机后再打开近光灯，给眼睛一点时间，适应一下夜间的灯光环境后再起步。进入明亮环境前，放下遮阳板或先眯起眼睛，给眼睛一个缓和的适应时间。行车途中，遇上光线有急剧明暗变换的路段或强烈的逆光时，车速一定要慢。

第三节　不同光线应对策略

一、黄昏视力

黄昏是傍晚天黑前约半小时之内的时间，冬季的黄昏时分差不多都是赶在下班时间。交通的晚高峰时段，交通流量猛增，道路拥挤，路口繁忙，秩序杂乱，是交通上所有参与人的心理状态比较浮躁的时间段，也是事故多发的时间段。对于驾驶人来说，黄昏也是最费神费力的时刻。因为黄昏时光线渐暗，路灯亮后车辆也陆续开前照灯，由于灯光亮度与自然环境的亮度差别不大，对观察起不了多大照明作用，但对驾驶人视觉影响确很大，容易造成对动态、静态事物的观察模糊，使观察的视觉范围和距离大大缩小。

解决方法

1）注意观察道路上的路况信息提示牌或关注交通广播的路况信息及车载导航系统的提示，尽量避开黄昏时晚高峰的拥堵点或路段，有的拥堵点的高峰值大约也就 30 分钟。
2）驾驶人专用太阳镜能滤掉发散的光，使光线变柔和、明亮。此时的车速不能快，随行逐队地跟着行驶，不要随意变更车道，对所有眼前的路况动态加强观察，收短视距，加大视角，注意力集中在对你行驶有直接影响的骑车人和行人身上，注意避让，视情况提前"嘀"一声喇叭，提醒他们注意。

二 夜间视力

在夜间黑暗环境中的视力称为夜间视力。夜间的视力与白天的视力差别非常大，视认距离依靠灯光照射距离和范围。由于灯光的衰减作用，视物能力只有灯光照射距离或范围的一半。

夜间在城市繁华街道上行驶，由于路灯、广告照明、霓虹灯、前车的尾灯、高位制动灯和对方来车前照灯的照射及路旁商店橱窗等其他散射光源的交织辉映，都会形成对视觉的严重影响。特别是赶上下雨，还有雨水路面和周围车体上水膜产生的反射光，使人眼花缭乱。

眼睛在五彩缤纷、强弱灯光的交替刺激下，不可能及时地看清所有路况或参照物，容易造成对交通情况的观察不清晰、不彻底，判断路况感到困难。此时需要降低车速，加大视觉调节的时间，才能看清稍远距离内的景物。由于视觉不断地受到干扰，甚至有时还可能会出现错觉。特别是驾驶人年龄较大或身体疲劳时，更容易产生视觉疲劳，对明、暗光线的适应能力、调节能力相对减弱，反应时间延长，从而对判断、处理情况都显得反应迟缓。

三 炫光（逆光）对视力的影响

炫光对驾驶人的影响，纯粹是视觉上的一种强烈刺激，是一种由于瞬时亮度过高从而引起视觉不舒服的光线。炫光可分为直接炫光和间接炫光。如按视觉效应分类，炫光可分为日间自然环境产生的炫光和夜间汽车灯光产生的炫光。前者是不舒适炫光，后者可能就是造成失能的炫光，可瞬时致盲。

1. 日间自然环境产生的炫光（逆光）

自然界中的发散光、反射光、直射的阳光（逆光），对驾驶人眼睛会造成间接或直接的影响，让人感觉很不舒服、易疲劳，对视力的影响非常大。

迎着早霞或晚霞行车，东西向的道路基本都属于迎面的照射，即使放下遮阳板，夕阳仍然会在发动机舱盖上出现一个耀点，正好从遮阳板下方折射到视线中，想躲都躲不开。此时，应放慢车速，注意两侧。更严重的是整个路面发出亮银般的反光，百米距离以外的车辆只是一些灰影，很难分辨出他们车头的指向。

正午前后，当车辆向南行驶时，路面形成亮银色的反光，强烈的逆光严重地影响观察视线，严重的连对向的灯光信号都看不清。应对方法，就是及时下翻遮阳板，打开视角、放慢车速，跟车行驶。当接近逆光路口时，一定要参照观察路口两侧的灯光信号、车辆动态及对比查看对方车辆的动态。当车辆向西行驶时，高层的楼宇间透射出来的阳光直接照射在驾驶人的脸上，耀眼的阳光和楼体的阴影在车辆行驶中忽明忽暗，光线反差极大。此时，应将遮阳板下翻、左转，遮挡部分强光。

夏日行驶在林荫道上，透射的阳光阴影斑驳，在前风窗玻璃上急速跳跃，光斑闪耀，视线要透过这种异常干扰观察路况，眼睛很容易

疲劳。

由于夏季阳光垂直照射的原因，前风窗玻璃下面黑色仪表台板上放置香水瓶、小饰物或其他物品的影像会形成虚影投射到前/后风窗玻璃上，特别是浅色的仪表台板的虚影会清晰地反射到前/后风窗玻璃上。驾驶人虽然可以透过"窗纱"似的虚幻影像观察路况，但会影响视线距离和清晰度。

强烈的阳光下，来自观察方向的汽车玻璃或车体某个部位的反光都算是强烈耀光点，频闪不断，赶上车多角度凑巧时会连成一片，跟远距离电焊发生的弧光差不多。

太阳照射低空中聚集的雾霾，会产生强烈散射光线的光雾障，让人感觉视线既模糊又刺眼，造成光化学反应的后果还会严重加剧空气污染程度。

雪后大地，银装素裹，雪景在阳光的照射下紫外线反射强烈。如果长时间不加防护，会使眼睛感觉很疲劳，特别是在旷野间，漫山遍野的白雪，更易产生雪盲。

建筑物的玻璃幕墙体，造成强烈的阳光反射，是一种严重的光污染。这与水面反射的阳光一样，形成大面积的耀光点，对着行驶的车辆像碎银一般不停地闪耀。

> **解决方法**
>
> 1) 防范强烈阳光或逆光时，放下遮阳板（阳光在车窗左侧位置时，可将遮阳板下翻后左转，调整到左侧车窗位置。副驾驶位置的遮阳板使用方法相同、方向相反）或带上驾车专用太阳镜，可以遮挡或滤掉大部分发散光，减弱强光（逆光）对驾驶人视觉的刺激或影响。
> 2) 夏季时，在前风窗玻璃仪表台板上面及后风窗玻璃下方台板上（如果是浅色的）各铺一块亚光的黑色织物，可预防风窗玻璃上的反光虚影。
> 3) 对于可预知的强光或闪光，包括现在高速公路收费站、停车场收费点、路口或道路上方的路况监测系统拍照时的强烈闪光，采取忽视或视线转移法，千万不要把视线聚焦在电焊的弧光、炫光和闪光灯的耀光点上。只要不直视、就不会直接刺激你的眼睛。

2. 夜间汽车灯光产生的炫光

驾驶人在夜间行车时，已适应了暗环境的眼睛一旦遇到对向远光灯的照射，就会感到晃眼、不适，导致视力下降。此时，要恢复到原来的视力需要一定的时间，一般条件下要恢复到遇明亮光线之前的视力 2~3 秒，恢复到完全视力约 10 秒。如果当时行车速度为 40 千米/时，那么 10 秒内汽车行驶距离 110 米，在此距离内眼睛根本看不清路况，行驶会非常危险。

汽车灯光产生的炫光对驾驶人眼睛的刺激和伤害很大：当两车在较远的距离上对向行驶时，一般会随着距离临近，灯光亮度的聚拢，眼睛开始会有不舒服的感觉，但不影响视觉的功能。当距离临近光亮度在急剧增加时，它可使被照射的驾驶人根本无法进行视觉观察，基本上丧失对来车的速度和距离的感知和判断的能力，直到暂时失明，这就是失能炫光——强光盲。

氙灯的强光，直接损伤被照射驾驶人的视觉，特别是用远光灯会车时会造成严重的光污染和光伤害。

夜间处于道路中心灯光交汇区域内的行人是最危险的！

在双向行驶的道路上，一般在白天情况下，道路中心线上的行人比在路右侧上的行人更容易被驾驶人发现。但是，在夜间，双方开着远光灯会车时，由于对向车临近，双方灯光交汇处会产生的强烈炫光现象，使双方驾驶人都看不见道路上及中心线上的行人。在这种情况下，道路中心线上的行人是十分危险的。特别是近些年出现的氙灯，由于灯光使用不当而引发的恶性交通事故不断发生。

在夜间会车时，当两车临近，对方车仍不使用近光灯，这时远光灯造成的炫光会直接影响被照射驾驶人对路面情况的观察。行驶中一旦遇上这种情况，只有及时制动减速，凭着对道路情况的记忆选择慢行或干脆停车，千万不可在看不清路况的情况下按原速行驶，否则极易发生危险！

夜间行车时尽可能避开对向来车的灯光刺激：设在道路中间的绿化隔离带或高速公路中间的防眩板，在丘陵地区或一些自然起伏的上下坡的路段上，只能对近距离的灯光起遮挡强烈炫光的作用。由于道路的坡度在距离上形成的高低差时，使对向远方高处车流的远光灯的光线高过中心绿化隔离带或防眩板，形成上下成串的耀眼光斑十分晃眼。这时，可根据具体情况放下遮阳板，配合侧脸、用余光侧视或加大与左侧的间隔，选择右侧车道行驶，适度避开对向远方光束的照射角度的中心，兴许会好一些。

夜间市区行驶使用近光灯，郊区、高速行驶（照明光线不足时）使用远光灯。会车时，双方一定要按规定使用近光灯。由于夜间对视认距离影响极大，所以应当以对方来车灯光略微晃眼时作为标准，主动、及时变换成近光灯。

提示对方转换近光时，晃一次远光灯即可，千万不要互开远光灯斗气会车。同方向行驶时，不要在正常跟车距离内，开远光灯紧跟前车行驶。即使在快速路上，跟车距离小于100米时，应主动改用近光灯。

防范方法

1) 夜间行车，后车近距离跟车，前照灯照在前车两侧的后视镜上形成耀眼的眩斑，使后视镜失去观察作用。驾驶人躲避这种耀眼的眩斑，可临时改变驾驶姿势（临时前探身体）或调整左右后视镜角度（车内后视镜可以调整成夜间模式），躲避耀眼的眩斑或减速让超车。
   具体调整方法：可将左右两侧后视镜上的眩斑调整到后视镜镜面外侧的边缘处，再贴上一小块透明胶条，起分散或弱化眩斑的作用，减轻耀眼的眩斑对夜间视力的影响。待日间行驶时，再撕掉胶条，调回后视镜角度。
2) 对于对向来车耀眼的强烈灯光，首先是减速侧脸不要直视它，利用遮阳板，遮住一部分光线。也可举手遮挡一下中心强光部分，脸转向右侧约20°，留出观察角度侧视前方，利用眼角余光视线抵消直射的强光。这样，既可以保持近距离内的观察效果，又可减轻强光对眼睛的刺激和伤害，以确保当时行驶的观察能力。
3) 遇能见度不良的情况时，配备红外夜视功能的车辆可配合使用夜视系统。
4) 提醒使用氙灯的车友要人性化地使用灯光，会车前应提前变换成近光灯。

- 路上开车"困得睁不开眼睛"时，就不可能有正常的意识和操作行为，风险不低于酒驾。这时，应避免疲劳驾驶。
- 最好给自己准备两副驾车专用太阳镜，一副灰绿色，适合在白天夏季或雪后强烈阳光环境下使用，另一副黄色，适合在昏暗环境，如阴雨、雾、黄昏、沙尘、夜间或隧道内等条件下使用。

- 保证充足的睡眠，避免熬夜，回避强光，经常远眺绿色，放松视神经。避免长时间上网或看电视、手机微信，多给眼睛一些休息时间。
- 停车休息时，首先让自己的眼睛休息一会，闭目养神或搓热双掌，捂住双眼运转眼球，锻炼眼球的活力，以达到舒筋活络、缓解视力疲劳的作用。对于前照灯的紫外光源引起的不适，可视情选用一些缓解视力疲劳的眼药水。
- 经常以热水、热毛巾或蒸汽熏浴双眼，促进眼部的血液循环。
- 平时还要注意饮食的选择和搭配，多吃对眼睛有利的富含维生素、矿物质和微量元素的食物，达到舒肝明目、养肝护眼的目的。

第四节 视线盲区应对策略

一、车体四周的视觉盲区（动态时）

当你坐在驾驶位置环顾车外时，视线通过四周车窗看不到车窗下方的地面，有一种被隔离或架空的感觉，而看不见的车体下方的距离范围就是车体造成的盲区范围。如果以传统的中型乘用车桑塔纳教练车为例，其四周的盲区距离分别为：左侧1米、前方4米、右侧5米、后方8米。

当你测得所驾车型的实际数据后，就有了一组实用的参考数值。当车体盲区的边缘临近障碍物时，你就知道还剩多少实际距离，并会把车辆控制在适宜的位置上，从而能在行驶或场地操作中准确发挥控制车辆周边停放距离的能力。

1. 测定方法（将车停在铺有水泥方砖的空地上）

自己坐在驾驶位置调整好座椅，请朋友帮忙确定出车辆四周的盲区边缘位置，标记好距离，然后下车确认盲区边缘到车体四周的具体距离。

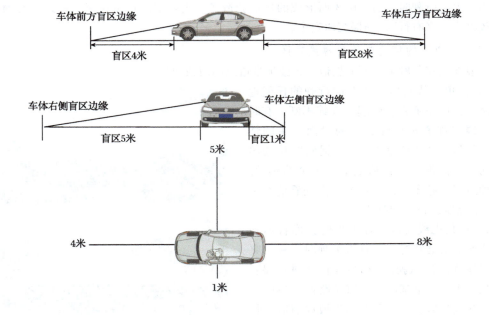

2. 练习方法

让朋友从车辆四周任何方位的盲区边缘直接走近车体盲区的距离内，你会逐渐看不见他的脚、膝盖、髋部甚至到腰部以上。这时，你可以让朋友"立定"，用视线的直接距离判断他与你车身的实际距离，通过朋友报出实际距离的尺寸，看是否与自己的感觉的距离一致，然后再下车确认、反复修正你感觉上的偏差。

 如在路边顺行停放车辆，当驶离时发现前、后方车辆停靠距离过近。而在调整车辆的过程中，对前、后停车距离的观察视线全是在车体的盲区范围内，当在没有倒车雷达和没有人员指挥的情况下，只能凭自己对前后车辆的目测加感觉，估量着距离停车。这就是驾驶意识的"感觉场"，俗称"车感"。

二　车外视线盲区（动态时）

车外视线盲区，就是指道路上客观存在的固定物体或移动物体阻挡视线区域。它使驾驶人的观察处于被动状态，只能靠低速行驶改变车辆位置或变换观察角度才能得到改善。

1. 固定物体造成的视线盲区

（1）水平视线的盲区

在市区、城镇的胡同口、老旧小区的居民楼的转弯处，由于临街的房屋、楼体阻挡了视线形成障碍盲区，而车辆只有进入转弯处才能发现左右两侧的情况。因此，驾驶人必须低档低速行驶，根据情况适当用喇叭或灯光提醒盲区左右两侧可能出现的车辆、行人、骑车人的同时，自己也要十分注意。

在与没有封闭的城铁高架桥墩并行的道路上，经常有行人、骑车人穿行，车辆在经过宽大桥墩所形成的障碍盲区范围时，一定要特别小心。

山区道路行驶时，由于山体而形成的弯道会造成一定范围的弯道盲区，经过时必须"减速、按喇叭、靠右行"，确保交通安全。

（2）坡道上的仰角或俯角视线盲区

一般发生在急剧上、下的坡道或丘陵地带道路的坡顶前后。

1）俯角视线盲区：在双向行驶的丘陵地带道路上，道路笔直，但起伏连绵不断，有时你的视线只能看见低洼路段的对面一头的情况，中间是个"大锅底"。从"锅底"里驶出的对向车，让你有一种从地下冒出来的感觉。在这种道路上超车时，一定要在高处看清至少2千米道路状况再决定操作。

2）仰角视线盲区：在上坡时，你看不到坡顶背面的交通状况。当临近坡顶时，有时突然从坡顶背面快速驶出来的对向车会吓一跳，感觉是从天上开下来的。这就是路面坡高度差造成的视线盲区，一定要在临近坡顶前适当收

加速踏板减速，靠右行驶，待上至坡顶看清下坡路况后再决定操作。

2. 移动物体造成的视线盲区

跟在大型公共汽车、客车或货车后面过路口，如果跟车距离过近，自己看不见灯光信号的变化，容易"闯红灯"。这时，一定要拉开距离扩展观察角度，主动避开障碍盲区，看清灯光信号的变化情况，也可避开前方右侧水平视线的视角盲区和高浓度的尾气。

市区红灯停车等待时，你和右侧车道的大型公共汽车是并排车头，大型公共汽车的车头挡住你观察右侧（进路口的）人行横道上的行人情况，形成障碍盲区，当绿灯起步时，一定要防范可能会有行人突然跑过来。因此，一定让大型公共汽车先起步，待它驶上人行横道后（或让他一个车头长度）再起步，打一个距离差，以防范障碍盲区造成的安全隐患，保证路口安全。

在高速公路上，禁止从右侧超越货车，就是因为当跟行大车的距离过近，前方大车车体形成的视线阻碍造成过窄视角，出现较大视角盲区，造成看不见右侧车道前方百米内的路况，从而极易发生危险。

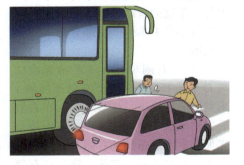

当在路口右转弯遇红灯时，一定要注意防范左侧车道公交车车头前可能会有行人在人行道上突然跑出来。

不论何种情况，只要有障碍或路况阻挡住你的视线时，只要有你观察不到或对复杂路况没有把握的情况时（包括对雨后立交桥下积水深度），都要减速慢下来，仔细观察、比对参照物及用喇叭或灯光探路，做到"一慢、二看、三通过"。

三 车内阻碍盲区（动态时）

车内阻碍盲区，就是指车厢内的乘车人身体或较宽的 C 柱的阻挡（也就是视距受阻），造成的阻挡视线所形成的视线障碍。

观察右侧时，副驾驶位上的乘车人及倒车时后排乘车人身体会阻挡观察视线。较宽的 C 柱，正好遮挡住某一电线杆的斜拉线，不配合使用后视镜或夜间时很难发现。眼前近距离内的视线障碍，犹如一叶遮目的感觉，会严重影响对整体路况或某一物体的观察。

1）该障碍盲区的范围或角度，有时可通过改变自己观察位置得到改善，如移动或倾斜上身，改变观察位置或姿势，避开眼前的阻挡，寻找可视的观察角度。

2）随车辆位置的移动或车外运动物体的移动，障碍盲区会发生变化或消失，但还要注意盲区方向周围其他情况。特别是赶上较宽的 C 柱阻挡视线时，更应谨慎。视情况间歇按喇叭

老司机的开车秘笈

或持续使用转向灯，以引起周边车辆或过往行人的注意。这就是倒车时使用转向灯的重要性，就是为了让周边车辆或过往行人注意你的动向，及时采取避让。

车内后视镜上不要挂任何饰物，特别是行车中能发出响声和晃动的饰物。前风窗玻璃仪表台板上不要摆放任何物品，易造成反光虚影，影响视觉。后风窗玻璃下方台板不要放置较大物品，后排座椅的头枕在无乘员时尽可能压低，否则会阻挡车内后视镜的部分观察视线。

四 后视镜的视角盲区和暗区现象（动态时）

车上的左右后视镜的规格、尺寸、曲率半径都是一样的，但与车身的设置夹角不同。因驾驶人的位置是在车体的左侧，且距离近，所以左侧镜片与车身夹角大于右侧，镜片观察角度也大于右侧，因镜面曲率相同，视线反射角度相同，所以就形成了视角大小不对称，左边视角宽，右边视角窄。因此，从原理上分析，后视镜右侧的可视角度小于左侧，盲区角度会略大于左侧后视镜。

1. 后视镜的盲区（观察角度的缺失）

（1）水平方向的盲区（静态分析）

左侧视物宽度在自车身 2 米外产生部分角度的盲区范围，右侧视物宽度在自车身 1 米外产生部分角度的盲区范围。

1）当右侧车道 A 车的前保险杠与 C 车的 B 柱平齐时，在两车间隔 1 米宽度的情况下，C 车驾驶人在右侧后视镜里根本看不到 A 车，只有用余光加警觉才能感觉到右侧 B 柱后方有车影。如在变更车道前，除非 C 车驾驶人提前从后视镜中观察到 A 车，再配合使用右侧后视镜注意或防范 A 车的动态，在意识上有防备。

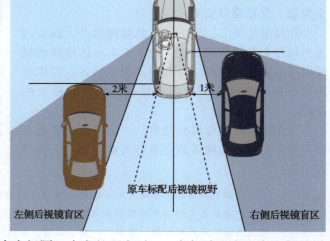

2）当左侧车道 B 车的前保险杠与 C 车的 C 柱（后轮处）平齐时，两车在间隔 2 米宽的距离时，C 车驾驶人在观察左侧后视镜时最多能看到 B 车的右后角一小部分车尾。B 柱位置和余光角度根本看不到 B 车。如在变更车道前，除非 C 车驾驶人提前从后视镜观察到 B 车，再配合左侧后视镜进行观察，才能提前注意或防范 B 车。

3）如左后方车辆在横向宽度 2 米，前保险杠与前车后保险杠错位横向平齐时，前车的左侧后视镜内完全看不到左后方的车辆。

①如从观察角度上分析：侧后方车辆与自己车身形成 40°~45°的夹角范围时，并且在临近的一定距离上，是后视镜内看不到的盲区范围。

②若从反射角度上分析：由于距离太近，侧后方车已隐藏于后视镜观察范围之下，近似于"灯下黑"的道理。也就是说，后视镜是看远不看近的。但是，在夜间行驶时由于后车照明灯光的作用，你就可以提前感知后方有车及它的大概位置。

③大客车和大货车的盲区范围比小车更大更严重。行驶中应当注意，避免进入。

4）座椅的位置越靠前，后视镜上的观察角度就越小。

（2）垂直方向的盲区（静态分析）

垂直方向的盲区，就是车体下视部分，主要是在后轮胎附近到后保险杠以下位置。从两侧后视镜观察，后方视野的角度比较窄，以高度计，视角上线只达到C柱的一半高度，视角下线只达到后保险杠以上位置，这基本就是现在车用后视镜垂直方向的视角范围。即证实了"后视镜是看远不看近"和"窗下盲"的说法。如在复杂地段倒车时，全靠提前观察心中有数或有感觉，及调低后视镜确认地面上的标线或障碍物。

- 如果与左右两车同行时，你是很难及时发现它们的，这就要求你在变更车道时要提前配合使用车内后视镜和左右后视镜动态观察侧后方情况。在观察后视镜的时候，不要斜眼一瞥，一定要在自然转头观察后视镜的同时用视角的余光去感觉一下侧后方向，只要B柱后方有影，侧后必定有车。
- 如果你处于A或B车位置时，只要车速比C车快，一定要根据C车驾驶人的姿态谨慎通过。只要C车驾驶人有转头看后视镜的动作或打开转向灯时，要"嘀"一声喇叭，提醒C车或主动减速让行。

2. 后视镜的暗区现象（动态分析）

后视镜的暗区的现象，基本上是发生在没有路灯照明和没有背景光源衬托下的夜间起步时，针对的是不开灯行驶的骑车人。

夜间行车，如果后方车辆不开前照灯，这时在后视镜中，在没有路灯照明没有月光或一定亮度的背景光源衬托的情况下，很难发现后方有车。因为，眼睛往前看时，是有灯光照明的亮环境，后视镜中是相对的暗环境，并且眼睛的视觉功能在明暗转换的过程中需要一定时间的适应过程。

夜间，当你起步前查看左侧后视镜时，发现后方有汽车灯光临近，来车的灯光经过后视镜形成耀眼的炫斑十分刺眼。一般情况下，驾驶人都会本能地变化一下观察角度避开炫斑。当你让后方开灯行驶的车辆准备起步时，刚刚驶过车辆的后边紧跟着一辆未开灯行驶的电动车，这时你在后视镜中很难发现暗环境中的"小不点"的身影。这就是夜间眼睛对后视镜中的明暗适应过程中存在的"暗区现象"。

一般情况下，汽车灯光照不到的距离或角度，尽可能地参照其他方面的背景光源观察路况，当后方开灯的车辆驶过之后，眼睛在暗适应的过程中还没完全反应过来，后面闭灯而行的电动车就到了。这时，很难看清隐藏在炫斑旁有个不开灯行驶的电动车的身影。如果这时大角度快速起步，极可能发生剐蹭事故。如果有月光，能感觉到有电动车的黑影临近。如果这辆闭灯行驶的电动车身后还有正常开灯行驶的车辆，借助背景光源的衬托，你还有可能及时发现电动车的身影。否则，在这种夜间后视镜中的暗适应的过程中，只有提前打转向灯、放慢节奏、仔细观察，正常小角度起步，让闭灯行驶的电动车注意到你的起步姿态，双方才能安全。

- 夜间的起步、向右变更车道或右转弯时，一定要注意这种极特殊的情况，也许这时右侧后面就有未开灯行驶的摩托车、电动车紧跟在后视镜的"暗区现象"里或是在"盲区角度"的位置上。
- 夜间行车，开灯的作用不仅是为了照明，同时也是告知周围车辆和行人自己车辆的位置及动态，让别人便于识别和判断。
- 夜间行车，一定要按规定使用灯光。有个别新手有一种错误概念，就是觉得自己能看清道路，在照明条件好的市区行车不开灯或只开示廓灯，起步、变更车道、转弯、掉头、倒车不打转向灯。这种以减少安全操作程序为代价的违规操作，存在极大的事故隐患。

第四章
安全驾驶心得与诀窍

每位驾驶人都是交通的参与者，也是维护交通安全的责任人。

第一节 角 度

一 观察视线的角度

根据不同车速，始终保持正确的观察角度：动态搜索，全景观察。

一看远——即是点，也可全景观察；二顾近——也是面，又能动态搜索。

全景观察——看远的点，动态搜索——顾近的面，远近参照——可及时发现，判断处理——兼防范周边。

二 方向盘与前轮的转向角度

方向盘的转向角度：乘用车方向盘向一侧打满的转向角度一般是将近一圈半，大约510°，两前轮左右同步的转动角度约51°。乘用车方向盘的转向角度与轮胎的转动角度比大约是10:1，大货车约是15:1。因前驱车的动力传动及转向机构同在前轴的复杂结构的原因，所以前驱车的转动角度会略小于后驱车。

三 转向与车速

中低速通过弯道时，方向操作的准确率稳定。但当车速较快，特别是当发动机处在全负荷状态下的"拉档"通过转相对小的弯道时，车辆在产生离心力的同时也会使前驱车产生"推头"，后驱车出现"滞后"现象，即打出一定量的转向角度，但车头转向迟缓，惯性前冲，车辆发生偏离行驶车道的现象。因此，转弯前一定要收加速踏板，将车速降下来，一是避免"推头"或"滞后"的情况发生，二是避免产生较大的"离心力"。

四 转向角度与离心力

高速公路上变更车道，车速快，采取小角度长距离变更车道，打方向盘的角度一般10°左右，行驶距离100～200米，平稳完成变更车道。

较大型的路口左转弯时，车速一般20千米/时左右，打方向盘的角度一般30°～40°，变更车道的角度及转向角度与车速匹配恰当，车辆不会产生影响行驶的离心力。

路口转弯进入导向车道前的变更车道和在较小的路口右转弯时，从操作感觉的角度讲：

转弯前的变更车道，车速 10～20 千米/时左右，打方向盘的角度一般 30°～50°，行驶距离约 30～50 米。

较小的路口右转弯时，一般都是制动减速，弯前减档，车速一般 10 千米/时左右，打方向盘的角度一般 200°～300°，变更车道角度及转向角度与车速配合得当，车辆不会产生影响行驶的离心力。

在一些比较窄小的转弯路口时，只能用 1 档、低速还必须快速打满方向盘。

车速越快，惯性也越大，转弯前一定要提前收加速踏板将车速慢下来，弯道半径越小车速也应越慢，应在弯前实施减速和减档，平稳通过。否则，巨大的惯性会使后驱车在打方向盘时产生"滞后"，使前驱车产生"推头"现象，会严重导致转向不足，引发意外。

高速行驶时，千万不要大把急打方向盘，因为在惯性和强大的离心力同时作用于车辆时，会产生严重的"甩尾"或倾覆现象。当离心力大于路面横向附着力或赶上湿滑路面时，车辆有侧滑或侧翻的危险。只有把车速降低至 70 千米/时以下及更低时，方向盘操作才有保障。

五 转向时机与前后轮位置的关系

一般讲，车辆前进时转向的角度在前轮上，但转不过去的弯，问题全卡在后轮上。因此，在转向的过程，转向时机在前轮，行进指向在车身，能否转弯成功在后轮位置。关键是在打方向盘的时机和打方向盘操作的频率上。

1. 在小于 2 倍车宽的狭窄路段遇直角转弯

前轮转不过去时，问题可能出在车速偏快、打方向盘的时机偏迟或打方向盘的操作频率太慢等原因。

后轮转不过去时，问题可能出在转弯的内侧未让出足够宽度的内轮差距离或打方向盘的时机过早及车速慢而打方向盘频率偏快等原因。

在较窄路面转弯时，应减小弯道外侧宽度和照顾到内侧后轮"内轮差"的通过位置。

2. 转弯时机（半径）与内轮差

车辆在出车库右转弯时，当发动机舱盖前沿搭上前方路沿线时，车身右侧与 B 柱刚好与前杆平齐时向右打满方向盘，车身不会碰杆，前方不会出线。

如车身右侧与标杆间距小于 30 厘米，或打方向盘时机过早，以及车速太慢或方向盘打得太快,车身就会碰杆。如果打方向时机过迟及车速太快,或方向盘打得太慢时,前方就会出线。

在出小区大门右转时,车身右侧只要离开路沿 1 米远,发动机舱盖前沿的参照点临近低速车道的分道线时向右打方向盘,直接进入低速车道,不会挤靠或影响内侧车道的直行车,右后轮也不会蹭到路沿。

又如:车身内侧后视镜擦着固定物体前行转弯时,打方向盘的时机是在后轮达到固定物体以后,提前了就会剐蹭车体。也就是说,没有内轮差距离可让时,就要让出车身距离。

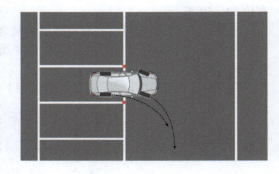

相关实例

在路上,一旦遇上新手开车时,以让为主,他自知过。

六 内轮差与外轮差及后悬外移

内轮差,就是汽车在前进转弯时,内侧前轮轨迹和内侧后轮轨迹之间的半径之差。

当汽车在前进时转弯,前后车轮的运动轨迹不同,普通乘用车起步前行打满方向盘时最大的内轮差约 70 厘米。在转弯操作时,一定要注意留出内轮差的宽度,避免车体内侧碰到障碍物或轮胎剐蹭路沿。当停放车辆时,车身要离开墙体或护栏 30 厘米,避免大角度转弯起步时转向外侧的后保险杠发生"后悬外移"产生约 20 厘米的横摆,会剐蹭到墙体或护栏。

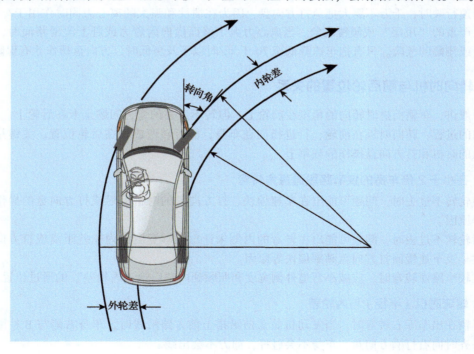

外轮差，就是汽车在倒车转弯时，外侧前轮轨迹和外侧后轮轨迹之间的半径之差。

当汽车在倒车时转弯，外侧前轮的运动轨迹比外侧后轮宽。普通乘用车，在起步倒车打满方向盘时，最大的外轮差约为70厘米。倒车操作时，一定要注意留出外轮差（伸突距）的宽度，避免外侧前轮或保险杠蹭到路沿、墙体或护栏。

内（外）轮差的大小，取决于汽车前轮的转向角大小和轴距长短：转向角越大，内（外）轮差越大；轴距越长（车型越大），内（外）轮差也越大；车型越大（轴距越长），转弯半径也会加大；反之则小。

后悬外移：汽车在前进转弯时，外侧后轮到后保险杠的后悬位置会超出车体的宽度，产生横向的外移。特别是防范半挂公交车或半挂载货汽车转向时，即使在相邻车道，也要让出1米的横向间隔或是在它后保险杠的侧后方位置以外。

第二节　速　度

一　速度感的养成

在汽车行驶途中，驾驶人的视线余光会感觉道路上的分道线及路边的参照物不断地做相对于汽车的运动，特别是路边近旁的树木始终从车旁两侧不断地"驶向"车后方并消失在余光视角之外。这种感觉，实际上就是驾驶意识对速度的感觉，就是通常所说的速度感。这种感觉，是凭驾驶人的驾驶经历和操作经验进行体验后得出概略判断的感觉。它虽然不像从车速表中看到的那样准确，但对指导驾驶人在行驶过程中的操作和处理情况，都具有非常重要的指导作用。

行驶途中，驾驶人用视线余光感觉路侧物体移动速度，并通过视线的下视角度观察仪表行驶速度的数据，以对比的方法确认自己对速度感觉的准确性。通过反复练习，各速度段的车速感觉就会逐渐产生。

　　高速公路行驶时，分道线的线段也可作为培养速度感的一种参照物。用看远顾近的方法，把车辆与分道线产生相对运动做参照，一方面观察前车的行进状态，另一方面感觉自己的车速，不至于在长时间高速行驶中，特别是夜间开灯行驶时产生视觉下降，动视力疲劳，导致对观察距离产生错觉，而追到低速行驶或不放置警告标志的停驶车上。

二　速度感的调整

许多驾驶人从高速公路上下来后，车速一时降不下来。究其原因，主要是对行驶环境的改变，意识上不能马上适应，以致使速度感失调。这时，一定要强迫自己注意查看车速表，用车速表调整自己速度感的状态，控制车速。一定要把车速降至规定的速度范围内，以便平稳通过转弯匝道和适应一般道路的行驶速度。

三　发动机转速与经济车速

汽车在良好的道路上，使用高档位以60～80千米/时的车速匀速行驶时，油耗状态是最低的，这就是经济车速。经济车速既省油又能维持正常的行驶速度。北京的快速路、环路基本上限速在60～80千米/时之间，而现代各系家用乘用车的经济车速基本上都在70千米/时左右。如果在不同路况条件下，选择不同档位，让发动机转速保持在2000转/分左右，既经济又符合排放标准。简单检测各档位经济车速的方法：

行驶时档位	转速	经济车速
1档	1400～1600转/分	约20千米/时
2档	1600～1800转/分	约30千米/时
3档	1800～2000转/分	约40千米/时
4档	2000～2200转/分	约60千米/时
5档	2200～2400转/分	约80千米/时

如果用5档，平稳踩加速踏板，匀速行驶，车速保持在80千米/时，让发动机转速2200转/分左右，就符合经济车速的范围。如果用2000转/分左右，分别选择4档60千米/时左右或3档40千米/时左右的车速在限速路段或相等速度的车流中行驶时，也基本符合经济车速的范围，并可以减少发动机的负荷，减少积炭的形成，减少换档频次。这就是各档位的经济车速在实际行车中的灵活运用。无乘员、下坡、超车时，加档要根据路况灵活运用，尽可能采用适当档位的经济车速，随行逐队，随流逐速。

"拉高速"主要是指对发动机的高转速而言，没必要非得上高速公路。只要在平时的行驶中，根据路况的变化，用4档3000转/分，跑80千米/时也能起到相同作用。其他档位，方法相同，关键在档位与发动机转速的匹配上。

积炭过多的形成原因：
1）空气滤清器过脏，进气量减少。
2）发动机低温时，怠速运转燃烧不充分。
3）拖档行驶时，造成燃烧不充分及排气不通畅。

减少积炭形成的做法，主要是冬季适度"热车"，行驶中减少拖档操作，根据路况适时提高发动机转速。

四 车速与档位的匹配

什么道开什么车，什么速度用什么档。从起步开始，就要根据不同路况的需要，合理调整发动机转速，及时变换档位，使车辆保持足够的动力，杜绝"拖档"或"拉档"。

档位	发动机转速	正常行驶速度
空档	怠速1000转/分左右	原地
1档加2档时	1500～2000转/分	20千米/时左右
2档加3档时	1800～2000转/分	35千米/时左右
3档加4档时	2000～2500转/分	50千米/时左右
4档加5档时	2200～3000转/分	70千米/时以上

路况决定车速，车速选择档位，档位制约车速，转速决定车速。

在行驶中适时调整档位，尽可能保持发动机2200转/分左右的经济车速。行驶中，认真观察，用加速踏板控制车速、处理情况，视道择速、认速选档，平稳踩加速踏板、匀速行驶。只有让档位与发动机经济转速相匹配，尽可能地让发动机处在经济转速的范围内运行，才能收到节约燃料、省制动片、省轮胎和减少机械磨损的效果。

行驶时档位	车速范围
1 档	5~20 千米/时
2 档	20~40 千米/时
3 档	30~60 千米/时
4 档	40~80 千米/时
5 档	50~120 千米/时

需要注意的是，经济车速或平稳运行只适合于道路条件和交通状况比较好的情况下。一旦遇上坡、山路驾驶、超车及其他复杂交通状况或不良路况时，一定要以当时的路况，采用"随行模式"或"应急状态"对应当时的路况与车速，以适应具体路况的行驶需要。

五 速度与惯性

从物理学的角度讲，车辆的总重量越大，车速越快，惯性也越大，冲击力也越大，制动停车距离也越长。在紧急制动时，行驶速度增加1倍，制动停车的距离就要增加4倍。

第三节 距 离

在道路上，不能仅凭着"本能"的观察反应下意识地驾车行驶。要想轻松地驾驶车辆，除要有扎实的操作基本功以外，还要学习一些理论知识作为操作参照或指导。只有在全面观察路况的基础上，以"9种距离"为分析依据，才能较早地及时发现情况，判断情况，处理情况。只有找到轻松的操作感觉，才能到达自如地驾驶车辆的意境。

一 目测距离

1. 目测距离的练习

行驶中，在视距的范围内，目测车辆到某一目标记点的实际距离。在初期的练习中，找一些固定距离的参照物为标记点练习。如：市区，以间距50米的马路边水泥路灯电线（缆）杆作参照，训练自己目测距离的能力。也可以辅助使用行程表，查验自己提前设定的某一目标距离的准确率，为预见性驾驶中滑行距离的估算及滑行速度的控制打下基础。

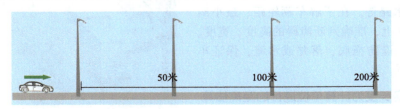

老司机的开车秘笈

高速公路车距确认标志：在高速公路的一些特定路段上，外侧车道的地面上标有百米车距确认标线，路旁的护栏上共设有三块距离显示牌，分别标明起点0米、50米、100米距离。百米为一个测试单元。前后共有两个测试单元，中间间隔200米，两个测试单元从头到尾全长400米。

有些道路的中心隔离带或绿化隔离护栏上配有里程牌，每隔1千米及每100米都会有一块标示牌，标示道路的总千米距离及百米位置。行驶中可借鉴车距确认标线或里程显示牌及百米位置的标记点，比对和练习目测行驶距离或强化自己对某一距离的感觉，提高对某一特定物体距离判断的准确率。

在黎明、黄昏、夜间或低能见度的条件下，目测距离的准确性和借鉴参照物测距的能力都会受到很大的影响。特别是在逆光、炫光，明、暗适应过程中的特殊环境下以及在极度疲劳的条件下，目测距离的能力有时几乎会完全丧失。

2. 目测车体盲区范围内与周围物体的间隔距离

1）目测车体前、后的盲区范围内停车距离及低速行驶中的跟车距离（距离估算）。

目测狭窄路段或狭窄通道的通行宽度（宽度估算）及车体左、右任一侧与运动或固定物体之间的间隔距离（间隔估算）。

目测特殊路段或路面时，车体上方或下方的通行高度（高度估算）。

2）前、后：指车辆在车体盲区内紧靠前方或后方物体，以最小间距离停车时的把控能力，也包括对后视镜中的间隔距离的判断或估算。

例如：路边顺序停车时，在前行或倒车的调整中把握车体盲区内的停车距离、驶离时对右前角盲区内与前车间隔距离的估算与把控。

3）左、右：通过狭窄路面或狭窄通道时的能力（对轮胎压点或前车轨迹位置的把握），或对车体两侧直观距离上的"宽度估算或间隔估算"，以及倒车时对两侧后视镜中后方宽度距离或间隔距离的估算与把控。

例如：在通过狭窄路段或复杂路况的会车时，要降低车速，按前车行驶轨迹或通过位置提前顺正车身、摆正角度，低速接近；临近时，用车头左右两角比对通过宽度（倒车时用车尾）；车头到达时，再考虑加上两侧后视镜的实际宽度与通行宽度比对；宽度"吃紧"时，可折起一侧或两侧后视镜平稳通过。

4）上：指车体上方空中的障碍物高度，一般主要针对厢式货车而言。如路边的低矮树杈，胡同里的房檐，空调的室外挂机，低垂的电缆、电线等。在了解车辆高度的基础上，针对具体情况采取措施，提前估算，合理处置，谨慎通过。

5）下：指路面上的障碍物，如路面上遗落物品的高度、山区道路上的落石的大小、坑洼路面或损毁的程度、缺损井盖的位置或在经过漫水桥及积水路等。在了解车辆轮距、最小离地间隙的基础上，准确判断障碍的高度、宽度、位置和走向，谨防拖底、落井或水淹，保证车辆能顺利通行。

3. 以车身长度为计算单位进行的距离估算

这是行内传统目测或估算距离的一种方

法，主要用在目测车辆在低速行驶时的跟车距离及停车距离以及掉头时对路幅宽度的估算。

1）在低速区段行驶时（40千米/时内），用数车辆个数的方法，目测出 N 个车身长度的间隔距离，以此控制跟车距离。

2）路边停放车辆时，选择空车位的前后相加距离在等于或大于"2倍车长"时，可一次倒车入位。

3）道路上正常的停车，目测车前至少要留出"1/2车长"的距离，防范在遇阻时能通过"快打方向，慢走车"，一把方向把车"掰出来"。

4）路边停放时，前后各留出1/4车长距离，驶离时倒车到底，利用车前"1/2车长"的距离，一把方向把车"掰出来"。

5）掉头时，目测选择车身左侧的路幅宽度等于或大于"2倍车长"时，可通过"快打方向，慢走车"的方法，"一把方向"完成一次性顺利掉头。

6）车身长度的标准，是以自车长度为依据的，如微型车或小型车3米左右，中型车4米左右，大型车约5米。车型的大小是与最小转弯半径相关联，它们之间是比例关系。

行驶中，准确目测行驶距离的能力，是处理路面情况时把握收加速踏板的时机、滑行距离的基础，更是确定超车距离的关键。

准确目测距离、宽度和间隔的估算能力，是一种基础的综合的观察能力，是在了解车辆外形尺寸和底盘最小离地间隙及轮距、轴距、接近角、离去角、纵向通过半径等一些主要的技术性能和数据的基础上，结合对情况的观察、对比、参照和判断的综合能力。

"开车人的眼睛就是尺子，看一眼就知道是否能过"。看"六面"，指的是车体的六个方向，即前、后、左、右、上、下。

二 滑行距离

滑行距离练习的要点如下：

以"目测距离"为基础，在选定的某一段行驶距离上，利用车辆的行驶惯性进行带档收加速踏板的滑行练习。在滑行的过程中，要先判断距离、坡度，再判定收加速踏板的时机、幅度，用加速踏板控制滑行速度和距离，并配合及时"准备制动"的练习。

以一般道路为例：滑行的道路可分为上缓坡、平路和下缓坡这三种情况。市区道路坡度最大不超过15°。

上坡滑行时，行驶阻力大，滑行距离就短。下坡滑行阻力小，与平路相比，加上行驶惯性，滑行距离相对就长。

下山行驶，必须用发动机制动的方法辅助控制车速。

1. 平路练习

在道路条件和交通状况良好的情况下，目测一段行驶距离或设定一个固定距离的地段，练习收加速踏板滑行，以里程表和车速表为参照，感觉不同滑行阶段的滑行速度和滑行距离以及滑行降速的幅度。

老司机的开车秘笈

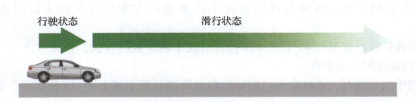
行驶状态　　　滑行状态

例如：车速 80 千米/时，平路 5 档收加速踏板滑行，降速至 60 千米/时滑行距离能达到多少，再滑行降速至 40 千米/时滑行距离能达到多少。

注意事项

5 档降速至 40 千米/时左右时，会随时发生拖档现象。可提前缓踩加速踏板提高车速或减入 4 档后继续进行 4 档范围的滑行练习，不可踩下离合器踏板造成实际的空档滑行。

重点体验平路缓收加速踏板滑行和急收加速踏板滑行的滑行距离和降速幅度。

重点体验在相同路面滑行过程中收加速踏板的幅度：

分别以收加速踏板的 1/4、1/3 或 1/2 以及直接全收后的滑行距离、滑行速度和降速幅度各是多少。

2. 坡路练习

在一段特定的坡道路段练习时，应结合练习观察路面的坡度大小和距离长短。在对坡度的判断上，观察的距离越远就越能感觉出坡度的存在和坡度的大小。

（1）上缓坡练习

以 5 档 80 千米/时的车速收加速踏板滑行，降速至 60 千米/时，看滑行距离能达到多少，再滑行降速至 40 千米/时，看滑行距离能达到多少。

重点体验上缓坡缓收加速踏板滑行和急收加速踏板滑行的滑行距离和降速幅度。

重点体验在相同车速的情况下收加速踏板的幅度：分别收加速踏板的 1/4、1/3 或 1/2 以及直接全收后的滑行距离、滑行速度和降速幅度各是多少。

重点体验上缓坡补充踩加速踏板时发动机声音的区别和车速变化。

重点体验上缓坡收加速踏板滑行后，为避免拖档维持 40 千米/时车速或调整跟车距离，适时进行补充踩加速踏板，实现对滑行速度或距离的调整与把握。

（2）下缓坡练习

重点体验下缓坡前收加速踏板和下缓坡中收加速踏板的区别与车速的变化。

重点体验下缓坡时以不同幅度的收加速踏板，查看滑行时车速的变化。

重点体验在相同车速的情况下收加速踏板的幅度：分别收加速踏板的 1/4、1/3 或 1/2 以及直接全收后的滑行距离、滑行速度和减速（或加速）幅度各是多少。

重点体验下缓坡补充踩加速踏板时发动机声音与车速变化。

重点体验滑行后为控制车速，配合使用制动减速和对制动力度的把握。下坡减速制动时不要踩离合器踏板，直至降速到该档位最低车速再踩离合器踏板或减档。否则，会降低制动效果，加大减速距离。

友情提示

● 目测和确定道路坡度的能力是能否相对准确操作的基础。目测距离和滑行距离的练习，是防御性驾驶方法的基础，也是合理利用行驶惯性设定处理情况提前量的依据，更是节能降耗的主要方法之一。

- 通过练习找到在不同路段用带档收加速踏板滑行的技巧，调控行驶速度和滑行距离，为日后合理利用行驶惯性用加速踏板处理情况积累经验。
- 单从滑行距离方面讲，手动档与自动档车型方法基本相同，但自动档比手动档滑行距离略近一些（以 5 档车型为例）。在自动档车型范围内，日系车比德系车滑行距离略远一些。

3. 在实际道路滑行时

要根据当时情况变化及时调整加速踏板或辅助制动，控制车辆的行驶速度和跟车距离。

1）临近坡顶前要缓收加速踏板滑行。提前收加速踏板降速，有利于对坡顶后方的下视坡度和路况有较宽裕的主动观察的时间。对看不透、吃不准的地方，一定要慢下来！

2）临近红灯路口百米外，就应用收加速踏板滑行的方法与红灯打时间差，"一慢二看三通过"。

3）驶离高速公路前，在临近出口的前 2 千米、1 千米、500 米处都设有出口距离的预告标志。当看到离出口 2 千米的距离预告标志后，就应该考虑在 2 千米的具体路况，逐步完成从 120 千米/时的高速车道逐级变更车道到 80 千米/时的外侧车道中，以便平稳进入限速 40 千米/时行驶的转弯匝道。这 2 千米的全程都是收加速踏板减速滑行的过程，这段距离是调整速度感的强迫限制过程。

4. 在处理情况的过程中

情况远时，少收加速踏板，降低一点发动机转速，保持一定的动力行驶，滑行距离就长；

情况近时，视情况全收加速踏板，及时"准备制动"或少量"带制动"，即轻微制动、"少踩轻磨"，控制住行驶速度和行驶距离。

加速踏板收早了或收多了以及路况发生变化的情况下，可及时用补充踩加速踏板的方法进行修正。

加速踏板收晚了或收少了以及路况发生变化的情况下，应及时用辅助制动的方法进行调整。

滑行过程中，路况发生变化，应视跟车距离随即进行及时的调整操作。

行内讲"制动用得好，不如加速踏板用得好。"个别新手开车"猛"字当头，右脚不踩制动踏板前就不松开加速踏板，错误地认为松加速踏板会熄火。他们不知道利用行驶惯性，不知道利用收加速踏板带档滑行减速，不知道及时"准备制动"，所以总是不分车速快慢一律都是用"防熄火式"的"先离合后制动"的方法操作。因此，错误地切断了发动机的牵阻作用，丢失了合理的滑行减速机会，造成了"无意识的空档滑行"，延长了制动距离，加大了制动摩擦片的消耗。这就是缺乏汽车制动及各系统的基础知识所造成的错误概念下的不当操作。

学会收加速踏板，依靠惯性滑行，用加速踏板处理情况，可减少急剧减速或避免剧烈制动，减少轮胎非正常磨损。缓踩加速踏板和滑行减速后的"轻缓制动"，可延长轮胎和制动片的行驶里程。"运动模式"中，急起步、急加速、急减速或"漂移""甩尾"的激烈驾驶行为，虽然看似很爽，但乘用车不宜，会造成费油，加剧离合器片及轮胎、底盘、传动系统的非正常磨损。当然，险情自救时的应急操作，就另当别论。

行内俗称的"虚油"：就是在当时行驶的任一档位和发动机转速及速度下提前处理情况时，大约收 1/4 或 1/5 的加速踏板，既能减少发动机的动力输出，又能平衡发动机在收加速踏板后产生的牵阻作用，可减少零部件磨损，使车辆获得最大的滑行距离。这是预判性驾驶方法中使用加速踏板提前处理情况的最高级的处置方法，也是节油降耗的主要操作技巧。如果反过来讲，考验的就是观察距离和观察能力。

滑行练习时，收加速踏板滑行后右脚应及时"准备制动"，养成良好的驾驶习惯。

行驶中，合理利用行驶惯性滑行，可使整个行车过程的车速保持相对平稳。以比较匀速的经济模式行驶，对轻松驾驶、安全行车和节油都有极大的好处。在目测距离的基础上还应加上观察距离，以便提前发现情况，提前收加速踏板准备制动，充分利用车辆行驶惯性。用主动滑行减速的方法处理情况，才能掌握平稳行驶的主动权。

三　观察距离

不同道路和不同车速时，一定要有相对应（或适应）的观察距离。反过来讲，在不良气候条件下视线的观察距离受限时，一定要有相对应的较低的行驶速度。

视线条件好时用乘法计算观察距离：

根据不同道路的实际车速限制，将相对应（匹配）的观察距离用乘法计算。

不同速度区段时：低速×2，快速×3，高速×4，就等于观察距离（米）。

所得的米数，是在当时车速情况下最小的或者说是"小得不能再小的"观察距离！一定还要有更远的前瞻性的全景观察范围和隔位观察的方法在内！否则，一旦有紧急情况发生，驾驶人根本不可能有操作的反应时间和停车的反应距离。究其原因，就是因为没有提前的路况观察和情况判断。

视线条件差（低能见度）时用相对应的除法计算行驶速度：

即可视距离÷2或3或4＝行驶速度。

即低能见度时，视距在100米内除以2、200米内除以3、300米内除以4的方法。

这些估算的数值，是在不良视线条件下相对比较合理的行驶速度。冰雪路面时，还要增加比平时大3倍左右的跟车距离。

至于"观察距离"，在换算公式的结尾（还有"超车距离"等处），把千米直接切换成米，只是简单说明距离，但具体距离与实际路况基本相符合的，距离的米数是合理的。

1）不同车速时，一定要有相对应（匹配）的不同的观察距离。

观察视线的远近，应与车辆行驶速度成正比。

在视线良好的条件下，根据不同道路及不同车速的情况，把视线观察的距离分别乘以2—4倍后所得的乘积数值，再直接切换成"观察距离"的米数来观察路况，可以及时发现情况并提前做出操作反应。

即根据不同车速，观察距离低速40×2、快速80×3、高速120×4＝观察距离（米）。

道路宽直、视线好、情况少、车速快，观察的距离自然就远。如在高速公路上路况好，车速快，跟车的间隔距离也大，加上大跨距的隔位观察的方法，除了120千米/时×4＝480米（注视距离点）顾近的观察距离外，视线的前瞻性的全面观察距离还应扩展到500米外以至1000米以上或更远的距离上，这是驾驶人在良好天气、良好路况下观察时的自然反应。此时，在1000米以外的距离上，车辆或行人等单个物体的立体感会减弱或消失，完全融入大环境的景象中，从而就会形成驾驶人对整个交通状况和环境的提前感知，也就是大视野的感觉。

结合现在的道路条件和交通状况，综合不同情况总结、分析后自己感觉到：

一般道路时：当车辆起步到40千米/时左右的车速范围时，观察距离至少是2倍车速的乘积数值，再直接切换成观察距离（米），即至少要 80 米以上的观察距离及高于这个距离以上的视野范围。

快速路时：当车速在 80 千米/时左右时，观察距离应提高到 3 倍车速的乘积数值，再直接切换成观察距离（米），即 240 米以上的观察距离及高于这个距离以上的视野范围。

高速公路时：当车速在 120 千米/时左右时，观察距离应提高到 4 倍车速的乘积数值，再直接切换成观察距离（米），即 480 米以上的观察距离及高于这个距离以上的视野范围。

2）不良气候条件下（低能见度时）的视线距离，一定要对应（匹配）较低的行驶速度。当赶上夜间或阴雨、雪、雾、风沙、烟尘等不良气候，视线条件较差时视距无法看远，这时就要降低行驶速度，用可视距离的米数除以 2～4 后所得差值，就是当时情况下相适应的行驶速度。

不良视线时，首先确定可视距离，可以用目测判断或用行程表"掐表"的方法进行测量：

如行驶中遇夜间或阴雨、雪、雾、风沙、烟尘时，在适量降速的同时，马上寻找当时道路前方最远处视线能看得清的某一固定参照物，随即按下行程表的按钮"计算距离"，当行驶到设定的参照物时，将行程表行驶距离的数值用除法进行运算：

100 米内除以 2，200 米内除以 3，300 米内除以 4，得数就是当时在不良视线情况下车辆行驶的控制速度。

2～4 倍车速的观察距离（米）的确定，也可从反向得以印证或运用。

每当遇夜间（无月光时）或大雨、大雪、浓雾、沙尘等恶劣气候时，因为低能见度会影响观察距离，车辆行驶速度就会随着观察距离的缩短而成倍下降。

例如：夜间郊区行驶，在无路灯照明及无月光的情况下（如借助远光）可视距离基本在 100 米内，车速不可超过 50 千米/时。这主要是为了防范在县级以下的道路上，经常有一些没有灯光显示和反光标志的低速行驶的农用车及马车、自行车、行人，在没有路灯照明和没有对方来车灯光的背景光源衬托下行驶。100 米远的距离内，只有朦胧的道路和树影，根本无法辨识任何物体，但在有路灯照明的单向车道及路况良好、车辆较少加远光灯照及明亮月光的情况下，车速就可适当快一点。

例如：夜间、阴雨、雪、雾、风沙、烟尘情况时，如能见度在 300 米左右距离时，车速不可超过 75 千米/时。在跟车行驶时的跟车距离的控制上，随时注意前方车辆尾灯显示和制动灯的警示作用，加上考虑湿滑路面时要加大跟车距离和加大处理情况的提前量的需要，75 千米/时的行驶速度就是稳中求快。

正常观察距离的远近是和不同气候条件下的能见度有直接关联的。行车中，一定要遵循这些规律，根据视线条件和观察距离及时调整行驶速度，达到观察距离和行驶速度的统一和安全。由此可见，用乘以 2～4 的概率方法，可估算出正常视线条件下的最基本的观察距离。用除以 2～4 的概率方法，可估算出低能见度情况下的行驶速度和下面要讲的跟车距离。这二者相结合所产生的方法，简便易行，使用方便。

这些低能见度条件下的距离与速度的关系，就是人为因素加机械原理和行车规律所决定的。如果我们在这种规律性中，再加上严谨的防范方法，即可掌握安全行车的主动权。

- 观察距离必须要大于跟车距离。把握住了观察距离，控制住了跟车距离，加上后面要讲的"隔位观察"的方法，就能完全掌握安全行车的主动权。

老司机的开车秘笈

四 跟车距离

"2秒跟车法"，是20世纪80年代后期随着国内高速公路建设和投入使用的情况下，传入国内的一种在高速公路上以打时间差的方式保持或控制跟车距离的方法。

具体测定方法：在高速公路上跟车行驶的过程中，驾驶人在自己意识中选择一个前车将要经过的固定参照点，如某一标线、隔离带上的里程牌或其他标志物。当前车通过它时即开始读秒，当跟随前车到达同一标志物位置的时间如果刚好是2秒时，随即锁定当时与前车相隔的距离并保持住，这段距离就是驾驶人在当时车速条件下2秒时间所行驶的距离。

"2秒跟车法"，有其一定科学性。正常情况下，驾驶人从发现情况到采取制动的反应时间为0.39~0.63秒，从踩下制动踏板到制动起作用的时间为1~1.35秒，两者之和为1.39~1.98秒。通常，由于前后车速度基本相同，在制动时间基本相同的情况下，制动距离也基本相同。这样，驾驶人在2秒之内就能够保证有效制动。

汽车不同车速每秒所行驶的距离：

车速10千米/时，每秒所行驶距离为2.78米。
车速20千米/时，每秒所行驶距离为5.56米。
车速30千米/时，每秒所行驶距离为8.33米。
车速40千米/时，每秒所行驶距离为11.11米。
车速50千米/时，每秒所行驶距离为13.89米。
车速60千米/时，每秒所行驶距离为16.67米。
车速70千米/时，每秒所行驶距离为19.44米。
车速80千米/时，每秒所行驶距离为22.22米。
车速90千米/时，每秒所行驶距离为25米。
车速100千米/时，每秒所行驶距离为27.78米。
车速110千米/时，每秒所行驶距离为30.56米。
车速120千米/时，每秒所行驶距离为33.33米。

虽然，理论上行得通，但是如果以此为据在高速公路上跟车行驶，就是一个十分冒险的玩命距离。后来改成3秒后，还算靠谱。

从实际路况的角度讲，在众多车型"各行其是"的车流中，这么近的跟车距离上，当前车制动灯一亮，后车驾驶人必须马上踩制动踏板，根本没有丝毫多余的反应时间。除非后车驾驶人能采取隔位观察的方法提前发现情况并早于前车制动减速，或至少是与前车同步制动减速，否则反应稍慢一点点，就很难把握住制动停车的距离。

宽打窄用，如果改用3秒时间，距离跟车是99.96米，这只能算是高速公路上最小的跟车距离。而4秒时间行驶距离为133.28米，既加大了跟车距离，又提高了安全保障系数，也基本符合或接近120千米/时紧急制动停车距离试验的数据值。

结合实际路况因素综合考虑，可用"中西结合"的方法，借鉴"2秒跟车法"，用增加读秒时间的方法，扩展到车辆行驶的全过程，以适应各行驶速度段在紧急制动时能保证有足够的停车距离。

1）低速区段时（40千米/时以下），一般是指起步以后，到4档以内正常行驶的速度范围内，可根据当时的车速感，直接目测估算的方法控制跟车距离，即目测出若干个等量的车身长度作为跟车距离。

这里解释估算的车辆长度，均以中型乘用车车长4米计，具体到各位车主时应以自车的长度计算。宽打窄用、确保安全。

低速区段行驶时，直接用目测估算的方法计算跟车距离：

车速 5 千米/时，目测估算的跟车距离约 1 倍车长，紧急制动距离 1.2 米。

车速 10 千米/时，目测估算的跟车距离约 2 倍车长，紧急制动距离 2.7 米。

车速 20 千米/时，目测估算的跟车距离约 3 倍车长，紧急制动距离 6.7 米。

车速 30 千米/时，目测估算的跟车距离约 4 倍车长，紧急制动距离 12.14 米。

车速 40 千米/时，目测估算的跟车距离约 5 倍车长，紧急制动距离 15.32 米。

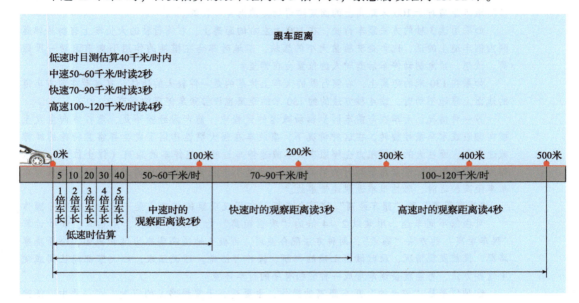

低速时也可读秒，但不如直接目测估算来得方便和直接。

中速、快速及高速时，可以用变通读秒的方法控制跟车距离，方法简单，使用方便。

2）当路况条件改善，车速逐渐快起来，车辆密度下降，前后两车间的跟车距离自然会逐渐加大，而且车速越快，车间距离也应越大，这是实际行车中的自然现象。这时，如再用目测估算的方法计算或控制跟车距离就可能会干扰视距或观察距离，影响观察路面情况的效果。根据这一情况，这时就应该把变通读秒的方法带入到整个中速、快速及高速的跟车行驶的过程中。采用读不同秒数的方法，计算和控制跟车距离。

中速以上区段行驶时，可采用变通读秒的方法控制或保持跟车距离。

中速区段行驶时：用读 2 秒的时间，适合于 40~60 千米/时的车速范围。

（2 秒行驶距离 22.22~33.32 米）

快速区段行驶时：用读 3 秒的时间，适合于 70~90 千米/时的车速范围。

（3s 行驶距离 49.98~75.06 米）

高速区段行驶时：用读 4 秒的时间，适合于 100~120 千米/时的车速范围。

（4s 行驶距离 100.08~133.28 米）

这种低速时用目测估算，中、快、高速时用读秒（慢估算、快读秒）的跟车方法的具体操作，四个速度区段都有相对简便的处置方法，估算段和读秒段都有它对应的具体速度范围。行驶中，可根据速度变化，随时对跟车距离做适应性调整。这种"慢估算、快读秒"的方法，与"以前的近看 20 米，远看 200 米，现在高速上近看 100 米，远看 500 米"的提示语是相通互融的，这就是"手、眼、心法、位"在新的道路条件和交通状况下变通操作的具体方法。

当驾驶人在高速公路上以120千米/时的车速行驶，使用读3秒的方法跟车行驶时，跟车距离约100米。即使是配合上隔位观察的方法，用早于紧急制动的前车紧急踩下制动踏板与前车同步停住车时，虽能躲开前面的"狼"，但由于后方车辆对突发情况的反应时间和反应距离肯定会晚于前车，所以未必能避开后面的"虎"。

这就应了那句老话："你能保证自己不撞别人，但无法保证别人不撞你！"120千米/时，3秒的跟车距离对于100米距离上的固定障碍物是绝对停不住的。

如果用读3秒的方法跟车行驶，在100米左右的距离上，右侧行驶的大货车上有物品掉落到内侧车道上的话，比如是洗脸盆大小的煤块，落地时都会在惯性的作用下向前滚动一段距离。试想，紧急制动停车后驾驶人的位置会在哪里？

如果在130米的距离上，右侧行驶的大车上掉落的是一件较大的物体，直接砸在前方车道的地面上原地不动时，读4秒方法的约130米的距离也许够紧急停车的距离。

另一种情况，后车在与前车同步制动减速的过程中，前车因经验不足、急打方向盘发生横向翻滚或水平惯性旋转。在这种情况下，事故车在强大惯性作用下发生异常且特殊的摩擦减速现象，而巨大的摩擦阻力会缩短事故车减速停车过程，使停车的距离（停止位置）明显缩短，大大超过正常紧急制动时的制动效果，远远小于正常紧急制动的停车距离。如果后车跟车距离较近时，恐怕很难逃脱连带事故。

"观察距离"和"跟车距离"这两个指标，在视线观察的方向上是一致的。在实际操作中，可根据不同车速，用乘以2～4倍的"观察距离"的方法"看远"，用估算、读秒计算"跟车距离"的方法"顾近"，两种方法配合使用，可极大地提高观察力度和范围，全面观察路况，提前发现情况，及时做出正确的判断、操作与防范。话说回来，如大家都能认同或使用这些方法，可能就会逐渐形成一种轻松有序的行车环境。

这种似乎是"较大的"跟车距离的操作，主要适合于宽松路况的行驶。在一些中、低速行驶的状态下，特别是临近路口分道线或辅路的出口时，为防止有个别车辆"见缝插针"强行"加塞"进入自己读秒的跟车距离内，应根据具体路况在强化"隔位观察"力度的同时，适当减少或压缩一定量的跟车距离，防范自己宽松的跟车行驶的距离被"加塞车"侵占。

另一方面，一定要保持与车速相匹配的观察距离、观察角度，加强隔位观察的力度。由于当时跟车距离相对较近，处理情况一定要提前防范性准备制动，一旦发现隔位观察距离上的路况有变，防范措施或处置操作一定要早于前车。

3）其他测定或估量跟车距离的简便方法：在高速公路上，借助路边设定的"百米车距确认标线"，确定跟车距离。

4）遇湿滑路面时应加大跟车距离的倍数和加大处理情况的提前量。

在低能见度并伴有雨雪、"地穿甲"、冰雪的下坡路或沙石、泥浆路面及颗粒类遗撒等低附着系数的路况条件下，除降低车速，还应在加大跟车距离倍数的同时，再加大处理情况的提前量。这两种方法配合，简便灵活、谨慎应对。

①如遇小雨、小雪及下坡行驶时，如限速80千米/时的路段，应根据视距，将车速降至40千米/时左右，跟车距离加大到平时距离的1.5倍，即把40千米/时的5倍车长的跟车距离乘以1.5，约30米，并注意前车的尾灯信号，再加上隔位观察的方法低速行驶。如遇到情况需减速时，直接采取"联合制动"的方法减速或停车。

②如遇中雨、中雪及下坡行驶时，如限速60千米/时的路段，应根据视距将车速降至30千米/时左右，跟车距离加大到平时距离的2倍，即把30千米/时的4倍车长的跟车距离乘以2，约32米，并注意前车的尾灯信号，再加上隔位观察的方法低速行驶。如遇到情况需减速

时，直接采取"联合制动"的方法减速或停车。

③如遇大雨、大雪及下坡行驶时，考虑到低附着系数，直接应将车速降至20千米/时左右，跟车距离加大到平时距离的3倍，即把20千米/时3倍车长的跟车距离乘以3，约36米，并注意前车的尾灯信号，再加上隔位观察的方法低速行驶。如遇到情况需减速时，直接采取"联合制动"的方法减速或停车。

④如遇顺风、大雪、结冰及下坡的恶劣气候时，考虑到风力、风向和低附着系数时需更加谨慎，应果断将车速降至10千米/时左右或更低，跟车距离加大到平时距离的4倍，即把平时10千米/时2倍车长的跟车距离乘以4，约32米，并注意前车的尾灯信号，再加上隔位观察的方法低速行驶。如遇到情况需减速时，直接采取"联合制动"的方法减速或停车。

在实际行驶中，跟车的距离宁大勿小，再根据具体情况适时调整。同时，还要注意到思想集中程度、精力、体力、不适等情况。如果因为年龄大、精神疲惫、身体疲劳、反应能力下降的情况发生时，一定要适时休息，调节体力，严禁疲劳驾驶，带病行车。在严格遵守交通法规所限定的车速行驶的前提下，灵活运用各种方法，确保行车安全。因此，观察距离一定要大于跟车距离，跟车距离必须大于制动距离。

五 制动距离

在一些汽车销售的宣传材料中"热车制动停车距离100千米/时小于50米"。

这里，很容易让新手在意识上形成一个巨大的误区。因为，这个数据只是汽车制造业中检验行车制动性能的一个标准，以制动距离检验行车制动系统性能的一个尺度。它，只是一项单独的制动性能检验，只是一项在距离上的单一的制动反应，只是一种计算出来的纯理论数据，这和实际路况中的制动停车距离不是一回事。

在实际路况的紧急制动过程中，制动停车距离应该是驾驶人操作的反应时间和车辆的制动反应时间及制动距离反应的三者之和，才能算是完整的制动停车距离。

1. 制动停车操作的全过程

（1）驾驶人操作的反应时间

当驾驶人发现紧急情况，直至右脚放到制动踏板上的这段时间，称为操作反应时间。操作反应时间的长短，取决于驾驶人的警觉性和反应的灵敏度，操作技术的熟练程度以及体力、精力、注意力等因素。在正常情况下，正常的操作反应时间为0.39~0.63秒。

（2）制动系统运行的反应时间及制动距离反应

自驾驶人踩下制动踏板到制动系统发挥制动作用的时间，一般为1~1.35秒，驾驶人的反应时间加上制动系统的运行反应时间，两者之和为1.39~1.98秒。

在这近2秒的时间里，车辆会根据当时车速的行驶惯性继续向前行驶若干米。

从制动到停车的时间内所行驶的距离，也就是自驾驶人踩下制动踏板制动系统发挥作用至汽车完全停住时所行驶的距离，就是制动距离。

2. 制动距离的反应

在实际道路上，制动停车距离的长短与行驶速度、制动力、轮胎附着系数、全车整体重量、路面坡向、坡度大小、风向、风力大小等诸多因素都有很大关系。

汽车在不同速度和不同道路条件下的制动距离（概略值仅供参考）

车速/ （千米/时）	汽车在不同路面及其不同状况下的刺动距离/米					
	沥青泥凝土		土路		雨雾霜 路面	冰雪路面
	干燥	潮湿	干燥	潮湿		
10	5.0	5.7	5.4	6.0	6.4	9.3
20	11.0	14.0	12.0	16.0	16.7	28.6
30	18.0	20.0	19.0	22.0	25.0	32.0
40	28.0	31.0	29.0	34.0	10.0	51.0
50	36.0	43.0	38.0	48.0	57.0	75.0
60	47.0	57.0	51.0	64.0	77.0	105.0
70	59.0	67.0	64.0	—	—	—
80	73.0	89.0	80.0	—	—	—
90	88.0	108.0	96.0	—	—	—
100	104.0	128.0	114.0	—	—	—
110	122.0	150.0	134.0	—	—	—
120	140.0	174.0	154.0	—	—	—

（1）行驶速度

汽车行驶的速度越快，惯性就越大，制动停车距离就越长。

（2）制动力

使摩擦片与制动盘产生摩擦作用，迫使车轮停止转动的力，称为制动力。制动力的大小，与驾驶人踩下制动踏板的速度、力度、行程距离有关。

（3）附着系数

1）轮胎气压、触地面积、磨损程度、轮胎温度。

2）雨、雪、冰、泥浆、砂石路面及路面上遗洒的液体，都会影响轮胎与地面附着系数。

（4）整体重量

车辆整体重量越大，惯性也越大，制动距离也越大。

（5）坡向、坡度

上坡路与下坡路行驶阻力不同，坡度的大小都会直接影响制动距离的长短。

（6）风向、风力

不同风向、风力都会影响或干扰制动距离。

注意事项

现在的道路条件和车辆性能都在改进和提高，特别是ABS的普遍使用，使制动停车距离的数据发生很大的变化。道路的优化，车速的提高，车辆技术指标的改进，都能加大制动的停车距离，所以在行车中一定要注意加大跟车距离。因为，许多新手都认为自己所驾驶的汽车能在100千米/时时，能在50米的距离内停车，而现在又缺少合理、实际的数据从理论上说明车速与制动停车距离的相互关系。但是，一定要相信在实际的高速公路上120千米/时的车速时，100米的距离估计停不住车！这是因为近2秒的反应时间以外，还要有减速过程和其他许多不确定因素。因此，只能靠隔位观察，提前发现情况，提前进行有效的操作，才能保证安全。

理论数据可以精算、推论,动态操作不可细抠、较真,具体情况要具体分析。在实际路况中:

车速慢,惯性力度相对也小,制动停车距离相对就短。

车速快,惯性力度相对就大,制动停车距离相对就长。

行驶速度增加 1 倍,制动停车距离就要增加 4 倍。

驾驶人的反应时间短,制动力度大,制动停车距离相对就短。

驾驶人的反应时间长,制动力度小,制动停车距离相对就长。

路面附着系数越小,制动停车距离相对就越长。

冰雪路面的制动停车距离,至少是干燥路面的 4 倍,赶上下坡、顺风时制动停车距离会更长。

相同坡度的柏油路面,下坡时的制动停车距离要比上坡时的制动停车距离至少长 2 倍,车辆满载时情况更突出。

相同坡度的砂石路面,下坡时的制动停车距离要比上坡时的制动停车距离至少长 3 倍,车辆满载时情况更突出,且轮胎损耗更严重。

观察距离一定要大于跟车距离,跟车距离一定要大于制动距离,安全停车才有保证。

开车容易,停车难——停不住或停不好就是事。实际道路中,会存在着许多不确定的因素和意想不到的情况。

在实际道路的制动距离中,理论数据不等于实际距离,试验结果不等于实际情况。在实际道路上,影响制动停车距离的因素有很多,情况也是复杂多变的。因此,只能从谨慎的角度用简便、实用的方法去操作,给自己留出足够的时间和安全距离。

六 超车距离

超车时最大的困难,是对对向来车距离的准确判断及观察被超车辆前方路况,判断是否可能发生突然的变化,最大的风险是对向来车和被超车辆的驾驶人能否规范地配合,最大的危险是冒险强行超车。

1. 超车的要点

公路超车是指临时占用对向车道,利用对方来车远在超车距离以外的情况下实施的借道行驶。主要靠同向的被超车辆和对向的车辆积极配合,和果断及时提高速度差完成超越前车的行驶,超越后择机驶回原车道后再与对方来车会车。

在实际超车过程中,首先要有较远的观察距离,以便准确地判断对向来车所在位置的距离,这点非常重要。其次,在目测超车距离的同时,应本着"宽打窄用,先紧后松"的原则,宁可把超车距离放的尽量大一些。距离不够或没有把握时,绝对不超,以确保安全。

在超车过程中,一定要保证足够的动力和与被超车辆之间明显的速度差。

速度差的形成,主要是靠超车车辆的加速和被超车辆的减速,两车之间相互配合,速度上形成动态的反比现象。按两车不同的行驶速度估算,超车时的速度差一般应该在 20 千米/时左右。

当超车车辆与被超车辆之间的速度差在 20 千米/时,每秒行驶距离相差 5.58 米。速度差的大小,决定超越的时间和距离的长短。一般在实际道路动态超车的情况下,从超车开始到超越过前车 4~5 倍车长约 20 米的距离准备变更车道前，用时 6~7 秒，约占超车全过程 2/3 的时间和距离；在打转向灯后开始逐渐变更车道驶回原车道的整个变更车道过程用时 3~4 秒，约占超车过程 1/3 的时间和距离。

2. 道路的限速

在一般道路上，设定安全超车的距离，首先是以道路限速标准为依据的。如在正常气候条件下，以限速 70 千米/时的一般平坦公路为例。

1）如何计算超车距离，从简单角度讲，以道路的限行速度 70 千米/时乘以 6 的方法计算，再切换成米数，420 米就是超车时与对向来车最小的超车距离。即双向车道超车的距离条件：至少是当时车速 6 倍以上，再直接切换成距离米数。

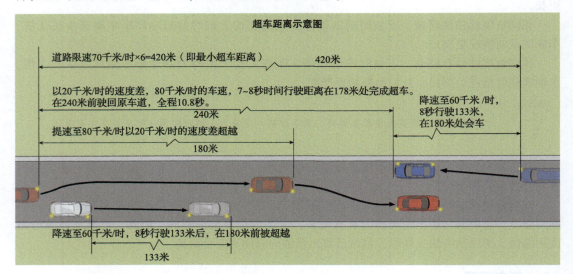

超车距离示意图

注意事项

在实际道路超车上，严格地讲，计算超车距离时应以被超的前车到对向车的距离为准的同时，还要考虑加上超车前自车与被超车当时 10 米的错位跟行距离，和从观察确认状态转入到超车状态时的加速行驶过程。对于新手而言，限速 70 千米/时的道路，420 米的距离是被超车与对方来车的最小运行距离。如严格计算超车距离的话，应再加 1 倍，即 490 米。也就是说，要"宽打窄用""先紧后松"，在对向车道 500 米处是否有车是判断能否超车最简单最直观的一个标准！

对于超车，判断要准确，时机很重要，动作要果断，超越要迅速。一旦犹豫，操作迟缓，2~3 秒的时间里 50 米左右的距离就消失了（车速 70 千米/时，每秒行驶 19.44 米）。也就是说，没有这附加的 70 米的确认、准备距离，420 米的超车距离对于新手可能就不够用。

当车辆按道路限速规定以 70 千米/时的速度行驶时，每秒行驶 19.44 米。在 420 米的超车距离中，全程共有 21.6 秒的行驶时间，自车和对向来车各有 10.8 秒的行驶时间。

2）超车准备：首先是目测距离的准确性。在确定与对向来车在足够安全的超车距离以外之后，打开左转向灯，"掰"出半个车身宽度压在车道中心线行驶的同时，配合使用喇叭（夜间使用灯光）给前车及对向来车发出超车信号，用错位跟车方法与被超车临时保持 2 倍车长约 10 米的跟行距离，并密切注意观察被超车辆前方路况，等待被超车辆和对方车辆让路、让速的让超信号或姿态。

3）当被超车驾驶人看到后方车辆的跟车姿态和要求超车的信号后，在确认前方路况（420 米距离内无障碍）符合超车条件后，被超车辆积极配合，打开右转向灯的同时主动让出车道中心线、收加速踏板减速至 60 千米/时行驶，等待后车加速超越。

4）当被超车辆减速让路的同时，对方车辆驾驶人看到超车车辆发出要求超车的信号和跨线行驶姿态后（只要是在 420 米距离之外）也应积极配合，在收加速踏板减速的同时，打右转向灯并逐渐让出车道中心线，将车速降至 60 千米/时行驶，等待与超车后的车辆会车。

5）当超车车辆驾驶人看到前车和对方车辆让行动作后，即全力加速，用高于被超车约 20 千米/时的速度差，以 80 千米/时行驶，用 10.8 秒的时间，在 180 米以后的距离上完成超车，在 240 米位置之前的距离上完成变更车道驶回原车道并与对向来车安全会车，超车完成，全程行驶距离 240 米。

6）对向车行驶距离 180 米，超车车辆行驶距离 240 米，两车行驶之和基本上是 420 米，正好是 70（千米/时）的 6 倍。

对向车行驶距离 180 米，被超车辆行驶距离 180 米，两车行驶之和基本上是 360 米。420 米减去 360 米后剩余的 60 米距离，就是超车车辆变更车道驶回原车道的行驶距离。

3. 不同车速时安全超车距离的设定

在其他行驶速度下准备超车时，单从速度方面讲必须要加大与对向来车的安全距离。如果从简化的方法讲，可直接用乘法估算超车距离，如先前讲的：

1）只有当前方车辆的车速长时间达不到道路限速规定时，方可超车。

2）不同车速时，计算距离的方法基本上形成一个规律：

前车车速 40 千米/时，直接乘以 6，把乘积切换后至少是 240 米的安全距离。
前车车速 50 千米/时，直接乘以 6，把乘积切换后至少是 300 米的安全距离。
前车车速 60 千米/时，直接乘以 6，把乘积切换后至少是 360 米的安全距离。
前车车速 70 千米/时，直接乘以 7，把乘积切换后至少是 490 米的安全距离。
前车车速 80 千米/时，直接乘以 8，把乘积切换后至少是 640 米的安全距离。

3）在道路宽直、视线良好和足够的安全距离的情况下才可进行超车。超车时，只要在这些距离上，发现路面上有不利于超车的情况时超车者必须放弃超车。

以上对超车距离的推算，完全是在理论的路况和车速下，为分析被超车辆及对向车辆主动配合时所做的静态的粗略推算。用这种量化的方法分析超车的全过程，只为展示出超车的一般规律和有利于理解的模式，便于探讨和切磋。

在实际的动态超车时，会存在着许多不确定因素。最重要的是，应该看当时道路条件是否宽直，视线条件是否良好，交通状况即车辆密度不可太大，以及前车车速是否长时间低于当时的限速标准。当准备超车时，还要根据道路的限速与对向车有 6~8 倍的安全超车距离（必须宽打窄用），以及足够的动力和约 20 千米/时以上的速度差，还要有前车或对向车的积极配合。凡是发生"让路不让速"（造成超越吃力或会车距离不够用）或"让速不让路"（想超但路窄过不去）等不配合或其他不符合超车的情况时，超车者应果断放弃超车。

七 停车距离

车辆行驶途中的停车，不同环境和地点，前后的间隔距离也不相同。

1. 遇红灯路口或途中遇阻时

1）经过路口红灯停车时，距前车尾应留有 1/2 车长的距离。一旦前车因故走不了，自车可"一把方向"掰出去。

2）当遇上坡道或雨雪路面在路口停车等红灯时，应距前车尾部大于1/2车长的距离。特别是在冰雪的坡路上面遇阻停车时（地下车库的盘旋上坡道），应距前车尾部至少1倍车长的距离，防范前车起步打滑造成溜车。

3）高速公路遇堵情况不明时，停车距离一定要大于正常路况时，至少是2倍车长以上的间隔距离。如赶上冰雪、湿滑路面时，则要根据当时情况再适当加大停车距离，同时打开危险警告灯。一定要等到后方停稳10辆车以后，人员才可上车等候。

4）高速公路上遇事故停车等待时，尽可能远离事故现场停车，开启危险警告灯，人员下车在护栏外等候，及时帮助报警，视情况参与救援。

5）路边临时停车，上下完乘车人即刻就走时，注意转向灯的变换。如前方有障碍，停车距离尽可能大于1倍车长或更长，避免与前方停放车辆的距离太近，被迫用不利于安全的大角度"掰头"起步。

- 在正常的制动停车的过程中，一定要根据当时的车速与档位（低速档"先离合后制动"，高速档"先制动后离合"），适时踩下离合器踏板，避免发生拖档或熄火。
- 行驶途中遇有突发情况，在紧急制动时，千万不要发呆犯愣"目标锁定"。在踩制动踏板减速的同时（不踩离合器踏板）一定要扫一眼后视镜，注意看清两侧的情况方可躲避。高速公路时，当车速降至70千米/时以下时，才可适当调整方向，选择一条避免接触的通行路线。
- 路口红灯停车时，看一眼后视镜，在后车没停稳之前不要松开制动踏板，特别是冰雪路面时。
- 在高速公路行驶，突然遇阻需要停车的情况下，一定要及时打开危险警告灯。在制动的减速过程中，一定要注意观察一下后方车辆的情况，防范被停不住的后车追尾。

2. 路边停车时

1）路边顺序停放车辆时，只要路边有3倍车长的距离时，就可以采用靠边停车的方法低速驶入，并留意一下前车的车型大小，把自己的前方至少留出前车车型1/4车长的距离停好即可。

2）当路边空车位前后距离大于1.5~2倍车长时，可按侧方停车的方法直接倒入车位。留意前、后方的停放车辆，给较大车型一方让出稍大的空当距离。

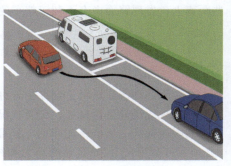

3）当路边空车位前后距离等于或略小于1.5倍车长时，也许要经过"两倒一进"调整方向，才能将车辆顺正、停好。

4）驶离时，注意提前打转向灯，并确认左侧安全。当前方空当距离不足1/2车长时，应先行倒车压缩后方空当距离，扩展前方起步空间。当后移至前方大于1/2车长或更长的距离时，方可一把方向驶离。

①当倒车占满后方空当距离而前方空当距离仍小于1/2车长时，只能靠增加前进、倒车中向左调整方向，可能要经过两个来回（两倒两进）的操作频次才能将车辆"掰出来"。

②由于车体（窗下）盲区的原因，在视线不及又无人帮助的情况下，停车距离只能靠自己的估算或感觉。移库时停车的标准，只要不触碰到前、后车或物体，停车距离越小越好。如果每次停车距离放的较大，一个来回下来兴许就要增加一次倒车操作。

③当遇到被堵在车位里时，前后方空当距离之和小于 1/2 车长时，除用反复增加后倒、前进、再后倒、再前进的来回次数调整车辆外，也可直接以人为的方法先将车退至后位，然后在左侧后轮的后方垫砖头、木块，制造类似坡坎的效果，用"缓方向"的手法逐步调整车身指向连同前轮转向角度，把车身指向"移"出来。这是在万不得已的情况下的应急操作，重要的是不能打错方向盘。

当车辆前后方的空当距离相加等于车体的对角线的距离时，基本上已没有操作的必要，及时打电话找车主挪车。

④方向盘所有的连续操作，应该用"抢方向"的手法，即"紧打方向，慢走车"。"紧"的是抢方向角度，"慢"的是压住移动速度，操作中尽量压缩（减少）前、后方停车的距离，目的是将车尽快"掰出来"。

⑤如出库时感觉对右前角位置没把握时，可采取增加一次倒车的方法向右侧打方向盘，"移"出车头回正方向盘，明确车身驶出角度后再前进驶离。千万不可心存侥幸盲目操作，否则可能会发生剐蹭事故。

路边倒车进、出库打方向盘的规律：

倒车入库时，一律先向右打方向盘，而后再向左回方向盘。

前进出库时，一律先向左打方向盘，而后再向右回方向盘。

倒车进库时，方向盘往右打，车尾就往右侧走。想让车头往右走时，需向左打方向盘。视线注意前方停放的车辆或路沿，以车体延长线与其将正时，向左回正方向盘停车。一次倒车不入或车位不正时，可以同样方法进行二次操作。停放的前后空当距离不平衡时，应适当调整。

前进出库时，方向盘往左打，车头就往左侧走。车体右侧延长线与前车左后角位置重合时，向右打方向盘，待顺正车身时，回正方向盘，完成出库。

当直线退到库底，前方距离仍小于 1/2 车长时，尽可能加大前方出库的转向距离，然后前进起步向左打方向盘出库。此时，如果估算到右前角距离不够时，提前向右回方向盘停车，增加一次倒车，再起步向往左打方向盘，待顺正车身时回正方向盘，完成出库。

在整个操作中，不能只看参照点，要看远顾近，照顾周边环境。意识中，要估算左右间隔，估算前后距离。注意感知车辆在库位中行进的距离、位置、车身角度的指向、变化，知道方向盘往哪边打，否则就会出现畏手畏脚"丢距离"，甚至发生不知所措的局面。

手法或技法用在恰当处，就会形成一种技巧或经验，而各种经历的积累就是新手成长的过程。操作时，尽量避免原地打方向盘。凡对停车距离没把握，或想不起来方向盘往哪边打时，一定要及时下车查看，待看清楚位置、距离、弄明白方向和角度以及车身指向后再上车操作。避免"无用功"，耽误时间。

八　间隔距离

车辆在行驶或停放时，为避免剐蹭，必须保证车身左右两侧与其他车辆、行人、非机动车或物体间保持合理或适当的间隔距离。

行驶中看路、找道，处理情况或躲避障碍时，除了看好"脚下的路"往前走，另一个还要留神车身两侧与其他物体之间有合理或适当的间隔距离。在起步、转弯、变更车道、超车、会车、让车、停车、倒车、倒库和经过停放在路边的车辆及通过狭窄通道、低垂的电线、电缆时，间隔距离的控制无处不在。

"三点一线"，指在超车或会车时，不顾路况条件和左右车辆、骑车人的行驶状态，选择在较窄的间隔宽度上快速强行（冒险）通过的行为。

"三点一线"的危险，在于不顾车体左右两侧不稳定（骑车人）的动态路况，以小于正常的间隔距离和较快行驶速度，抢在左、中、右三者横排一线时，强行冒险通过较窄的间隔宽度的鲁莽行为。

1. 行驶中的间隔距离

1）行驶中，通过狭窄路况时正常情况下车体左右两侧的间隔距离应相等，特别是当背向一侧有行人、非机动车及其他不稳定的移动物体时，应加大那一侧间隔距离或停车让行，错开后再通过。

窄路会车或超车时，一定要选择适当位置和时机，避开"三点一线"的可能，防范横向间隔距离过小，严禁冒险超车、会车。

2）与右侧车道的大型公交车或大型半挂货车并排行驶时，适当放宽一些。加大右侧间隔距离，特别是它右转弯时更要注意间隔，避开它的后轮以后的后悬部分，避免它"后悬外移"的车尾或超长货物"横抽"到自己，特别是它们将进入较窄的路段时。

3）变更车道前，在打转向灯做出请求变更车道的姿态时，车体任何部分（包括后视镜）不得越线。

4）转弯前，根据道路情况或交通状况，留出足够的转向内轮差距离。

5）狭窄路面让车时，提前选择好能够让对方顺利通过的位置，讲"合理占位"。山路让行时，尽量减小靠山体一侧的间隔距离，给对方留出尽可能宽的通行路面。

6）通过前后错位的障碍物时，要提前调整好进入角度、顺正车身，把握好两侧间距，居中通过。比如，我们用文字形状做解释："形"字右侧的三撇，你要从任意两撇中通过，必须提前调整行驶角度，顺正车身。重要的是能否事先"看透"障碍距离、位置、选择切入位置和切入角度，这也是一种变通的估算方法的应用。

7）在高速公路快速车道行驶时，应居中行驶，避免左侧车轮碾压到中心隔离带边沿下沉积的砂石等杂物上。循速经过右侧大车时（或超车时），行驶位置尽可能与大车保持相对大一些的间隔距离（特别是大车装载物超宽或苫布、绳索随风飘荡时），加大速度差快速通过。正常情况下，间隔不得小于1米。

8）进入高速公路收费站，停车场、地下停车库的取卡机、缴费处时，横向间隔距离一般在30厘米左右，也就是伸手可及的距离为宜。

9）进出地下车库的盘旋坡道时（单向车道），注意车辆在弯道中的位置，注意留出内轮差距离，保持两侧正常的间隔距离。可将以下两种控制方法合二为一，配合使用：

①以变速杆位置向下对正地面车道的中心位置行驶，看路找道，"视线随着弯道看，方向随着弯道打。"

②利用发动机舱盖上的两个参照点，右转弯用左角，沿着弯道左侧边缘线行驶；左转弯用中心点，沿着弯道右侧边缘线行驶。同时，扫视内侧后视镜，注意后轮与内侧边缘线应有30厘米左右的间隔距离。

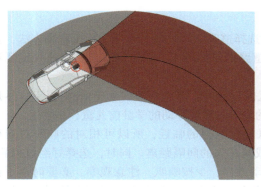 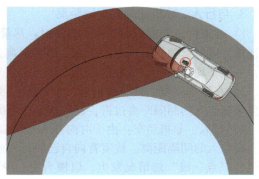

2. 停放时的间隔距离

（1）路边停车

在实际路况中，与驾校学习靠边停车30厘米的情况不同，要因地制宜，一切从安全、便利的角度出发。

1）在有路沿的路段要注意路沿的高度，避免因路沿高、车型小、靠得近，可能就打不开车门，或者开门上完乘员后车门就架在了路沿上。

2）靠边停车时，尽可能贴路沿近一点，一是让乘车人减少低一脚、高一脚或踩到路边的积水，特别是老年人乘车时上下不便；二是给左侧通行的非机动车多留出半尺的方便，防范意外的发生。与人方便，自己方便的同时也比较安全。

3）胡同里靠墙跟停车、路沿上有护栏处靠边停车时，车体与墙体或护栏间至少要留出20厘米以上的间隔距离。车型越大，越要注意适当加大与物体一侧的间距。否则，驶离时，当前方没有1倍车长的空当距离时，只要方向盘打得急了，右侧车尾"后悬外移"产生横摆，会刮蹭到墙体或护栏，严重时会刮坏后保险杠。

（2）停车场、地下车库

停入车位时，尽可能将车头朝外摆正车身，车身两侧间隔距离相等，车尾尽可能靠后，车头保险杠不出线，避免意外的麻烦。

1）入库停放时，左右两侧留出均衡的开门空间，特别自车型较大的驾驶人更要注意。当与邻库车间距小于车门正常开启的宽度时，有必要提醒或辅助乘车人，上下车时一定要格外小心控制住车门开启幅度，避免磕碰邻车。

2）当停车位置过于狭窄，不能选择正常的居中停放时（自己车型较大或邻车停车不规范），可采取靠左让右的方法。即：将驾驶位置一侧紧贴左侧相邻车副驾驶位置一侧，自己从右侧下车，把上下车的方便留给右侧邻车驾驶人。即使左侧相邻车驾驶人看到这种过于贴近的停车方式，也会理解你停靠过近的原因与初衷。

车头朝里时，减小右侧两车的间隔距离，自己从左侧开门下车。但要考虑邻车出库时的行进方向，绝不能切断邻车出库右转进入通道的转向内轮差的距离。

停车时，不能阻挡邻车驾驶人一侧的车门！

3. 与行人、非机动车的间隔距离

1）在双向机非混行的道路上行驶时：尽量选择道路中间，用"古"字行车观察方法，打开视角，谨慎驾驶，注意路况变化，尽量远离道路两侧的行人、非机动车，且车速一定要适度，一般平均在 10 千米/时左右。

2）在繁华路段、狭窄的小街、小巷或小区内行驶时：车速一般在 5 千米/时以下。尽量避免与骑车人的间隔距离过近，还有行走缓慢的老人、活泼好动的学龄前儿童、小学生。

3）行人、非机动车：由于对向方人员可以观察到你的临近，所以可相对的收窄对向行人、骑车人的间隔距离，放宽背向自己的行人或骑车人的间隔距离。同时，选择好经过位置，避免"三点一线"的情况发生。以慢为主。少动方向，少按喇叭，注意观察，必要时落下前车窗玻璃招呼一声或提前按一下喇叭提醒背向方人员的注意。按喇叭提醒别人的同时，最重要的是首先是要提醒自己！

4）与对向行驶的骑车人会车时，间隔距离不得小于 1 米。与同向行驶不稳定的骑车人的间隔距离，车辆在正常行驶时不得小于 1.5 米，遇拥堵低速移动时不得小于 30 厘米。由于骑车人有不稳定的特点，有"我行我素"挤、抢、钻的行为，有时正常的间隔距离的把握不取决于车辆驾驶人。此时，首先要关注临近的骑车人的行驶动态，除谨慎行驶外，可适度提前按喇叭提醒骑行人注意，特别是对背向自己一方的骑车人。

九 掉头距离

这里主要讲解市区两车道路口及道路、一般公路、路口或岔口位置上的掉头距离的确认和操作方法。

在市区掉头时，主要是避开法规规定中禁止掉头的地点或路段，选择适宜路段、地点。操作时，看准空当时机，动作紧凑、连贯，减少掉头的占路时间。

公路掉头时，主要是选择适宜的路段、位置，避开险路陡坡、松软路肩，重点保证操作安全。

1）准备掉头时，车身左侧路幅宽度在等于或大于 2 倍车长的距离时，才有可能"一把方向"一次性顺行通过完成 U 字形掉头。

2）当车身左侧路幅宽度略小于 2 倍车长时，或在对距离没有把握的情况时，为防备万一，可采取"先紧后松"的原则，用"备方向"的手法操作，争取"一把方向"一次性顺行通过完成掉头。否则，就可能会增加一次倒车操作。

3）尽量不要选择在路幅总宽度小于 1.5 倍车长的地段掉头。

4）车身左侧路幅宽度在 1.75 倍车长时，一般要用增加 1~2 次倒车，才能完成掉头的操作。

5）车身左侧路幅宽度在 1.5 倍车长时，一般要用增加 2~3 次倒车，才能完成掉头的操作。

6）车身左侧路幅宽度在 1.25 倍车长时，一般要用增加 3~4 次倒车，才能完成掉头的操作。

7）当车身左侧路幅宽度等于 1 倍车长时，或许要靠 5 次以上的倒车、前进的次数，才能完成掉

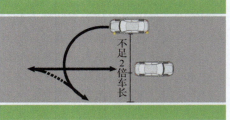

头的操作。也就是说,车长距离每减少1/4时,就要增加倒车次数,其中还要保证车速的稳定和方向操作的准确性。

8)万不得已时,当左侧路幅宽度不足1倍车长时,或整个路面宽度小于1.5倍车长时,倒车次数会成倍增长,掉头操作十分困难。

9)在掉头的前进、后倒中,向前时的距离要进足,后退时的距离要留有余地。临近道路边沿停车时,由于车身在道路中的指向角度不同,停车时应以离道路边沿最近的车轮为准。

10)在山区道路上或没有路沿的公路掉头时,由于路面是拱形,路边沿较低,在雨、雪天气要远离路肩,停车换档时要拉紧驻车制动器,做坡道起步的操作,防范溜车。

11)打方向盘时手脚要密切配合,"车速要慢,手法要快"。注意利用局部位置的坡度、土坎、路沿,进行适度的"缓方向"操作,手法上配合"抢方向""备方向"以及单手的"抢方向"、"揉方向"和"扣方向"的变通手法,提高操作效率,缩短掉头的占路时间。千万不可打错方向盘,否则可能会导致前功尽弃。除非万不得已时,不要原地打方向盘。

12)凡是在直行道路上掉头时,打方向盘有一个规律:

前进时,一律向左打满方向盘;倒车时,一律向右打满方向盘。

操作方法

1)前进时,"车慢、手快"向左打满方向盘,估算距前方的停车位置30厘米时,开始在行进中迅速向右打方向盘,至少是要回正方向盘。用"抢方向"及其他变通的手法,"抢"出的方向角度越多越好,等于在给下一步的倒车操作"备方向"。

2)倒车时,"车慢、手快"向右打满方向盘,用后视镜加估算后方空间,距停车位置30厘米时,开始在行进中用"抢方向"及其他变通的手法迅速向右回方向盘,"抢"出的方向角度越多越好,等于给下一步的再次前进操作"备方向"。

3)狭窄路面时,一般会多次重复前进、倒车的操作。操作时,尽可能利用局部坡度、土坎、路沿,进行适度的"缓方向"操作,在车前或后方的位置上获得更大的车体角度姿态。在全程操作过程中,一定要注意查看车身与左侧道路之间的动态夹角变化,一是可以提示方位避免打错方向,二是可以直接观察(估算)到再次前进(倒车)时,能够预估出最小转弯外径的距离,让出车辆右前角的通行位置,减少操作频次,尽早完成掉头操作。

 "9种距离",是传统"手、眼、心法、位"说法之下的一个具体的操作指标或量化后的统一标准的"心法"。

对于在各种路况下的距离、速度的"小九九"的心算过程,乍看起来好像啰嗦、麻烦、不易记。但是,只要知道这方法的运算和过程,理解这些距离或速度的指标或要领并分别熟练掌握,就能在实际路况遇到相应问题时下意识地产生相应的速度或距离的警觉或对应方法。

所有路况,9种距离,准确目测,不同对应。只要知道这些基本指标、要素,一旦发现情况,经过判断后就能反应出自主控制速度、距离与间距的处理能力。

行驶中,任一路况都是一种动态的、立体的、平衡的、规律的状态。不同距离、不同位置上的情况看似独立,实则相互关联,并与整个环境和周边路况环环相扣、紧密相连,且瞬间即变。以上"9种距离"及下一节中的各种"方式""方法",基本可对应各种具体情况。让草根说法"有理可推",让四项合一"有据可查",让安全行车"有章可循",让具体操作"有法可依"。既可单独应用或参照,也可多元合并综合考量。

第四节　位　置

"位",在这里主要指的是驾驶人在处理情况过程中的标线意识和在标线范围中所占据的位置,或者说驾驶人对"位"的判断或选择能力,就是路况处理的支点。简单讲,就是"各行其道",再加上后半句"各占其位"。如果越位,就是自找"麻烦"。

"位"就是行规,"位"就是间隔距离,"位"就是道法自然,"位"就是"人命关天"。

行驶中的变更车道、转弯、跟车、会车、超车、让车、靠边停车、停放以及掉头时所选择的车道位置或路边位置及与周边物体的间隔距离,都应是在合法或合理的"位置"上。简单讲,停车位置不当,被人家撞了还得担责任。

在什么位置上缓行、等待或通过,称为"占位",特别是在路口中、遇阻或狭窄路段时尤为重要。合理的"占位",是应对复杂路况的基本方法,"占位"不当的后果可能会引发更严重的拥堵或险情。"位",既栖身于法规条文之中,又与"行规"紧密相连。

一　路口中

1)在意识中将"井"字叠放在十字路口中,再用虚线连接口外前后左右的各条中心线,路口中即形成一个"田"字格(多一条车道,就多加一条虚线,然后就会出现四个"田"字格排列在一起的正方形图案),再施画出中心圈位置后,各个方向的左、右转弯车辆的通行轨迹和合理的内轮差值及直行车在路口内"田"字格中各半边中通行的"合理位置"和行驶轨迹就会在你的意识中显现出来。此时,行——

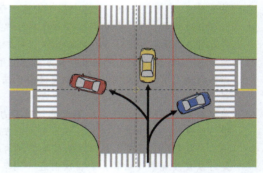

有迹可循,停——有"位"可选。不论左转、右转还是直行,只要行进路线上出现阻挡,减速让行或停车让行时的车身指向、方向角度不变。只要控制住速度与距离,就能避免"左闪、右躲"或"切弯左转",走出正常的行驶轨迹。只要大家严格遵守"各行其道""口外让口内""灯头让灯尾"的规定,就不会打乱路口内正常的通行秩序。

2)立交桥下的辅道路口左右方向的路幅宽阔,用以上"井"字方法把瘦型的"田"字格叠加在路口上,然后再用虚线连接口外左右各条分道线,就能区分出各自车道的行驶轨迹。即使口内路面情况复杂,并伴有行人和骑车人穿行,心中有"位"就不怕乱。只要控制住速度与距离,"各行其道"和"按位行驶",就不会出现混乱情况的发生。

3)路口右转时,注意礼让行人的位置,让出内轮差的距离。

4)路口掉头时,注意斑马线的位置,注意对向来车的距离和右转过来的汽车和非机动车的位置,对准外侧车道,准确操作,动作麻利,尽量减少占道时间。

二　行驶中

1)强化标线意识,各行其道,根据路况选择车道中的行驶位置。

2)要有路权意识。变更车道时,车辆应打转向灯后贴向准备并入的车道一侧,做出变更车道的姿态,等待并入时机,给其他车辆一个反应过程。不要"见缝插针",强行"加塞"。

3）红灯前（黄灯闪耀时），驶过停车线的车辆可以继续通行。但是，当路口内已经有车辆停滞，你选择是在口外停车等候？还是跟进口内增加拥堵，被动挪车？

4）不同速度跟车时，选择什么距离的位置才算合理？遇上不良气候、湿滑路面，选择什么距离的位置才能保障安全？红灯或遇阻及临时停车时，选择多大距离、什么位置停车，多大间隔位置停靠，是自车能否方便驶离或脱离困境的基本保障？

5）超车前，在什么位置上观察对向车道的路况，怎样才能让对方车和被超车知道你正打算超车。位置、姿态、喇叭或灯光信号非常重要。超越前与对向车、被超车的相互位置、距离、速度比以及超越后驶回原车道的时机或位置都非常重要。

6）让行时，非多项位路口放行，对向车辆急速起步、切弯抢角度行驶，抢占了你的通行位置实施强行左转，且他后面马上跟上一串左转车。这时，你是选择停车等待还是报复性的往前蹭或挤？你如停车等待，会选择"田"字中的哪个位置？

路口转弯让直行时，停车位置是否侵占了直行车的通道？一尺？两尺？还是半幅车道？路口内虽然没有施划分道线，怎样把握停车位置或距离？会选择"田"字中的哪个位置？

路口转弯让直行，如对方左转弯车在路口内已转了近一半，接近"田"字的中心位置时，你车刚过停止线，是让还是过？此前，你对转弯让直行、口外让口内和让右原则怎么理解？依据是什么？怎样理解市区路口的让行规则？

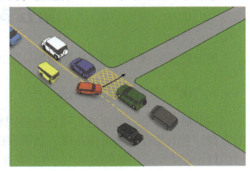

7）会车时：窄路会车，如何"占位"才能避免"三点一线"的情况发生？

山路时，你驾车在靠山一侧行驶，发现前方几处弯道外，在直线距离上约百米处有大货车驶来，你在不熟悉当地路况的情况下，是继续往前走还是尽快找适当位置停车等待会车？或是抱着前方可能有更宽一些的路段的想法继续往前走？

在危险而狭窄的弯道处，你是让上坡车呢，还是让下坡车？是单车让多车呢，还是多车让单车？在什么位置合适？

山路行驶不要轻易超越当地车，这是因为有你不知道或不熟悉的特殊情况或当地特殊的行车做法。

三 停放时

1）纵向或斜向排列停放时，是否只考虑自己上下车方便而偏位停放，或在"没注意"的情况下，造成一车横跨占两车位。

2）路边车位停放时不看或"没注意"前后车位线，造成跨位停车。顺行停放时"有意无意"地放大前方的停车距离，只图自己进出方便，不考虑后方不足1.5倍车长的空当距离太小，别车根本无法进入。你只要随便"前赶"或"后错"一下就又可以多停一辆车，所以选择停放距离或位置很重要，特别是车位紧张时。

3）非机动车道路边车位，前方车辆正在进行停放操作时，你是在后边等待，还是从左侧见缝插针抢行通过。

4）小区或胡同停放时位置是否得当，是否影响其他车辆、骑车人、行人通行，离开前是否有回头看一眼的习惯。

5）不得已或赌气把车停在路中或弯道处，造成堵路、挡道情况的发生，会影响过往车辆、骑车人、行人的通行。

不同路况中，对应着不同的方法或相似的操作。例如：山区道路的夜间与高速公路的夜间的操作完全不是一回事，山区道路与一般道路在"观察位""行驶位""让行位""停车位""超车位"和"会车位"的操作完全不同。

结合占位，针对各种不同或相似的路况，每个科目的操作和防范内容大致相似，但并不完全相同。占位第一，防范操作才有保证。如无防范意识，就看不透路况，就不知道或找不到"位"。

不同路况，不同科目、不同角度、不同方法，但操作内容、防范内容、注意要点极其类似，路况穿插交错，盘根错节，且密切相连，变化多端。有时一种科目在不同路况和情况下变通出不同的操作方法和防范技法是正常的自然的，关键就是要选择适当的操作或变通，以保障安全的行驶位置。

第五节 观 察

处理路况的四个步骤：观察情况，发现情况，判断情况，处理情况。

一 "米"字方位观察方法

在驾驶过程中，要注意车体四周的观察。现借用时钟刻度的方法，标示出车体周边各自的方位，为的是在道路上练车时方便观察或提示。

11—1 点方位，视角约 60°，为正前方中心主视线观察范围。

10—2 点方位，视角约 120°，10—11 点、1—2 点，这两侧的视角基本属于侧向视线范围，是低速行驶时必须打开的视角范围。

9—3 点方位，视角约 180°，9—10 点、2—3 点，这两侧的视角基本属于余光视线范围。但有时也会视情况以转头侧脸的方法，用主或侧向的视线观察 3 点方位的情况。每当此时，必须将左侧的余光视线保留在 11—1 点方位的主视线的观察角度上。用主视线观察 9 点方位的情况时，必须将右侧的余光视线保留在 11—1 点方位的主视线的观察角度上。戴矫正视力的眼镜时，对余光视角感受失真，可用快速扫视的方法观察。

7—9 点或 3—5 点方位视觉范围，应通过用车外两侧的后视镜或扭身转头的方法观察。

5—7 点方位的视觉范围，一般是通过车内后视镜观察或转身回头的方法，用主视线观察情况。

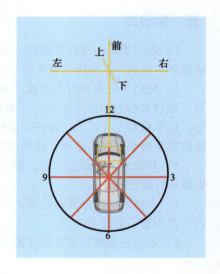

在有朋友陪同时，应事先约定好用方位的方法提醒你注意路面上影响行驶的障碍物所在方向、位置及距离。例如提示路况：
注意 2 点方位，20 米外骑车人的动向，指的是右前方位置的情况。
注意 12 点方位，100 米处的行人可能要横穿马路，指的是正前方位置的情况。
倒车时，注意 7 点方位（是驾驶人最困难的观察角度），也许有电线杆的斜拉线。

- 要养成规范的观察方法：低速行驶时，视线观察角度基本在9、10点—2、3点方位范围；当遇转弯、变更车道时，就要转头观察后视镜（4、5点或7、8点方位）；当出快速路进入辅路的过程中时（4—5点或7—8点方位，俗称"转头角处"），右（左）侧后视镜中观察不到辅（主）路车道中的情况，这时应放弃观察后视镜，以向右转身加扭头的动作，直接观察右（左）侧辅（主）路车道内的情况。
- 该转身时就转身，该扭头时就扭头，不要用斜眼代替转身。
  大大方方地侧脸、扭头，以便让周边人员或对向驾驶人从你关注的方向、动作和表情神态中，看明白你在观察时注意力的方向。
  在观察路况时，应该远观车辆或移动物体的位置、态势、运动方向、速度或趋势，近看人物的面部表情，神态、举止或手势。有时对方抬一下下巴的细微动作或一个眼神表情或抬手动指的动作，你马上就会明白对方的意图。
- 一般道路或低速行驶时，情况来自"四面八方"，注意重点目标，防范车道两侧的"鬼探头"。在高速或快速路上，视线一定要"看远顾近"，保持好观察距离和跟车距离。

二　"古"字行车观察方法

汽车在行驶中，驾驶人没有多余的时间注意路面上所有的路况细节。但是，驾驶人应养成一种选择性的观察习惯，即重视那些和行车有关的情况，把注意力的重点分配到主要的路面情况上。例如：市区、城镇驾驶时，注重对路面情况的观察处理上；山路驾驶时，主要注重对道路的通行条件观察和对盲区路段的关注上。

将"米"字方位观察方法和"古"字行车观察方法结合，形成一种观察模式，就可以在快速行驶的车流中及时发现情况、关注重点，并对其不同距离内或角度上的情况做出及时、正确的判断和处理。

简单讲，行车观察主要是一看远景、二看近宽，二者结合，观察路况。

例如：借鉴三维的方法，想象着把立体的"古"字往前推倒。上半部"十"字的一竖向前，代表观察视线的方向，下半部立方体的"口"字代表车体或驾驶位置。视线透过前方"口"字的窗口往前看，正前方呈现出一个有纵轴的三维的"十"字形标线。

1）"十"字的纵轴轴线向前伸展，代表着视线的纵深观察方向，即视距看远。

2）水平方向的一横线，代表着横跨在左右两条相邻车道或更宽的视线角度，即视角看宽，加上余光作用，形成扇面形的视野角度。

3）垂直方向单独加上一段竖线，代表着观察上下的高低幅度。

上：行驶路线上方空间的各种交通信息和各类交通标志等。
中：道路上的汽车、非机动车、行人及各类情况或路况等。
下：地面上的各类交通标线、道路设施等。

"古""米"结合，远近互补。当把代表方位观察的"米"字，平放到"古"字的"口"中，把两种方法融合在一起，既合并了视觉分布的同类项，又能集中起观察的注意力，形成一种复合的视觉模式。当把这种观察模式叠放在行驶路线上时，就会发现，不论是近旁周围还是前方视野范围内，都会完整地圈画出一个有纵向深度和宽度的警戒区域及车体周围的防范范围。即："米"字打开视角，"古"字看透纵深。

在行驶中，凡是进入或接近这个警戒区域或防范范围的所有障碍或目标，都是要注意的重点。注意力要清晰，视距视角分配要灵活。

汽车行驶起来，全靠与静态景物的参照、对比。观察、发现远方目标和判断、处理临近情况时，全靠视觉的距离感和层次感的支配。只要目标情况不进入你的"警戒范围"，就是次要目标。只要不影响你的行驶，你就应该去观察下一个步骤或距离上的目标。只要你理解"米"字方位观察方法和"古"字行车观察方法的意义和实用性，就会很快地找到行车观察的感觉和注意力的合理分配。

准确目测障碍距离，果断决定操作方法。对不同距离、方位上的目标情况，要看一，顾二，留神三、四，"看远顾近，照顾两侧"（"点"与"面"），在行驶中不断地观察、发现、判断、处理。一定要把路况或障碍目标观察"透"，判明路权，分清主次。依照法规和路权，先处理范围内近的情况，注意远的；先处理对行车影响大的情况，再把视线转移到接近警戒范围的目标上。眼睛要动，视线要活。千万不要把观察的注意力长时间地停留在一个目标上"发愣"。

对道路上的景物观察时，应该有立体层次的感觉。如果立体层次感不明显，则可能是受光线影响或是由身体疲劳、不适，视线不能集中造成的。

在观察机动车、非机动车和行人的动态时，远观物体的动态趋势、方向、位置、速度，近看人物的面部表情、神态和举止（包括对向来车驾驶人的眼神、注意力的方向或观察角度），视道路情况的变化，调整自己车辆行驶的角度、速度和距离。车速的快慢，全由路况决定。

三　隔位观察的跟车方法

行驶中，不论速度快慢，看远顾近，在保持正常跟车距离的情况下，观察视线应透过前车的车窗玻璃或两侧的视线空间（前车阻挡视线时就用错位观察的方法）观察前方路况及第2、3辆车或第4、5辆车的行驶姿态，这就是隔位观察的跟车方法。

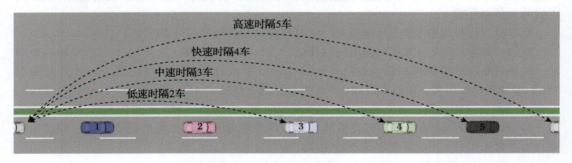

行驶中，在控制好跟车距离的同时，注意观察前方隔位车辆的行驶状态。低速时隔2辆车，中速时隔3辆车，快速时隔4辆车，高速时隔5辆车，形成前瞻性的全景观察范围。

在看远顾近的前提下，在隔位观察前方车辆的同时，注意观察相邻车道的整体路况，以前车的行驶状态做参考，决定自己的操作。以视觉上更远的前瞻距离，提前观察情况，提前分析情况，提前判断情况。隔着前车提前处理情况，给自己留出足够的反应距离和操作时间。此方法虽然简单，但一定要与"观察距离""跟车距离"以及"古""米"方法配合使用。

四　错位观察的跟车方法

错位观察方法只适合于驾驶人观察左侧前方的路况，目的是了解前方整个车流的行驶状态。但是，不可长时间、长距离地贴线或骑线行驶，给后车造成观察困难。

下面介绍两种不同的错位观察方法和一种防范"加塞"的错位跟车行驶方法。

1. 了解路况时的错位观察

此方法一般用在路况条件比较拥堵，前车车型较大或后窗有深色贴膜及车速不快的情况下。方法是不用打转向灯，直接将车身贴行于车道左侧的中心线或分道线上行驶，往左侧身通过前车左侧车身的空间瞭望、了解前方的道路情况，并注意隔位的前车左侧制动灯。一般情况下，应在了解车流行驶状况后及时恢复正常的居中行驶，不可长距离采用此方法行驶，以免影响后方车辆观察。

2. 超车前的错位观察

在准备超车的情况下，打开左转向灯，确认后方安全，左转方向盘让车身与前车错开小半个车身宽度（约1/3），车辆左侧跨过中心线或分道线行驶，视线越过前车左侧车身的空间观察道路前方的情况。应有明显的并跨线行驶姿态，既便于观察路况，也给对向来车发出明确的准备超车的信号。

在准备超车前或在快速路外侧车道行驶时，将车身贴行于车道左侧的分道线行驶。这种错位跟车方法一举两得，一是便于超车前的路况观察（打开转向灯）和状态展示，二是在左侧车道遇阻的情况下，可防范左侧车辆强行"加塞"进入自己的车道。

注意事项

右侧错位观察时一般要向右"挪"出4/3或2/3车身宽度。如果跟车距离较近，前车车体形成视觉盲区的角度范围就会很大。如果前方是大型客车或大型货车，前车会完全挡住你观察右侧前方道路的视线。

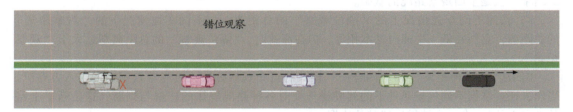
错位观察

在高速公路里侧车道行驶受阻准备向右变更车道时，一定要收油减速，拉开前方距离，拉大视距与视角看清路况后再变更车道。在高速公路上，一定要提前注意右侧车道前方的路况，目的是防范外侧车道或应急车道上有停放的故障车，特别是在临近高速公路的出口处附近。

在快速路及城镇、市区行车，车流密度较大，一定要耐心谨慎，隔位、错位两种方法交替使用。视距一定要放开，看远顾近，照顾两侧。只要前方隔位车的制动灯点亮，就要准备制动。前方车辆只有遇到了影响行驶的情况才会踩制动踏板，而你当时所在的位置只能看到前方隔位车的制动灯。

熟练的驾驶人开车顾六面：前、后、左、右、上、下。他可以在前车紧急制动的情况下，把自己的车停在离前车后保险杠尽可能小的距离内，给后车留出尽可能大的停车距离，目的是防止被追尾或把被追尾的损失降到最小程度。用隔位观察的方法可提早发现前方情况，用早于或同步前车的制动操作控制住车速，把握住"定点停车"的距离或位置，避免"追尾"。隔位观察方法是处理紧急情况的基本保证。

五 "四合一"观察方法的形成

1）在看远顾近的前提下，在"观察距离"中综合利用"跟车距离"和"隔位观察"的方法，形成"三位一体"的观察模式。

根据车速，用2～4倍的"观察距离"的方法"看远"。

根据车速，用慢估算、快读秒计算"跟车距离"的方法"顾近"。

根据车速，用"低速隔2车、中速隔3车、快速隔4车、高速隔5车"的"隔位观察"的方法，防范前方车辆的异常行驶状态或复杂的道路状况。

"三位一体"，互为交替，配合使用，应对路况，各司其职。再加上"米""古"方法，即可形成"点""面"结合的"四合一"行车观察模式，即远、近、防范三种方法的观察、发现、判断、处理能力，也就是所称的看得透路况的"眼力"。

需要注意的是，"四合一"模式在观察感知或使用感觉上应该是一个互为依存的紧密的整体。其中，"观察距离"的视线距离包含在良好视线情况下的读秒，以及在不良视线条件下的速度换算方法。

"跟车距离"中的"慢估算、快读秒"方法和"隔位观察"时的隔车数量保持着距离的平衡和相互的兼容性。

总之，在目测距离的基础上，要综合利用这几种方法。

2）在看远顾近、扇面视角的前提下，向前伸展的"古""米"字的纵轴轴线与"观察距离"的视距完全重合。"观察距离"中内含着对"超车距离"的计算，对到某一障碍物体距离的估算和"滑行距离"的把握以及对"跟车距离"的控制，也包括对周边停车距离、间隔距离的估算和掉头时对地点、场合、位置的选择与判断以及湿滑路面情况的处理。它们融合的结果，就是全面观察路况的基础。

3）按照不同车速情况下的"隔位观察"的总距离，与不同车速情况下的"观察距离"的总距离，它们在低、中速时基本相等，但在高速时，"隔位观察"的总距离则远大于"观察距离"。

"四法""9种距离"和"四合一"模式的行车观察方法，对应着六面空间、八方路况。当然，还要掌握不同气候条件下的驾驶操作及对各种路况规律的理解与判断，这是新手上路的"主心骨"，也是全神贯注驾驶的依据。

第六节 防　御

一　提前量的设定方法

根据当时的路况、车速和跟车距离，用加大观察距离的方法作为设定提前量的依据，在视线距离上和操作时机上提前对路况进行处理。

1. 视觉的提前量

如一般道路跟车距离在20米时，就要把平时40米的观察距离加大到50米的距离，提前观察前方或更远的交通状况，根据具体情况提前采取不同的操作方法或方式。

2. 操作的提前量

如设定在前方百米位置定点停车，正常情况下在距定点位置30米时开始制动减速准备停车，如果在湿滑路面的条件下，加上提前量的考虑，就要在距定点位置40米时开始制动减速准备停车。这里提前的10米距离，就是操作的提前量距离。

只有预留出处理情况的提前量,才能提前控制好车速,选择好超车、会车的位置和超越或通行的时机,还可防范路边岔口闯入主路的汽车、非机动车和人行横道上过马路的行人、骑车人,才能保证车辆行驶的顺畅。

笼统地讲,行驶中要放开视野,全景观察,了解路况,动态分析。

高速公路行驶或前方情况在 500 米外时,动态搜索,全面关注路况。

快速路行驶或前方情况在 500 米内时,重点关注异常路况,注意细节及随时可能发生的变化。

中速行驶或前方情况在 200 米左右时,注意重点目标和异常情况,临近前做出预判或防范并采取对应操作。

低速行驶或前方情况在 20~30 米时(包括进出路口、通行遇阻、路况突变或紧急、意外情况,以及遇上违规的起步、变更车道、掉头和其他的挤、抢、钻行为),照顾左右,尽可能提前完成对应性操作。

汽车行驶起来,只有看出距离才能够顺畅行驶。因此,一定要打开视野,放开视距,"看远顾近、照顾两侧、动态观察、谨慎驾驶",这些是必需的。至于车速的快慢和转弯角度的大小,就要看具体路况了。路况决定速度,速度选定档位,方向控制行驶,制动控制距离。只有适当的角度、适宜的速度、适度的距离,才能保证行车安全。

谨慎驾驶,根据不同路况、不同气候条件设定好处理情况的提前量,较远距离时松开加速踏板滑行,雨、雪湿滑路面或山路下长坡时采用联合制动的方法,保证能随时停车。

用"四合一"方式的行车观察方法,把握提前量距离和时机的设定,利用收油滑行减速及时准备制动或直接制动减速,与障碍目标打"时间差""速度差""距离差",逐渐形成有预判能力或预见性的驾驶方法。

二 预见性处理情况的驾驶方法

车辆在行驶中,特别是在市区行驶时,驾驶人需要处理大量的路面情况。在处理情况的过程中,如完全依赖频繁制动减速,会增加操作频率并造成能源和资源的浪费。因此,合理地使用加速踏板处理路面情况,可以减少制动的使用频率,这是一种既能够节约能源又能减少碳排放的有效方法。

制动用得好,不如加速踏板用得好。正确使用加速踏板处理情况的基础,在于观察距离和视线角度及目测距离的能力。全面观察、动态分析、综合考虑路面的情况,把看远顾近距离内的情况分解开,看一、顾二、留神三。根据它们各自的运行方向、行驶姿态和行进规律,利用车辆行驶的惯性控制滑行距离,才能合理、有效。用加速踏板控制滑行距离及使用制动控制停车距离,这是预见性驾驶方法的基础。

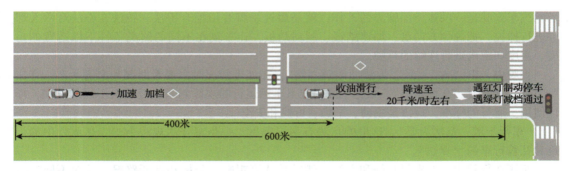

老司机的开车秘笈

1）预见性驾驶方法，主要是指针对道路情况、交通状况和视线条件较好的情况，依据运行规律和经验进行预判。如在市区道路双向双车道的两个红绿灯路口之间的600米距离内，示范车辆从一侧绿灯放行起步开始，一路加速加档达到规定的50千米/时后保持行驶速度，在行驶到400米以后就要提前注意观察路口信号灯的变化情况，并根据前方路况和跟车距离适时适量收油滑行。当继续行驶到500米以后时，基本上就要完全利用惯性滑行，并根据信号灯的变化情况，适当利用制动控制行驶速度，为低速通过路口或防备遇红灯制动停车做好准备。

在这600米的路段上，看远顾近，运用"古"字、2倍车速的观察距离（米）和隔位观察的方法，对整个路段进行观察。

跟车操作上，从起步、提速、加档的基本操作开始，40千米/时以下时用估算方法，50千米/时用2秒的方法控制跟车距离（1秒13.89米，2秒约28米），即观察距离是50×2 = 100米，并根据路况、环境及时做适应性调整。在这种路况下，是一种比较平稳、安全、经济的驾驶方法。

如行驶距离达到500米后才收油，不论路口是否红灯，制动力度一般都会大于滑行减速后的制动力度。400～500米内行驶所加的油，有可能全都浪费在了500～600米的制动过程中。

2）一般道路时，前方百米外路边的骑车人边骑边往后看，而道路左侧有一岔口。这时，一定要根据对向车道是否有来车及距离远近等情况，判断骑车人可能跨路转弯的位置或与己方的距离，决定自己的操作。

3）在道路宽直、视线良好的一般道路上行驶，发现前方150m岔道口有右转弯车辆进入自己的直行车道，这时应该"虚油"行驶，动态调整车速，与进入直行车道上的前车打时间差。待前车完成转弯进入提速阶段时，直行车基本已经临近，此时加油跟进，保持适当跟车距离正常行驶即可。

如果在100米距离上，发现前方路口有右转弯车辆进入直行车道时，就应动态分析、收油滑行，利用发动机的牵阻作用减速，动态调整车速，待前车完成转弯提速后直行车再加油跟进正常行驶。

 "什么道，开什么车"。这里的"道"分两层意思：一是指不同的道路条件，大致可分为高速和快速路，城镇市区道路及小街、小巷、小区、大院；二是指不同的交通状况。在相同道路的不同时段、不同车辆密度的情况下和不同气候条件下，驾驶人应学会灵活运用"四合一"方式的行车观察方法配合防范或预判的操作，对应处理不同道路状态下的各种交通状况。

三 道路通行优先权和几种通行或操作方式

汽车驾驶是一项体力加脑力的工作，就是通过手脚并用配合手法、技法、心法对六大部件进行操控，把握住方向盘、加速踏板、制动踏板，让车辆在不同的路况条件下以适宜的角度、速度和距离进行连续的行驶。

行驶中，以"古""米"方法"眼观六路"，在处理情况时主要看路况和交通状态，守住"心法"，把握住"9种距离"，根据不同路况下车辆运行的规律判断或设想出不同的方案，择优使用。通行的标准，应该是主动、平稳、可控和安全。

"车行于道，章法为要"。这里的章法有两层意思，一是遵守法规法令，二是运行中的行规和礼貌行车的"章法"。

车辆在行驶中，首先要心静和专注，然后是认真观察、分析和判断路况，针对不同道路的具体情况依法依规判明通行时机、选择通行路线和确定通行速度。

1. 有通行优先权时

道路两侧无情况，前方有距离，能行车时别犹豫，按规定速度正常通行。

在总结分析多种路况的情况下，基本可归纳为以下 6 种通行方式：

1）正常路况时，道路通畅，主路行驶，注意观察，顺序通行。
2）超车会车时，确定距离，调节车速，选择位置，安全超会。
3）机非混行时，看近顾远，古米方法，遇阻静候，遵守秩序。
4）通过路口时，注意信号，全面观察，控制车速，谨慎驾驶。
5）不良气候时，降低车速，加大距离，不同特点，对应操作。
6）不同路况时，遵守规定，尊重规律，随遇而安，互相关照。

2. 无优先通行权或通行遇阻时

无优先通行权时，原则上是让。通行遇阻时应随遇而安，车速上要慢，操作上要守顺序，等待时机。遵守通行秩序，礼貌行车，不挤、抢、钻。遇到盲区、雨雪路面、夜间、逆光情况，以慢为主，谨慎驾驶，合理使用喇叭或灯光。

1）道路一侧有情况或前方有障碍，应减速时提前先收油滑行，在距离上"打时间差"。自己走不了过不去时，就要让对方或左右两侧先行，准备制动，看情况，不挤、抢、钻。

2）通过路口要谨慎，障碍挡道就停车，不要在绿灯放行状态下争先恐后地挤进路口排队等待通行，不要躲、蹭、绕。

不得按喇叭催促车辆和行人，不得进入非机动车道和人行道行驶。"灯头让灯尾""口外让口内""转弯让直行"。转弯时注意内轮差，随时做好起步准备（换档、半联动或准备驻车制动），等情况化解即刻行车，尽快脱离路口。

3）复杂路况看不透时，踩住制动踏板等变化。分析路况，将远近情况对比判断，再考虑是让是走还是等待，并提前做好随时起步的准备。

3. 当通行权被侵占时

行驶中，如被其他车辆挤、抢、钻、别，强行变更车道，截头猛拐变更车道时踩制动踏板，无故慢行压速，停车堵道等时：

1）一定要以周围行驶环境为重、以安全为重控制车辆，放宽心态，不急不躁，果断处置，有理让无理。

2）稍踩一脚制动踏板风平浪静，让一把方向海阔天空。

3）及时用灯光、喇叭提醒，视情况用手势阻止。

四 预防制动时错踩加速踏板的操作方法

在以下 8 种情况下，右脚必须准备制动，防止把加速踏板当成制动踏板。

1）前方有情况，右脚必须收油准备制动。
2）通过路口时，右脚必须收油准备制动。
3）滑行减速时，右脚"没事干"，必须准备制动。
4）山路下坡"揿档"降速时，右脚"没事干"，必须准备制动。
5）冰雪路面"揿档"减速时，右脚"没事干"，必须准备制动。
6）吃不准、看不透的路况或视线盲区时，右脚必须提前收油准备制动。
7）狭窄路段掉头、倒车时，必须防范性准备随时制动。

8）在高速公路上行驶时，发现远方有异常时，如路面上有三角警告牌或有遗撒、散落物品时，右脚必须提前收油准备制动。

新手在没有完全掌握处理路况的基本方法和掌握各种路况的运行规律以前，只要不踩加速踏板，右脚就应该准备制动。小心没大错，谨慎防意外。

"车慢路自宽"。准备制动后心里比较踏实，车速也随之逐渐减慢，让出了前方距离，加大了处理情况的空间，同时也给自己留出了更长的分析判断的反应时间，最关键的是，习惯性的准备制动后，不会发生误操作。有备无患，适情况"带制动"，降低车速心里就不慌，真的走不了、过不去时就停下来，等情况化解完了再走。

- 除针对道路前方的情况用准备制动处理外，驾驶人也可根据后方跟车过近的情况（通过后视镜观察）决定是否通过准备制动踩亮制动灯发出警示信号，提醒后车驾驶人注意跟车距离，这也是预防被追尾的一种积极主动的方法。
- 当感觉后车跟车过近时，可以用带节奏的脚法，微触制动踏板，有节奏地闪亮制动灯，提醒后车加大跟车距离。
- 夜间，当感觉后车用远光灯跟车过近时，同理踩亮制动灯，提醒后车改用近光灯或加大跟车距离。

五 预防追尾事故的操作方法

用"四合一"的行车观察方法看路况，根据路况习惯性地准备制动，可以有效避免追尾事故。

1. 低、中速

此时视距相对较短，重点是视角一定要打开，看近顾远，注意力分配一定要灵活。即运用"古＋米"的行车观察方法，根据不同的路况和车速，使用目测估算或2秒的方法控制跟车距离，配合"隔位或错位"的观察方法了解前方车辆的行驶状态。这就是所谓"替前车处理情况"的说法。

2. 快、高速

此时必须保证与车速相适应的观察距离。重点是用"2～4倍车速的观察距离·米"的方法控制最小观察距离。用读3秒或4秒的方法控制不同车速情况下的跟车距离，看远顾近。配合低三、快四、高五六"隔位观察"的方法了解前方车辆的行驶状态。并根据道路情况和车流速度的变化，随时防范性地准备制动，及时调整跟车距离及行驶速度。

3. 针对前方各种不同状态车辆的行驶状况

在雨、雪、湿滑路面的情况下，一定要成倍地预留出更大一点的"跟车距离"和操作反应的提前量。

六 预防追尾事故的操作方法

1）保持车辆灯光安全有效，特别是制动灯、危险警告灯能正常工作。

2）在高速或快速路上行驶时注意出口的提示，提前做准备避免错过。不要在将要错过出口的情况下大力度减速、连续变更车道或紧急制动、停车、倒车及在出口附近停车。

3）行驶中加大观察距离，保持隔位观察，加大处理情况的提前量，提前踩制动踏板平稳制动，避免制动忽轻忽重，避免与路况不相符的重踩或急踩制动踏板，否则会让后车防不胜防。

4）不要在没有任何路况影响的情况下，突然明显低于规定的车速行驶。

5）当发现后车跟车过近，在无法加速行驶或避让的情况下，可有节奏地轻踩制动踏板点亮制动灯，提示后车加大跟车距离。如后车用喇叭或灯光催促时：

①选择适当路段，打开右转向灯，让路、让速、让后车先走。如道路条件较差可靠边停车让行。

②在城市快速路时选择适当时机。采取回避措施并入相邻车道继续行驶。

③在高速公路上行驶时，如被后车紧跟且催促时，选择适当时机主动驶入低速车道给后车让路。让行后再适时择机驶回原车道行驶。避免在低速车道被大型载货汽车在近距离内跟随。

6）市区通过路口时，降低车速，提前注意灯光信号的变化和行人通行状况，不要挤、抢、钻，这样可以减少或避免紧急制动。

7）杜绝强行超车，杜绝超车后不给后车让出足够的安全距离马上变更车道或在变更车道过程中制动减速。

8）不要因轻微事故或可移动故障发生后，就直接把车停在车道上，且不按规定打开危险警告灯或只单独打开危险警告灯，不在车后百米外摆放危险警告标志。特别是在不良视线和湿滑路面的情况下，这样很危险。

第七节　诀　窍

一　驾驶三要素

车辆驾驶三要素，就是方向、加速、制动。

1. 方向要准

前车的轨迹和位置、自车轮胎的压点、自己走哪事先要知道。避坑洼、躲石块，"视线随着路线走"，"眼睛看准的地方就是车轮要走的地方"。

不论前进还是倒车，根据不同位置的弯道或角度，知道内轮差和外轮差的位置和距离，控制好打方向盘和回方向盘的时机，掌握好打方向盘和回方向盘的节奏或频率。

2. 加速要稳

稳踩加速踏板，匀速行驶，尽可能利用加速踏板处理情况。

3. 制动要柔

注意观察，提前处理情况。视情况收油后准备制动，尽量用惯性滑行的减速方法，再配合适当力度的制动减速或停车。在湿滑路面，考虑使用"联合制动"方式减速或停车。

二　安全行驶三要素

安全行驶三要素，就是角度、速度、距离。

1. 角度

1）跟车、会车、超车、让车时车辆在车道中的行驶位置或行驶角度、对应车的点位，待转区占位停车的位置或机动角度，处理情况的低速（打时间差）或停车等待时的占位位置或机动角度，以及有时必须给观察路况留出的观察位置或视线角度。

2）不同车速时的变更车道角度与速度，不同车速时的转弯角度与速度及转弯内轮差，倒车转弯时车头的伸出角度和距离，轮胎的外轮差距离与道路边缘的角度或距离。

3）遇偏位或前后错位的会车或类似"蛇形通过"的情况时，视路况提前顺正车身角度，通过时随机调整行进角度或位置，保持车身与对方车或障碍的对应角度及横向间隔距离。

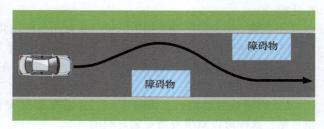

4）入库驻车时摆正车身的角度及两侧间隔距离，回正方向盘及前轮的转向角度。

2. 速度

根据速度或动力的需求选择适当的档位。视路择速，认速选档。不"拖档"、不"拉档"。清醒地保持对发动机转速的把控，遵守各种路况条件下的速度规定或需要。

3. 距离

把控好目测距离、观察距离、跟车距离、制动距离和超车距离。

把握住安全行驶三要素中的六个字和行车中的"四合一"方法，杜绝人为操作失误造成的行车险情。

三 驾驶操作之"四法"

当你小心谨慎地安全行驶过一段时间后就会有一种感觉：其实开车很简单，无非就是方向盘、加速踏板、制动踏板的配合运用和随后产生出的角度、速度、距离，再后就是运用"心法"适时地做出各种预判性或防范的操作。如通过观察、判断，视不同路况、气候条件及时地做好各种相对应的操作，所有操作在整个大的交通环境中显得恰如其分、合情合理，且所有操作的运用均是得心应手、轻松自然。

在整个驾驶经历中：方法靠学，手法靠练，技巧靠悟，心法靠修——积累经验。

在全部行驶过程中：心路要宽，眼神要活，尊重规律，融会贯通——灵活运用。

从路况的操作角度讲，就是"方法、技法和手法"，指的是六大部件的基本操作，即手脚配合操作时对整个路况进行处理时的操作过程。心法就是九种距离中的各项技术指标，是对整个路况进行判断和处理时的心历过程，合称为"四法"。

即使每位驾驶人的经历各有差异，经验不尽相同，但所谓的"两把方向、一脚制动"的说法，以及手、眼、心法式的"扳、蹬、踹"操作，就是指方法、技法、手法、心法。而"心法"的基本内容，归纳总结起来就是"9种距离"和"四合一"的观察模式以及几种防范方法编织而成的"网"。

四 "心法"的应用与原理，"方法"的组合与变通

如何估算和判断"九种距离"，怎样运用和处置，全凭"四合一"的行车观察模式及时发现情况，针对六种不良气候条件下的12种不同路况做出具体的综合判断和恰当处理。

1）"看远顾近，扇面观察"。没有合理的视距、视角、视觉，不可能有及时的发现与正确的判断及处置操作。合理的观察距离、观察方法，确定了驾驶人视觉观察的方向和距离、角度或方位。

2）目测距离的准确率，是超车、会车、让车时确定安全距离或位置的基础。

准确目测障碍目标的距离，是确定滑行距离的基础，也是会用加速踏板处理情况的第一步。再加上"隔位观察"的方法，隔着前车处理情况，这是第二步。此时，后车不用担心前车会出现紧急制动。

准确目测对向来车的距离和速度，观察来车的行驶状态是选择超车、会车、让车的时机、地点或位置的基本保证。

准确的估算，能给停车时控制前后距离、选择适宜掉头的路段、处理拥堵或停放时把握住车体周边间隔距离等带来便捷与安全。

3）滑行距离的把握，给"用加速踏板处理情况"及"打出处理情况的提前量"铺平了道路。准确目测障碍目标的距离，控制滑行距离及配合使用适当的制动力度，可主动或提前选择停车距离或停车位置，既安全平稳，又节能环保，而且文明礼貌。

五 观察距离

1）日间、视线良好时，根据不同车速乘以 2~4 倍，可确定或应对当时具体路况环境下最小的"观察距离"。

2）夜间或阴、雨、雪、雾等视线不良时，可估算测得可视距离的距离，再用可视的"观察距离"除以 2、3 或 4，得出低能见度时的行驶速度。这样可控制不良气候和低能见度条件下的行驶速度。恶劣气候条件下的车速，基本上就是视距的一半，观察的视线距离就是"走一步、看一步"。

3）湿滑路面时，包括阴雨、冰雪，北方冬季的冻雨、大雾时，还要加大 2~4 倍的跟车距离。

4）行驶速度取决于不同道路的速度规定和天气、气候条件的影响或限制。行驶速度确定后，就找到了跟车距离的依据。确定跟车距离时，可用"慢估算"和"快读秒"的方法，控制不同速度时的跟车距离，再配合不同行驶速度乘以 2~4 倍，即可得出不同速度情况下的最小最基本的"观察距离"。

5）"跟车距离"的控制，是"制动距离"的安全前提或安全保障。足够的"观察距离"和适当的"跟车距离"，是"制动距离"的安全保障。

6）"观察距离"和"跟车距离"这两种方法相互兼容，合二为一后，既可全景观察——"看远"，又可动态搜索——"顾近"。点、面结合，全面提高观察力度和范围。

全面观察前方路况，既能远近参照对比——及时发现、分析。

及时发现综合分析，又可扇面照顾周边——果断判断、处理。

这样，就可及时做出合理的占位及正确的操作处置。

7）"古""米"法确定了观察的方向，标画出了观察的点与面、高低与方位。当与"观察距离"和"跟车距离"相结合后，就产生出"四合一"的行车观察模式。

8）"隔位观察"能在保证正常的"跟车距离"的情况下提前发现情况，可以隔着前车提前用收油处理情况。

9）"错位观察"有两种近似的使用方法：

①低速时了解前方路况。靠左贴线行驶，可了解前方车流行驶状况以及防范左侧车辆违法变更车道。

②超车前"错位观察"。超车前，打转向灯跨线从左侧进行观察，与对向来车必须预留出 6 倍车速距离以上的安全距离和高于被超车 20%~30% 的速度差，方可进行操作。

10）用大于2~4倍的"跟车距离"，应对雨、雾、冰、雪等湿滑路面，留出防滑距离。配合"提前量"和采用"联合制动"的方法，确保停车距离。

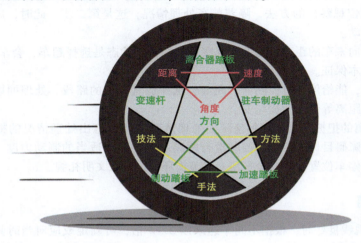

　　熟练掌握六大部件操作的技能，运用"四合一"路况观察方法和"9种距离"的技术指标，自觉遵守交通法规，谨慎驾驶，用敬畏的态度去应对6种气候条件和12种路况。

第五章
新手实际驾驶手法

新手成长可分为四个阶段：熟悉阶段，掌握阶段，控制阶段，驾驭阶段。

第一节 一般道路条件下的驾驶方法及注意事项

一 初上路

取得驾照后，在上路行驶前，一定要找一位有丰富驾驶经验的朋友、同事陪同。

1）选好车辆，贴上实习标志，带好驾驶证件和相关手续，做好车辆行驶前的准备，安全设施要安全有效，安全措施要具体详细。

2）出车前，与陪同人员约定好指挥、提示的方式或口令。可使用"米"字方位观察方法，便于练车中的指导和提示，提醒注意不同方位的情况，以便指导准确，提示迅速。

3）事先计划好练车路线，找一段自己比较熟悉的道路，车辆和行人相对较少，（最好是双车道），形成区域性"8"字形的循环练车路线。

4）养成出车前、后检查车辆技术状况和安全状况的习惯，养成按程序起动车辆后检查仪表工作状态的习惯。

5）养成规范的肢体记忆的操作顺序。
简便记忆，避免遗忘，养成习惯，谨防失误。
上车坐定后：调座椅、系安全带、踩离合器踏板、确认空档、发动车辆。确认环境、开转向灯、换档、松离合器踏板、松驻车制动器、起步。
停稳下车前：拉驻车制动器、换空档、松离合器踏板、松制动踏板、解开安全带。关闭电器、熄火拔钥匙、确认安全、下车、锁车门。熄火前，应先关闭全部用电设备，如空调、暖风、内外灯光、刮水器、音响及车窗、天窗。

6）注意沿途道路的各种交通标志、标线、灯光信号，培养自觉遵守交通法规的意识，听从陪同人员的指挥和提示，保证安全。

7）重点进行各种基础操作和处理简单路况及各种"距离"和"方法"的判断，如观察道路情况，控制车速，加减档练习，观察使用后视镜，左、右变更车道及左、右转弯的方法，观察距离，观察方法，跟车距离，跟车方法等。适应红绿灯的变换规律和总结各种车辆、非机动车及行人的动态规律，及其他注意事项等。注意内容的组合，循序渐进，控制节奏，注意停车休息的间隔。随时总结经验，修正偏差。

8）在熟练基本操作且心理状态良好的基础上，可逐步扩大行车路线的范围，如夜晚行车灯光的使用，环形路口，无灯光信号的小路口，主干线车道行驶，支干线车道行驶（郊区双

老司机的开车秘笈

向车道)、城市快速路、立交桥、高架路、高速公路的行驶。多去一些新建小区道路、繁华路段、老的街区、街道、胡同、单行线等各种不同的路线行驶,以熟悉道路特点,提高适应能力,为独立驾驶打下基础。

9)出门办事可打出时间上的提前量,选择车辆较少的路线。实习阶段不要占用快车道。在时间紧、路况复杂、自己把握不大时,让老师傅开车,以免误事,自己可以在旁边观摩学习。这些是一种学习方法,是观察路况的练习机会,也是平稳、安全地度过实习期的好方法。

10)乘坐他人车辆时,也是观摩和学习的机会。看别人怎样控制车速,怎样处理情况,特别是怎样处理复杂情况,然后换位思考,自己如何处理那些情况。

11)路边停放车辆,在起步前要动态观察后视镜,打转向灯时如遇后方来车临近,这时可能会影响到后方来车的正常行驶。正确或变通的方法:转向灯暂时不打,可先换档、半联动做好起步准备,待后方来车与你将近平行时(他的车头与你的车尾平齐)再打开转向灯,松开驻车制动器紧跟其后起步变更到外侧车道正常行驶。

需要注意的是,不要在后方车辆临近时抢行或强行"掰方向"起步,给后方来车制造突发情况。因为在后方来车临近时打转向灯,来车驾驶人发现信号后,有可能会制动减速防范你突然起步变更车道。如果采用延时打转向灯的方法,可以给后方来车创造一个宽松通过的环境。

 上路实习的过程要循序渐进,大体可分为三个阶段:
1)日间行驶:市区、郊区、环路、高速。
2)夜间驾驶:不同环境下的灯光使用方法和注意事项。
3)不同路况及各种不良气候条件:雨、雪、雾、沙尘等。

二 起步

冷车、上坡、满员时,必须用1档起步。

热车、下坡、无乘员时,可用2档起步。

做好准备:"灯、镜、档、油、离、手",看准时机确认安全,驻车制动器一松车就走。

在机非混行的路边起步时,应认真查看周围环境,礼让临近的车,做好起步准备,让后车先行。

当后车临近时,待后车车头行驶到自车车尾时再打转向灯,待两车平齐时开始起步。自车车头与后车车尾平齐时再小角度打方向盘提速变更车道、调整方向、加档,驶入机动车道。

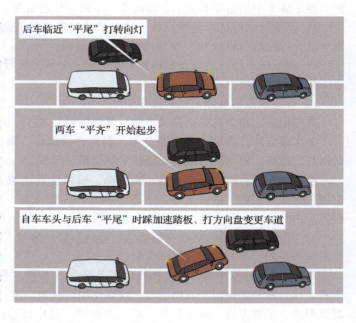

在同向两车道的路边起步后,要及时提速加档,按速度规定逐渐进入左侧快速车道行驶。

不要看见后车临近时打转向灯起步往里蹭(或低速车进快速道),挤占后车通行车道,导致后车制动减速。

友情提示 冷车、满员或上坡时，最好用1档起步；热车、无乘员或下坡时，可用2档起步。找到半联动位置，用怠速或小加速踏板开度1200转/分起步，不要大加速踏板开度，因为转速增加1倍，离合器分离轴承、分离杠杆、摩擦片的磨损会增加4倍。起步后视路况控制发动机转速，视车速尽量选择加2挡，停车时先踩离合器踏板后踩制动踏板。

低速行驶时，用估算的方法控制跟车距离；中速行驶时，用2倍车速的距离观察和"古"字观察方法观察路面情况，打开视角，看远顾近。

市区、拥堵、经济或平缓模式时，小功率（中、小加速踏板开度）起步及行驶。

快速或高速上及山路上坡模式时，大功率（较大加速踏板开度）起步及行驶。

三 变更车道

变更车道时，应持续使用转向灯，配合后视镜，动态观察。变更车道时，不能影响相关车道内行驶的车辆正常通行，一定要有足够的操作提前量。特别是在车流高峰期间和临近路口或进、出主路及辅道时的变更车道，一定要随车流速度平稳变更到相邻车道，否则极易发生剐蹭或纠纷。

1. 向右变更车道

根据路况及车速，在距路口50～100米的距离时（高速公路时应距路口500米以外）打开右转向灯，动态观察后视镜，用余光消除右侧后视镜的观察盲区，将车靠右侧分道线行驶，车速比并入车道中的车流速度稍微慢一点点。用打转向灯、收油、贴右侧分道线行驶，做出明显请求变更车道的行车姿态，也可视情况"嘀"一声喇叭，打个手势，请求让行，并随时注意观察右侧后视镜和隔位观察前方两条车道内前车的行驶情况，只要后车有减速行为或让行表示，便可轻踩加速踏板，小幅度"推方向"迅速完成变更车道的操作。这时，要按喇叭谢谢后车车主，"嘀"一声即可。

2. 向左变更车道

一般情况是起步后并入车流或在行进中并入高速车道。打左转向灯，左侧后视镜、车内后视镜配合使用，动态扫描，交替观察、消除盲区。将车靠左侧分道线行驶，用打左转向灯、贴左侧分道线行驶与高速道车流同速，做出明显请求变更车道的行车姿态。拥堵时，视情况打个手势请求让行，并注意观察左侧后视镜和隔位观察前方两条车道内前车的行驶情况，看准适量的空当距离择机踩加速踏板，推或拉方向盘，迅速完成并入左侧车道的操作。

变更到相邻车道时，除车速与相邻车道的基本相同和有足够的随行距离外，对相邻车道内的前、后两车间的空当距离一定要把握好。低速时，应该从右侧后视镜中至少能看到满镜面的后车全貌；中、高速时，应将后面车辆的图像全貌按比例缩小处理。

对准备变更到相邻车道内的前后两车间的跟车距离，一般要大于正常的跟车距离或后车有明显让行表示，方可变更车道。低速时，并入的车道内要有 20 米左右的跟车距离；中速时，至少要有 40 米左右的跟车距离；高速时，至少要有 80 米以上或更大的距离。一定要给后车留出一段相对宽松的收油或制动减速让行的反应空间或距离。当相邻车道的空当距离符合变更车道条件时，即可小角度变更到相邻车道。

变更车道前的贴右（左）侧分道线行驶，通过动态观察后视镜可以消除视角盲区，但对于类似电动自行车、三轮车及摩托车等快速抢行的车辆则要格外注意。特别是夜间，由于他们可能会违规闭灯行驶，要格外注意后视镜可能会出现"暗区"的现象。

在实际道路中的左、右变更车道时，车速控制有不同规律：

1）按车道的通行规定，里侧车道的车速高于外侧车道，主路车速高于辅路车速，所以变更到左侧车道时，一定要提高车速随里侧车道或主路车流速度行驶，一般情况下都是加速变更车道。

2）变更到右侧车道，一般情况下是要右转弯或靠边停车，或者是进入辅路前减速行驶，所以向右变更车道时，一般情况下都是减速变更车道。

3. 变更车道"三原则"

由于后视镜视野角度存在一定范围的盲区，在实际路况的变更车道操作前，一般都会有一定的速度差，当左或右侧的后车与自车临近时，后视镜内的观察视角在特定的距离和角度上会在瞬间产生盲区。因此，观察后视镜时应内、外配合，动态对比、扫除盲区，一看了解路况，二看确定情况，三看决定操作。

1）提前动态观察内、外后视镜，打开转向灯，了解路况，心中有数。向右变更车道时，注意防范骑车人抢行。

2）行驶中变更车道，要先贴靠并入的车道一侧的分道线行驶。起步变更车道时，要等待左侧通过车的车尾。进入车流前，应打手势或"滴"声示意，不要不打招呼就硬往里挤。

3）要等待并入时机，并在打方向盘之前再次观察确认安全。

需要注意的是，在打转向灯的同时一定要扫一眼后视镜严禁随手大把推方向盘。要三个动作紧密衔接，尽可能小角度变更车道起步，否则可能会让相邻车措手不及，有引发纠纷或事故的可能。

 除行驶路线的需要，行驶中尽量减少变更车道，特别是在高密度车流、高速公路和不良气候及湿滑路面时。频繁地来回变换行驶车道，不仅增加了操作频率，忽快忽慢的车速也会增加油耗和给相邻车道的行驶车辆带来安全的不确定因素。

在低速行驶确保前方道路安全的前提下，可回头观察侧后方向路况。在操作中，一定要注意在快速路及城市环路的进出口时，即两条道路交汇的夹角处形成的"转头角"，必须注意视情况转身回头查看路况。

四 转弯

1. 市区或城镇路口

（1）右转弯

注意灯光信号及信号灯下方的右转弯提示牌（个别路况红灯时禁止右转），观察路口情况，降速减档，打开视角"看路找道""视线随着转弯走，方向随着弯道打"。通过人行横道线时，注意礼让行人。

打方向盘的时机：找右侧路沿转弯弧线的起点，前保险杠平齐时向右打方向盘，根据弯道角度、路幅宽度、内轮差位置或距离决定推或拉方向盘的转向角度。车辆应顺着道路转弯半径的弧线走。

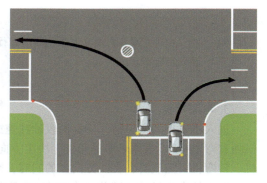

一般情况都采用1档或2档通过，车速不高于20千米/时，转向角度一定要与车速相匹配。注意礼让出路口处人行横道线上的行人。

回方向盘的时机：用车身左侧的延长线（意识中的）去搭低速车道左侧的分道线，车身将要顺正时，回方向时提速加档而后打开左转向灯，择机变更到左侧车道正常行驶。不可在回方向盘的同时直接打转向灯变更车道。

（2）左转弯

注意灯光信号，观察路口情况，降速减档，通过人行横道线时注意礼让行人。

打方向盘的时机：前保险杠与路口左右路沿的连接线平齐时向左拉方向盘（右手可根据路况提速后及时加档），根据转弯的角度、路幅宽度决定推拉方向盘的转向角度。车辆应顺着道路转弯半径的弧线走。

一般情况都采用1档或2档。如赶上绿灯直接正常通过时，车速不可高于30千米/时，转向角度一定要与车速相匹配。同时，也要注意礼让出路口处人行横道线上的行人。

回方向盘的时机：用车身左侧的延长线去搭双向车道的中心线，车身将要顺正时，对准内侧车道回正方向，提速、加档、正常行车。

2. 郊区或乡村路口（无灯光信号路口）

（1）有中心分道线

根据路况，注意来车方向，选择适当的档位及车速。

1）右转弯：车身左侧靠中心线，用下视余光扫视发动机舱盖左前角的参照点，沿着中心分道线行驶，让出内轮差距离。在观察前方路况及右后侧情况的同时，在左侧无来车的情况下，找右侧路沿转弯弧线的起点，前保险杠平齐时向右打方向盘。

2）左转弯：车辆靠车道左侧中心线行驶，"看路找道，随弯打方向"。在观察前方路况的同时，前保险杠与路口左右路沿的连接线平齐时向左拉方向盘。

（2）无中心分道线

不论右转弯还是左转弯，让出足够的内轮差距离，选择道路中间行驶。在通过可完全看清楚对方路况的大半径弯道时，如果对面确实没有来车，在随弯打方向盘时可以借用少量对方的车道，在通过弯道之后及时回到自己的行驶路线上。

注意事项

新路或新整修的道路，雨、雪季节时不可紧靠路边。

如果是盲区弯道，在通过前必须完全行驶在自己的车道内，进入弯道前一定要按喇叭、夜间用变换灯光探路。不论右转弯还是左转弯，用发动机舱盖上的两个参照点沿道路中心位置或道路外侧行驶。当在盲区弯道靠右行驶的距离过半，确实看清对向车道内无来车时，方可少量借道行驶。

在路口准备向左或向右转进入直行车道前，应动态对比礼让左右两侧临近的正常速度行驶的直行车。

3. 弯道行驶

进入小半径的弯道前，应提前收油减速或视情况制动减速、减档，"视线随着转弯走，方向随着弯道打"。根据转弯的角度，决定方向盘的转向角度。控制转向趋势，等待回方向盘时机。转弯将要完成时，在回方向盘的同时，踩加速踏板继续行驶。

进入较大半径的弯道前（车速在50千米/时左右），应提前收油减速，消除转弯离心力，"感觉随着视线走，方向按着弧线打"。根据弯道的弧度趋势，决定推、拉、接、递、扣方向的转向角度。待转向角度确定无误后，车辆能顺着道路转弯半径的弧线走时，在"跟油"的行驶中，走完弧线距离后回正方向盘。

在不同路面条件下，稳定的弯道行驶速度还取决于轮胎对不同路面的附着系数。否则，可能引发侧滑，使车辆失控。

弯道行驶最高车速限制

汽车行驶极限速度/（千米/时） 弯道半径/米 路面状况 附着系数	冰雪路面 0.1	雪、雾、霜路面 0.2	砂石路面 潮湿 0.3	砂石路面 干燥 0.4	沥青、混凝土路面 潮湿 0.5	沥青、混凝土路面 干燥 0.7
20	39	19	13	9	7	5
25	61	30	20	15	12	8
30	88	44	29	22	17	12
35	120	60	40	30	24	17
40	157	78	52	39	31	22
45	199	99	66	49	39	28
50	246	123	82	61	49	35
55	298	149	99	74	59	42
60	354	177	118	88	70	50
65	415	207	138	103	83	59

五 跟车

除了正常气候条件下不同车速的目测估算和读秒控制跟车距离的方法外，就是雨、雪、雾等气候条件下的跟车情况，有"雪不紧跟，雾不超车"的说法。

1. 雪天不紧跟

大雪时，地面标线全被覆盖，原则上是参照路沿、隔离栏拉开距离跟着前面的车辙走，跟车距离加大到平时干燥路面时的2~3倍。这不仅是因为路面附着系数小导致制动距离加大，而且突然急加速也会造成轮胎打滑或甩尾，方向盘操作不当时容易产生偏差。

2. 雾天不超车

1）主要是因为可视距离短，达不到超车的 6 倍车速距离（米）的视线条件，无法判断超车所需距离内的情况。另外，大雾时路面同样也是湿滑的。

2）超车时，需要提高速度差，车速一旦超过可视距离的比例，就有可能发生危险。

3）在路况不明的情况下，车速超过当时观察距离的一半，是不可取的。

因此，一定要开示廓灯和前雾灯，盯着前车的尾灯走。前方没有灯光可跟时，按当时可视距离的米数用除法计算速度行驶。

4）大雾时，一定要打开后雾灯，落下车窗玻璃，借助听力，视路况的变化不时地用喇叭声探路。当听到周围有其他声响或喇叭声时，应及时用喇叭回应，使双方从声音上判断出相互的方位和距离。

行驶中"各行其道"，加上隔位观察的方法，注意前车的行驶状况是否稳定。下列车辆不能紧跟：

1）在市区时，即使在正常跟车距离上，大型公交车、大型客车、大型货车、中型客车也会阻挡乘用车前方的观察视线和观察角度，造成观察被动，使你在看不见右上方（或路口对面）灯光信号变化的情况下"闯红灯"。

2）外地车辆对当地道路不熟，边开车边找路。车速时快时慢，制动灯忽明忽暗，不知道他什么时候会变更车道或停车以及掉头。

3）贴有深色窗膜和太阳膜的车辆极易阻挡你的视线，影响隔位观察。

4）无牌车和遮挡号牌或改装车，急走、急停、急变更车道、跨线转弯，车速比较"疯狂"。

5）贴着"实习"标志的车。

6）有统一标识或同一品牌的车队。

7）制动灯有故障的车或行驶中制动灯的闪亮及熄灭与道路前方情况不符，车速忽快忽慢的车。

8）不良气候及夜晚在市区、环路或隧道内不开灯行驶的车辆。

9）有挤、抢、钻行为的车辆。你不知道他什么时候变更车道或紧急制动。

10）雪天上坡路遇堵车、停车时，跟停距离要远点，主要是防范前车起步后溜。

11）执行任务的军车、警车、消防车、救护车、工程救险车、危险品化学品运输车。所有特种车只能让，不能跟。

12）进、出地下车库、停车场，跟车寻找车位时，注意观察，给前车留出较大的倒入车位的操作空间。

13）特殊或违法装载的货车。

①超长：例如装载大型桁架、钢木板材、钢筋、铁轨、长管、树苗等货物的货车，应加大跟车距离。

②超宽：例如装载特许的大型工程设备、巨型管道件等货物的货车，应加大间隔距离。

③超高：例如装载特许的工程设备或大件物体的货车，在通过立交下方或涵洞及路遇低垂的电线、电缆时易形成剐蹭，应加大跟车距离，避开可能的空中落物。

14）装载过满的煤块、砂石、土方类的施工车辆及装载物摆放欠妥，捆绑、固定不牢，捆绑松弛的货车，特别是在颠簸的路面时。

快走快跟，慢走慢跟，目测估算，控制好跟车距离。如果能用 2 档 1300 转/分，就不用 1 档 1800 转/分。在堵车的路段时，车辆走走停停。起步后，视路况控制发动机转速，视车速尽量选择加 2 挡。停车时，先踩离合器踏板后踩制动踏板。

老司机的开车秘笈

六 会车

在双向单车道的道路上行驶时，双方车辆各自在道路右侧对向而行，当双方车辆以正常车速互相经过时即为会车。

在没有划中心分道线的道路上会车前，双方车辆需减速靠右预留出足够的侧向间隔，提前观察道路和通行条件，选择较宽的位置靠右侧缓行通过，并做到"礼让三先"，即先让、先慢、先停。不可在窄桥、隧道、涵洞、急弯等处会车。

夜间会车时，应相距对方来车150米外，或直接感到有轻微的眩目时，在收油滑行准备制动的同时关闭远光灯改用近光灯，逐步让出道路中心线缓慢通过。当双方车头横向平齐时，再改成远光灯行驶。

在双向行驶混合交通的道路上会车或路面通行宽度较窄时，一定要避免"三点一线"的情况发生。即会车前调节车速，尽可能选择在道路两侧均无障碍的路段交会。

为避免间距狭窄的"三点一线"的情况发生，会车前遇路边有非机动车或低速行驶的车辆时：动态对比对向来车的距离、速度及路面或路幅宽度等具体情况，决定是否采取先加速超越后会车，还是减速跟行先会车后超越，以避免在障碍物处形成"左会、右超"的间距狭窄的"三点一线"。

当在狭窄道路上会车时，先到达较宽路面处的车辆应提前选择好会车路段或位置，低速让行或停车等待，让对方车先行通过后再继续行驶。

停车让行时，要提前选择好适当位置，自车不要挡住对方来车的行驶路线，必要时先行调整车体位置或倒车让出路线。不要互不相让，形成僵持局面。

通过窄桥、涵洞时，应慢让快、远让近。动态对比估计对方车距窄桥、涵洞的距离和速度，让距离窄桥、涵洞相对近的速度相对快的车先过，距窄桥、涵洞远的速度慢的车应主动收油减速礼让。

在一些路面较窄的小街、小区的道路上或胡同里，路边停放汽车的情况非常普遍，特别是晚上路边的停车占据了道路，有时还有骑车人、行人等混行在一起，使通行、会车变得很困难。遇到此类情况时，车速一定要慢下来，选择较宽的路段等待对面车辆驶过后再通行。特别是当前方路段已经产生拥堵时，自车可提前选一段较宽的路面停下来等待对方车辆通过，不可冒失跟进。

在整个行车过程中，要学会动态观察选择在合理位置上会车或让行。特别是在狭窄、容易堵塞的路段，要预测前方可能发生的通行不畅或拥堵，提前在一定距离外减速或停下来，给对方车留出行驶通道或出口。

在双向混合车道上与大型货车会车前，用打时间差的方法避开在弯道外侧处与拉煤、渣土、石块或其他散装货物的大型货车会车。这主要是防范由于离心力的作用，可能会使散装的物品向外径方向发生抛撒或遗落时伤到自己。

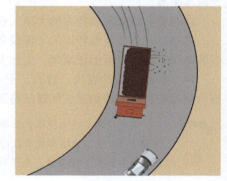

在双向单车道的道路上与大型车辆会车时，首先要看它是否超高、超宽，装载的渣土、石块之类的物品是否有"冒尖"或过满的情况；然后，看它是否有被树枝、电缆线刮落的可能，再看它的行驶位置是否侵占中心线；最后，看道路右侧的情况。根据这三项找出右侧道路边沿与中心线的距离，视两者之间

的宽度选择靠道路右侧，让出足够宽的横向间隔，以适当速度通过或提前找适当位置停车让行。

汽车会车时两车间的横向安全间隔　　　　　　　　　　　（单位：米）

会车时两车速度/ （千米/时）	5	10	20	30	40	50	60	70	80
5	0.7	0.8	1.0	1.1	1.2	1.3	1.4	1.5	1.6
10		1.0	1.1	1.2	1.3	1.4	1.5	1.6	1.7
20			1.2	1.3	1.4	1.5	1.6	1.7	1.8
30				1.4	1.5	1.6	1.7	1.8	1.9
40					1.6	1.7	1.8	1.9	2.0
50						1.8	1.9	2.0	2.1
60							2.0	2.1	2.2
70								2.2	2.3
80									2.4

七　超车

1. 超越路边停放的车辆

1）要尽可能放宽与停放车辆的侧向间隔距离，至少要留出停放车辆开门的宽度，约 1 米的距离。如因路窄侧向间隔太小，通过前一定要注意看清车上是否有人，按喇叭或用灯光提醒前车，防止乘车人因忽视道路安全情况，在车临近时突然开门下车，也防范路边停放的车辆在不打转向灯、不打辅助手势的情况下突然起步、大角度急速变更车道抢行起步或掉头。

2）临近非机动车道内有靠边停放的车辆前，要注意防范非机动车道内的骑车人，在非机动车道内行车受阻的情况下，不打手势、不观察左侧相邻机动车道后方的情况下，突然拐到你的行驶车道内行驶。行驶中，可视情况提前减速礼让或用喇叭警示。

3）经过窄路右侧停放的车辆时，要注意对向而来的骑车人，一定要提前调整车速，与骑车人打时间差或距离差，避免会车时"三点一线"的情况发生。

4）窄路经过右侧停放的大型客车或公共汽车时，要注意它们进站停车后车体造成的视线盲区，看不到客车前方的情况，要防范车头处有可能跑出急于横过马路的行人。

5）窄路与对向进站后的公共汽车相会时，一定要打开视角、谨慎通过，提防左侧公共汽车尾后方可能跑出行人或绕行的骑车

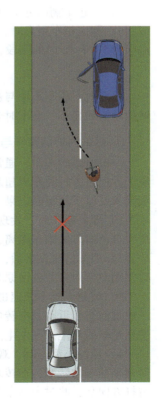

老司机的开车秘笈

人。这时，一定要视情况提前按喇叭或用灯光提示，有时也可借助阳光投射的影子参照观察。

6）遇上有视线盲区的情况或路段时，视角一定要打开，行车一定要谨慎，即使两侧的车辆都在低速移动，也可能会有行人从外侧车道的车缝中闯进来。

 超车看车头，会车看车尾。路旁停大车，防范"鬼探头"。

在双向行驶或混合交通的道路上超车时，除交通法规禁止超车的情况外，还要具备多项条件：

1）在无禁止超车标志或标线的路段，选择路段平直宽阔，视线良好，道路两侧均无障碍且对向来车远在超车距离以外的路段。

2）繁华路段、多岔路口的乡镇道路、居民小区内道路、胡同中、视线盲区、陌生道路等，原则上不超车。

3）在雨、雪、雾、夜晚等不良气候条件下或湿滑路面及车辆密度比较大的交通环境下，原则上不超车。

4）被超车辆的速度是否低于道路限速，被超车前方车道右侧是否有障碍，与对向来车是否有足够的超车距离。

5）被超车辆前方是否有足够的空当距离，超越后能否及时变更车道驶回原车道。

6）测定超车距离时，应直接以被超的前车为基点测定与对向来车的实际距离。在一般公路限速70千米/时的路段，新手超车距离不得少于6倍以上车速距离，即420米以上。

2. 速度差

超车时，超车车辆与被超车辆两车之间至少要有20千米的速度差，并要保持发动机有足够的动力和超车、会车时合理的侧向间隔距离。

3. 超车的防范操作与禁忌

一般道路的超车，通常是指在没有道路中心线或者同方向只有一条机动车道的道路上，属于占用对方行驶车道超越同向车。在准备超越过程中，如突然发现前方道路两侧有任何不利因素及以下情况时应果断放弃超车。

1）准备超车时，发现后方有车辆正在超越自车。此时，不要打开转向灯，要减速让超，加大自己前方的跟车距离，待其完成超越后，自己再择机超越。

2）超车信号发出后，发现被超车前方路况发生变化，前车不能让行时，应放弃超车，及时关闭左转向灯并驶回原车道。

3）被超车既不减速也不让路，同时开着左转向灯或右转向灯及制动灯点亮。这种情况，一般是前车临近路口有转弯的可能，或有意提醒前方有没观察到的小岔路口或路况突变及不便让超车的其他情况发生。

4）超越小型车时，观察视线一般不会被完全遮挡，当前方是大型车时就要特别注意。如前方半挂车右转弯，在转入支线道路前，如果驾驶人先往左甩一把方向盘让出内轮差，再向右打方向盘，此时半挂车会占据很宽的车道，直接影响或阻断超车的行驶路线。

5）遇对方车辆没有减速让行姿态或连闪前照灯时，一般是阻止你超车或提醒你超车距离不够或要求借道先行。这时，你只能与其先行会车，然后择机再超。

6）超车开始后，当路况发生变化，或自己感觉超车距离不够及上坡超车动力欠佳速度差不够时，应果断放弃超车，及时关闭左转向灯，打开右转向灯，收油或制动减速驶回原行驶路线，重新拉开距离跟行被超车辆，择机再超。

7）在没有道路中心线或者同方向只有一条机动车道的道路上，一般被超车让行时会直接打开右转向灯，或是收油减速向右调整方向，让出道路中心位置半个车身宽度的路面表示让行。

8）对于被超车辆无故不减速也不让路，或减速不让路以及让路不减速的不规范、不配合的行为，一定要判明原因，视情况主动放弃超越，耐心跟行，决不可勉强或赌气、强行冒险超越。

4. 超车过程

用动态方法观察左侧后视镜，观察后方是否有准备超越自己车辆的同时，注意与对向车道的来车是否在足够的安全超车距离之外。确定安全后，打开左转向灯，在"掰方向"跨线行驶（占据中心线）的同时迅速提高车速，缩短跟车距离的同时（此时用跨越中心线错位跟车方法，与前车临时保持约10米跟车距离，以便一旦发现不利超车的情况出现时可及时驶回原车道），按喇叭（白天超越大型货车时，大车驾驶人可能听不到喇叭声），也可视情况配合使用灯光。夜间时，直接用变换灯光示意。

1）持续注意观察前方道路的对向来车及被超车的反应。

2）当前车同意后，就会做出打右转向灯、减速、让路的配合操作姿态。超越时，为了减少并行时间，一定要及时提高速度差，留出适当的横向间隔距离，果断从被超车左侧加速通过。在与被超车驾驶人并排时，最好"嘀"一声喇叭表示谢意。

3）超越后，再转换成右转向灯，保持车速往前多行驶一段距离，注意观察被超车与自车的距离，至少要让出自车的4～5倍车长（从右侧后视镜中至少能看到被超车的全貌），再小角度调方向逐渐变更车道驶回右侧原车道正常行驶。

注意事项

1）超车时必须全程使用转向灯，以明示超车操作全过程。
2）丘陵地带及上坡道路的坡顶会产生高低落差的视线盲区，不要在接近坡顶路段前超车。因为，完成超越临近坡顶时收油减速，会给后车造成险情。何况，快速接近或进入视线盲区，本身就是一种冒险行为。
3）下坡路段一般不要超车。一般情况下，前车下坡会加快车速，一旦有情况制动距离会增大，应加大跟行距离。
4）路面较窄时，一定要避免"三点一线"的情况发生。
5）不要连续超越多车。超越多车时，对对向来车的距离已经无法准确估算，如果超到一半，突然发现超车距离不够想终止超车时，任一被超车辆的前方车道内空当距离极为有限，被超车辆能否及时给你让出车道来很难说，后果非常可怕。
6）不要超越正在超越其他车辆的车。即使道路宽直且视线良好，但超车距离和超车速度会成倍增长。例如：被超车车速60千米/时，超越车辆提高20千米/时超车，再加上己方20千米/时的速度差超越，合计后车车速要到100千米/时。这意味着，1千米距离内绝对不能有车。可是，这么快的车速，无法保证

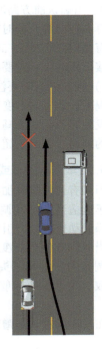

两条车道内不会发生其他变化。

7）不要跟随前车同时超越同一车辆，这主要是超车距离和观察视线的问题。即使能看到对向车，但对向车未必能看到你。特别是不要贸然跟在大型货车后面一起超越前车。因为，对向来车在看不见的情况下以正常让速行驶，一旦前车超越后变更车道让出车道，你和对向来车都会面临突然意外地发现近距离内有来车的危险情况。即使双方都紧急制动，也可能发生危险。

短距离行驶超车，只会给自己增加油耗，增加操作频次和强度，给后车制造麻烦或引起被超车辆的误会。超车后马上在变更车道的过程中制动减速，这是行车中的大忌，有发生纠纷和被追尾的可能。

超车前，视道路及动力情况，提前减一级档位加大发动机动力输出，以提高车速、加大速度差果断超越。

小排量车夏季开空调行驶遇超车或上坡动力欠佳时，可暂时关闭空调，以提高发动机的行驶动力。

超车时，前、后、左、右四面都要照顾到，一定要有十足的把握，并且动作要果断。

弯道、视线盲区、陌生路线，原则上不超车，应跟行。

雨、雾、冰雪等湿滑路面条件下，严禁超车。

盲目超车事故多，刮蹭碰撞都是祸。被超时，只要环境许可，应让行。

5. 被超车

当从左侧后视镜看到后车错位跟车行驶的姿态和灯光或听到后方的喇叭声时，在确认是后车的超车要求后：

1）先确定前方道路情况，观察当时路况的通行宽度及道路右侧是否有低速移动的车辆或障碍，是否会影响自己车辆的通行。如前方有岔路口或行人、非机动车及其他影响自车通行的情况发生，应先处理情况，等待条件允许即应礼让，不得故意不让。

2）当确认前方路况符合让行条件时，再观察右侧后视镜，提防有骑车人随行。确认安全后，打右转向灯，同时松抬加速踏板减速，做出减速或让路的操作。观察左侧后视镜，确定是否有紧跟前车的第二辆超越的车辆，同时注意超车者在超越过程中的行驶状态和与对向来车的接近距离，一定要有防范意识。

3）被超的同时要注意前方路况是否发生变化，注意超车者有可能会在路况发生变化的危险情况下，急于向右变更车道或在变更车道过程中制动减速。如被超车提前观察到危险情况可能发生时，一定要马上主动制动减速，让出尽可能大的距离和空间，这样在保证自己避开风险的同时，也给了超车者躲避危险的距离。

6. 后车强行超车或强行变更车道

当遇有长按喇叭加晃灯，强行超越自车的情况发生时，立即制动减速，主动加大速度差，并视车速适当小角度调整方向。只要制动减速，少量右调方向即可。千万不要急打方向盘，造成躲避动作过大，引发意外。

当遇到车辆强行变更车道时，一定要在按喇叭、晃前照灯的同时，加大力度制动减速并微调方向，避开车头的接触。尽量保持自己在车道内正常的躲避姿态，保证方向控制的主动权，千万不要为躲避接触或刮蹭而大角度急打方向盘，侵占相邻车道而引发连带责任事故。

在来不及避让刮蹭或根本无条件避让的情况下，只有大力度减速，宁可被侵占路权的车辆剐蹭，也不要发生因大角度急打方向盘躲避而让自己冲出车道的错误操作。

7. 对向来车有冒险强行超车

行驶中，当发现对向驾驶人由于错误判断超车距离而发出超车信号或有冒险强行超车的征兆时，自车要按喇叭、晃前照灯以示提醒或警告，善意制止对方的莽撞行为。如果提醒无效，直接制动减速让道，甚至靠边停车避险。千万不要赌气给对方车辆以距离、速度、方向和位置上的施压或对抗，避免事故，化解险情。

8. 给放弃超越的前车留出驶回原车道的躲避距离

当自车跟行的前车进入超车状态时，自车一定要给前车保留出其超车前的行驶位置，与前方被超车辆保持一段较大的跟车距离。这样做，目的是防范路况发生变化，可让超车的驾驶人及时减速变更车道退回原车道。

一定要留出足够大的与被超车辆之间的跟车距离，给可能被迫放弃超越的车辆留出安全退回原车道的躲避环境。只有等前车超越完成后，自车才可进入正常的跟车距离或进入超车的准备状态。

在观察到对向车辆准备超车时，自车应主动减速让路。路况不佳时，一让到底。待与它完成会车后，再踩加速踏板进入正常行驶。

在与对向来车的距离小于6倍车速距离标准时，应果断放弃超车。

当发现对向来车在小于6倍车速距离标准的范围以内强行超车时，应及时果断地靠边停车，躲避风险。

在整个超车的过程中，自车与同向行驶的前车（被超车）、后车（跟行车）及对向来车，都要从正常行驶状态进入到减速让超的配合中，各自都要做出相应的操作配合，才能保证各方车辆在整个超车过程的安全。

超车后变更车道驶回原车道时，要从右侧后视镜中看到被超车的前轮才可以开始变更车道。如果车速快，变更车道时必须要看到被超车整个车头。

八 让车

1. 讲路权

（1）通过路口

原则："口外让口内"（包括环行路口）。进口车辆必须让出口车辆先行。

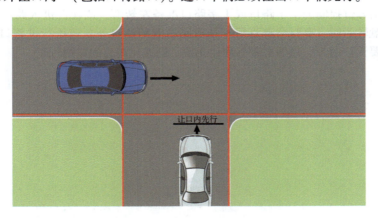

"灯头让灯尾"。在路口停车等红灯，当遇绿灯放行时，直行的头车要让路口内左右两侧先前放行车辆的尾车通过后再通行，否则容易引起路口的拥堵。

转弯车让直行车先行。小让大，左让右，远让近，缓让急，慢让快。相对方向行驶的右转弯的车辆让左转弯的车辆先行。礼让人行横道中的行人、非机动车。车辆右转弯时，让非机动车道内的骑车人先行。

（2）道路上行驶

支线让干线（小区大门内车辆让大门外车辆先行），辅路车让主路车。

路边变更车道起步时，必须让主车道的车先行。汽车驶入非机动车道时，注意避让非机动车。支干路不分的，让右侧无来车的车辆先行。

在双向行驶混合交通的道路上，遇道路右侧有固定障碍物、停放的车辆或低速行驶的非机动车等时，在临近距离相等、速度相似的情况下，有障碍物一方车辆应礼让无障碍物一方车辆优先通行。在通过没有交通信号灯控制，也没有交通警察指挥的交叉路口，相对方向行驶的右转弯车辆让左转弯车辆先行。

车辆在道路上行驶，尽可能随行逐队地跟上车流的速度。如果自车因道路不熟或车速较低，后方压住很多车，且前方又有较大间隔的空当距离时，应及时加速跟行或选择较宽的适合超车的路段主动让路，让后方车辆超过去，再跟随车流行驶。

2. 讲礼貌

礼让三先——先让、先慢、先停。特殊情况下，自己先行停车或主动倒车给对方以位置或距离上的礼让，既是文明礼貌、也是一种境界。

行驶中的剐蹭，大多数都是由于个别驾驶人的挤、抢、钻、别和当事人的赌气不让及新手不慎造成的。

遇通行困难或不便时以及无路权时必须让；遇拥堵过不去的时候，让对方或左右两侧车辆先过。低速跟行时，注意给两侧岔口出行的车辆、骑车人让出通行的通道。

3. 讲客情

遇对方来车行进有困难，如货车利用惯性冲坡或对方正在超越低速车需要借道行驶时，对方车会在远距离处向你晃前照灯，只要道路条件允许，应尽量礼让对方先行。回应的方法：确定右侧安全，打开右转向灯适度减速让路即可。危急情况下，给强行超车的车辆让出救命的距离，自己及时靠边停车，主动避险。

4. 有理让无理

在无交通信号灯控制的十字路口或丁字路口准备左转弯，或在已进入路口接近中心位置或准备打方向盘转弯时，有时会有直行车从道路右侧的路口外急速抢行进路口。这时，即使已在路口内也要让。因为，只能本着有理让无理、低速让高速的原则行车。

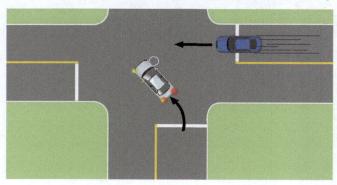

处理路况时,千万不要争先恐后,否则极易形成挤、抢、钻、别。

1)挤:处理情况,逼得太紧,靠得过近,距离间隔狭小,"生挤楞钻"。

2)抢:相对速快,抢灯抢行,来回变更车道,总是风风火火,"唯我独行"。

3)钻:不顾大局,见缝插针,车速相对较快地进入"三点一线"的路况中或其他车辆正常的跟车距离中,加塞插队,忽左忽右,扰乱正常的通行秩序。

4)别:我行我素,不管不顾,变更车道后制动,截头猛拐,逼停他车,只顾自己。

通行遇阻,千万不要火急火燎,否则极易变成躲、蹭、绕、堵。

1)躲:行驶中遇阻,不是以减速为主而是不顾车道线,左挪右闪。

2)蹭:让车不规范或被迫让行不甘心,"耍赖皮"一点一点往前蹭,支线侵占主线路权,挤压或挤靠通行车辆,严重时逼着他车躲避或减速直至停车。

3)绕:通行遇阻或路口通行不畅时,后车从等待的车辆左侧逆向"绕行""超越"或挤入非机动车道"绕行"。

4)堵:不顾大局,我行我素,生挤硬抢,过不去、走不了时心态逆反,堵车、堵道、堵交通,出现"我走不了,谁也别想走"的情况。

注意事项

让车在行驶中几乎无处不在,特别是在双向行驶的道路及城市主干线以外的道路上行驶时,除法规中规定的让车和通行优先权外,还有许多特殊情况下的让车,或者说就是防范或避险。

1)避让转弯、进出站的公交车和大型载货汽车。

不要抢转弯车内侧的道路。公交车或大型载货半挂车转弯时内轮差近2米宽,要防内轮差事故,远离公交车或大型载货半挂车转弯内侧的后轮范围。

躲避后悬外移。半挂公交车或半挂载货汽车转向时,外侧后轮到后保险杠的后悬位置会产生横向的移摆,即使在相邻车道也要让出1米的横向间隔或是在其后保险杠的侧后方位置以外。

2)不要抢占大型载货汽车和公交车右侧后视镜的视角盲区。

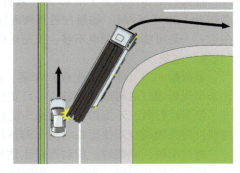

大型载货汽车和公交车的车体右侧,从前轮往后,在与车体间距1米以外的范围,是后视镜的视线盲区。一般公交车在右侧前轮的上方有一块低位的观察窗,大型客车的前车门一般都是整块大玻璃窗,便于直接观察路况。而大型平头载货汽车右侧前轮上方是实体车门,正好阻挡右前轮处的视线,加上车体高大,右侧是该车驾驶人根本观察不到的视觉盲区和后视镜视角的双重盲区。当不得已经过这个视角盲区时,要提前按喇叭或用灯光提醒该车驾驶人注意,千万不要长时间在这个危险盲区内行驶或停留。特别是当大型车辆右转弯下主路转入较窄的支线道路时,会提前让出一条车道宽度(或更宽)的内轮差距离,千万不可抢行进入这条危险的"死胡同"。

3)不要和公交车、大型货车抢道。与行驶中的公交车抢道,一旦出现险情,公交车紧急制动,车上的乘客在无防备的情况下有摔伤、碰伤的可能。即使车辆未发生碰撞,也会由于抢道造成间接损伤。如果抢了大型货车的道,可能会因大型货车重载制动距离长而发生危险,散装货物可能会因紧急制动出现掉落或遗撒,砸伤车辆或伤及无辜。

4)对于规范行驶中请求让行的车辆,只要条件允许,就应礼让,不得故意不让。

5）让车时，要尽可能选择停在对方车辆正常通行路线以外的位置上。

5. 路边障碍"距离比""速度比"，优先权"远让近"

（1）遇道路自己一方有固定障碍物

根据道路通过的优先权，原则上是让无障碍物一方先行通过，自己不得抢行。

（2）对方车辆前方有固定障碍物

原则上自车有优先权可先行通过。

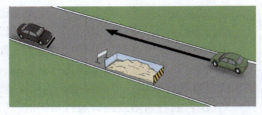

遇到双方距障碍物的距离差不多，对方是大型货车体大身沉，临近己方障碍物前不断闪灯发出要道请求时，应缓行礼让。遇小型车辆直接加速抢行，为安全起见，本着有理让无理的精神，果断减速缓行或停车，让对方车先行通过。这时，不要斗气或在减速的同时故意堵道。

（3）前方有移动障碍物体加固定障碍物

对向车道有来车时，右前方有骑车人或行人占道通行，此时，就要综合判断自己到移动物体之间的距离、移动速度，移动物体与固定障碍物之间的距离、位置，再把双方车辆的行驶速度做动态对比，运用超车的6倍速原理，估算超越车速、位置和距离，确定具体通过的方案。

1）可否先行超越移动物体和固定障碍物后再会车。

2）是否可先行超越移动物体，与对向车会车后再通过固定障碍物。

3）是否一直在移动物体后方缓行，先与对向车会车后再超越双重障碍。

行人行走速度约为5千米/时，自行车行驶速度约为10千米/时，电动车或摩托车行驶速度在20~30千米/时。如果在近距离内超越电动车，成功率则不高，这时必须耐心跟行。原因在于：一是可能超越距离不够，二是可能会形成"三点一线"或与对向车在障碍物近旁形成"扎堆"现象。

障碍物一方（本无优先权）车辆，应主动降低车速缓行至障碍临近处，待判断清楚后或让来车先行通过后再继续行驶，不可贸然抢行。

停车让行时，不要挡住对向来车的行驶路线，应提前选择好适当位置（占位），让出通行路线，避免因通行不便想临时倒车调整时才发现无路可退。

通过窄桥、涵洞时，应动态对比估计对向车距窄桥、涵洞的距离和速度，让距离窄桥相对近的、速度相对快的车先过。距窄桥、涵洞远的速度低的车，应主动收油减速礼让。

6. 路面障碍

通过坑洼沟坎、损毁路面、减速坎或遇撒落物时，首先是降低车速，减入低速档，平稳通过，避免激烈颠簸。经过较深坑洼或面积、体积较大的遗落物时，应注意两侧车辆，提前打转向灯绕行通过。

如果在车速较快，发现情况较晚的情况下，一定要以制动减速为主，在速度没有下降之前不要乱打方向盘躲避。两害相权取其轻，宁可承受颠簸或车辆受损，也不可使车辆失控。

在多车道的情况下，发现车道上有坑洼、遗落物、三角警示牌、事故或故障车，需要借用相邻车道行驶时，一定要提前观察好相邻车道后方路况，打转向灯变更车道平稳通过。不要随意"甩一把方向"抢行、抢过、强行变更车道，给邻车制造突发情况，易引发险情或剐蹭。

遇上大面积颗粒状遗撒物、泥浆，事故车泄漏的机油、冷却液时，松抬加速踏板滑行通过即可，不要在上面踩制动踏板，否则会发生失控性的"漂移"现象。

"带一脚制动风平浪静，让三分空间海阔天空。"对于以挤、抢、钻等行为侵占道路优先权的车辆，一定要有防范意识，要在安全距离外进行有效躲避或避让，同时按喇叭或用前照灯提醒对方注意安全，避免险情的发生。

开车行驶"不怕慢，就怕站"。一旦发生触碰，起码得下车查看一下，就算相安无事也耽误时间，或者造成交通拥堵。如果问题严重，恐怕不止是浪费时间和拥堵，或许还要赔上更多的时间和精力。

九 停车时

停车看似很简单，但要细说起来需要注意的事还挺多。除了交通法规规定的禁停位置以外，停车时必须要考虑环境、位置、车体四周与周围物体的间隔距离，以及上下方的安全防范。此外，还要考虑自己进出方便，别堵门挡道影响他人，以及在可能发生意外的情况下能否出得去，走得了。

1. 临时停车

1）路边停车，注意标志、标线，注意转向灯的使用。除交通法规禁止停车的位置，要远离路口和各种出入口，尽量避开狭窄和交通拥挤路段。车辆未停稳前，不要打开车门或上下乘员。打开车门时，不得妨碍其他车辆和行人通行。

2）靠边停车，乘员上、下车时，要打开危险警告灯，注意车身与路沿的宽度和高度，注意避开路边积水、下水道入口、路沿上的电线杆、交通标志杆、树木、树坑、垃圾箱、邮筒、电话亭、消防栓等物体，以免影响车门的开启，妨碍乘员上、下车。乘员尽量从车辆右侧上、下车，以免影响后方汽车或非机动车的正常通行。

3）当老、弱、病、残、孕和儿童乘车时，要协助他们上、下车。儿童应在后排乘坐，并有相应的儿童安全座椅并开启儿童安全门锁或用中控锁控制车门。驾驶人一定要叮嘱乘员下车开门前听从提示和注意观察，确认安全后再打开车门。

4）路边临时停车时，与前车尾部要留出至少1倍车长的距离，这样便于自己小角度变更车道起步。

5）在双向行驶的机动车和非机动车混行的道路上或胡同中，当看到道路左侧已有车辆停放时，不要在道路右侧的对应位置停放车辆，以免形成瓶颈效应，引发"三点一线"式拥挤，造成他人通行不便或造成堵塞。

6）小街小巷内的商铺前，临时停车时要和店主或周围居民打声招呼，征得别人同意后再停车。

7）身体疲劳、有必要在车上休息一会的驾驶人，一定要避开通行路线，注意把车窗玻璃留出通风透气的缝隙。着车睡觉时，不论季节，冷风或暖风一定要用外循环，防范一氧化碳中毒。不要把车停在密闭的车库内着车睡觉，防止车库内汽车尾气不易扩散而进入车内，引起中毒。

8）行驶中车辆发生故障时，尽最大努力靠到路边，选择开阔地带停放，打开危险警告灯，在百米（高速公路150米，夜间及冰雪路面200米）外摆放危险警告标志。遇雾时，最好再辅助使用应急灯的闪光信号。

2. 停车

1）路边停放车辆时不要逆停。逆停不仅违章，一旦被堵驶离时可能会很麻烦。

2）尽可能将车停放在有人看守的停车场或车库，特别是停车环境或天气不好时。车辆尽可能停放在明处，锁好车门，关好车窗。车里不要存放贵重物品。

3）在小区、胡同、路边停放车辆时，尽可能避开弯道，不要妨碍车辆、行人的正常通行和观察视线。

4）高层建筑的墙根、阳台下和单元楼门口附近，停车不安全，有时还碍事。

5）在大风天气时停车，要注意避开附近高处的广告牌、枯枝老树及摆放不牢固的物体。

6）停车时，远离施工现场周围和临时围墙以及堆放的施工材料。

7）雷雨季节特别要注意，不要把车停在变压器、高压配电箱等电器设施下方及路肩松软的土地或草地上，这里极有可能是排水通道或地势低洼的地带。

8）不要将车停在井盖上方，特别是注意避开消防通道、消防水源井和煤气管道。

9）不要随便占用别人的固定车位。不得已停放时，留个挪车联系方式的纸条放在风窗玻璃的左下角，以便车主能及时联系到你。

10）在库位停车时，要按库位标线停放，车居库中，准确入位，左右距线相等，车头前不出线，车尾紧靠后方或墙壁。不要只顾自己一时方便不讲秩序，停车不入位，或偏停斜放，或跨线停车，或一车占两个车位。

11）停车时，要将车倒入车位，车头朝外对向车道，回正轮胎、方向盘，目的是起步时方便观察路况。出车时，即使有车挡住一部分出口，车头朝外也方便调整车身角度，把车移出来。

12）对于斜向或垂直于路沿停放的车辆，要注意路沿的高度与自车排气管及保险杠下方裙围的高度差，防止车辆承重后车体高度下降，在驶离时造成保险杠裙围碰擦路沿造成损坏。

13）没有路沿的公路，只要不是雨、雪天气或新修道路的松软路肩，要尽量靠边停车，多让出一些主路。停车后，提前注意提醒后排乘员，先观察后开门，防范意外。

14）山路停车，要避开弯道，选择视线开阔的路面相对较宽的地段。停车后，不论上坡下坡都要拉紧驻车制动器，轮胎下垫上石块，急速降温熄火后挂上倒档。驶离前，清理掉垫轮胎的石块。

15）在雨季的山区停车时，要考虑避开山洪通道或可能发生塌方滑坡的地段。

16）冬季中午时，不要把车辆停放在向阳处融化的积雪上面或原地清洗车辆后的积水中过夜，否则轮胎可能会被冻住。

17）涡轮增压发动机车辆在未经低速行驶排气管冷却前，不要马上停在草地、易燃物品的上方，特别是夏秋两季，有引发火灾的危险。

18）车停好后，别忘了关闭内外车灯、空调、暖风、刮水器、音响，关严天窗、车窗，锁好车门、行李舱，确认前轮及方向盘已回正。用遥控器锁车后，要拉一下门把手检查是否锁好，防止不法分子利用红外干扰器阻止车门锁闭。离开前，再回身确认一遍车体、周围环境、停车位置是否得当，是否有影响车辆和行人通过的可能，是否将车停在了视线盲区处，是否会影响来往车辆观察的视线。

手动档汽车如果在坡道上驻车，除了拉紧驻车制动器外，还要挂上倒档"别档"。

自动档车辆停车时，别让驱动轮挤靠台阶、路沿或顶住石块，要留有缝隙，避免变速器齿轮受力产生锁定力矩，造成换档困难。

- 在宿舍、小区和胡同内及人多的地点停放车辆前，除要考虑好驶入路线、停车位置及离开前绕车查看外，还要注意周围临近距离内是否有停留人员，对那些被着身聊天的老人和光顾着玩耍的儿童及近旁宠物。临停或驶离时和他们知会一声，引起他们注意，免得在你驱车临近或启动车辆时吓一跳。
- 对于路边或车场上停放的新款或高档车，在观赏时"只看不摸"。未经车主同意，不要触摸车体任何部位。

3. 停车场、地库停车

1) 进库前，注意各种指示标志，按车库内指定的行驶方向低速顺序行驶；上下坡道时，注意加大跟车距离，防范前车因取卡、缴费或停车等待时发生意外溜车。

2) 进出地下车库的盘旋坡道时，注意车辆在弯道中的位置，以变速杆向下位置对正地面车道的中心线行驶，留出内轮差距离。坡道遇阻停车时，一定要拉紧驻车制动器。

3) 当库内照明较暗时，应打开车灯，注意避让进出车位的车辆和进出车场通道上的行人。当别人倒车离自车太近时，可轻按一下喇叭或闪一下灯光提醒对方注意。

4) 在视线盲区或障碍盲区的直角转弯处，一般会有大型反光观察镜，临近前要降低车速，规范使用灯光信号，并注意观察路边反光镜中的情况。

5) 在寻找车位的过程中，车速要慢，找到空车位时要打开转向灯，用灯光信号或手势告知后车，给自己预留出倒车的操作空间，以便自车顺利完成倒车入库。

6) 地下车库的停车位，由于有宽厚的水泥方柱存在，库位经常被分割成"三五成群"的情况，易造成某些角度上的障碍盲区。

进出车位时，要注意：

①如左侧靠水泥方柱停车时，入库前要考虑左侧间隔距离（给右侧乘员留出足够的车门开度）。出库时要注意左侧盲区，出库左转时要注意内轮差距离或打方向盘的时机或频率。

②如右侧靠水泥方柱停车时，入库前要考虑右侧间隔距离是否影响车门开度，右侧人员是否提前下车。出库时要注意右侧视角盲区，出库右转时要注意让出内轮差距离或打方向盘的时机或频率。

7) 在有人帮助观察、指挥倒车时，一定要落下车窗玻璃，以便于沟通，并提醒帮助指挥倒车的人员一定要避开倒车路线在车体两侧或路边观察指挥。其他人员在通道外等候，不要在车前、车后位置及通道上停留。

8) 在大型停车场、停车楼、地库停放好车辆后，要记好所属区域、楼层和车位编号或用手机拍照，以便离开时能及时找到车辆。

十 倒车

现代大多数乘用车都装配有倒车雷达，并配有音频提示功能，高配车还有俯视图像显示和倒车影像系统功能，给倒车或倒库操作在一定的范围内提供了方便。

音频提示：要保持雷达超声波传感器探头表面的清洁。积雪、薄冰、泥水都会影响其功能。超声波传感器对于车后一定范围内的细小物体，如横拉的铁丝或篱笆、加固电线杆的斜拉线、低矮的栏杆、小木桩子、小石块、高于行李舱的探空物体、局部凹陷的地面、下坡路或台阶等可能没有反应。

图像显示：由于传感器探头的安装位置、角度不同，探测范围有限，车辆正后方一定距离内的物体成像比较清晰，两侧近距离内有探测死角，会形成小范围的盲区和变形。

高配车辆：增加了对临近物体的探测功能，车内显示屏有显示360度俯视示意图像提示和音频报警功能。

后方微型摄像头的安装极大地增强了平面显示屏的功能和图像清晰度。

不同的倒车雷达系统只能在一些特定环境中起到一定的辅助作用。不要完全依赖倒车雷达的图像显示或其他辅助的影像系统设备。一定要在倒车前先直观地观察周围环境或可能的变化，分别对待，特别是在复杂环境或人、车较多的条件下，必须通过实际观察才能作为倒车操作时的主要判断依据。

倒车时，首先应当查明车后情况，确认安全后方可倒车。在视线不好，特别是夜间时，可打开后方雾灯辅助照明，不要完全依赖后视镜、倒车雷达的音频提示或图像显示功能。在倒车环境杂乱或把握不大的情况下，一定要下车查看后再决定操作。铁道路口、交叉路口、单行路、桥梁、急弯、陡坡或者隧道中及高速公路上，严禁倒车。

倒车操作时，最重要的是观察现场，要顾及周围环境和情况。重点是观察停车范围周边的地形及障碍物体的位置，要在自己的意识中设定一个清晰的倒车范围或行驶轨迹，并根据现场情况提前打开转向灯以提醒过往的车辆、行人注意。在视线不好或把握不大的情况下，最好有人帮助指挥或引导。

操作方法

1) 右转身向后观察的方法：稍微移动坐姿向右转身扭头，左手控制方向盘，右手变换档位后扶在前排乘客的椅背上；倒车时，左脚控制离合器半联动，车速一般不得超过5千米/时，右脚备放在制动踏板上，随时准备停车。视线通过后方三面车窗玻璃全面观察车后情况，倒车时也可配合使用右侧后视镜观察后方情况或比对通行间距，提前微调行驶方向。这种传统的倒车操作方法，视线比较宽阔，操作舒展，适合直行和向右侧转向倒库时使用。

2) 左转身观察的方法：稍微移动坐姿向左转身扭头，右手在方向盘上方，左手在方向盘下方或扶握车门把手。由于左侧活动空间小于右侧，转身扭头后观察角度受到较大限制，观察的视线角度只能集中在车身左侧及后方少量的宽度上。操作中，可配合使用左侧后视镜观察后方情况或比对通行间距，主要适合于向左侧转向倒库时使用。

3) 利用左右后视镜及车内后视镜的观察方法：主要用于车辆、行人少的情况下小距离直线倒车或倒库时使用，车内后视镜看远，左右后视镜对比车身两侧与静态物体的横向间隔。当车尾临近固定物体时，除参照倒车雷达的指示信号停车外，最好还要回头查看上、下、左、右、正后方的情况，用实际的距离感觉停车或盲区估算方法停车。

4) 两侧后视镜的视野范围有限，观察时视线余光一定要打开，不要死盯后视镜。可把两种倒车的观察方法因时因地配合使用。要通过动态观察、交替扫视，掌握周围情况。观察范围除了参照物，要看近还应顾远，清晰地把握住倒车过程中车辆所在场地的具体位置和方位状态。

5) 倒车操作打方向盘时，视情况采用单手或双手。倒车转向时，一定要提前打开转向灯表明转弯方向，给周围车辆、行人一个明示。观察范围要大，一定要看清车前、车后和任一侧是否有非机动车抢行。当方向盘向一侧打满时，车头外侧前轮及保险杠外角的突出部分会横摆出去，相当于自车半个车身宽度。因此，在照顾全车后倒的同时，还要特别注意前轮外侧或保险杠的外角，避免碰到车旁转向范围内的路沿或物体。

十一 进车库

1. 操作要点

倒进车库时，两侧后轮的轴心向下的切点，就是两个重要参照点。在实际倒车操作中，不论车型或车体大小，都要找出两侧后轮轴心垂直于地面的点——轮胎的切点，作为倒车入库的参照点。倒车行进中先用车尾找车位，再用弯道内侧后轮的参照点往车库标线前角或邻车前角上靠（留出适当的间隔距离），边倒车边打方向盘直至车身角度、位置合适停车为止。

车辆在倒车时，两侧的转弯半径相同，内外轮差相同。倒车就是在一定的空间内，通过调整车轮转弯的适时角度调整车身的指向，将车倒入车库或调整出新的前进方向。

前进转弯时要注意内轮差距离，倒车转弯时要注意外轮差距离。车辆出库右转时，要留出足够的内轮差距离。如车身右侧与标杆间隔30厘米，当车体B柱与右侧前杆平齐时，向右打满方向盘后车身一般不会碰杆。如右转间距过小或打方向盘的时机过早及车速相对慢，而打方向相对快时，车身就会碰擦标杆。倒车时，也是这个道理。"方向怎样打出去，还怎样打回来"，这句话指的是对方向"反向运用"的一种操作感觉。简单讲，就是"打多少，回多少"。

2. 车库内车位的三种停放形式

（1）纵向排列停放

1）倒入左侧车位时，车身要尽可能靠近左侧车位线低速行驶，打右转向灯。待保险杠平齐库位右侧相邻车位的右侧边线时，向右打方向盘（通道宽度大于一车半以上时，可平齐库位前打方向盘，小于一车半距离时，可平齐库位后打方向盘，且一定要"快打方向，慢走车"。在"一上"选择倒车位置时，就尽可能将车身与通道调整成45度左右的倾斜角度。这一点主要视车道宽度而定，车道越宽，倾斜角度越大，倒车入库越容易），将车身斜向对准车位停车。停车前回正方向盘时，尽可能向左多"抢方向"，使车身的指向和前轮转向角度形成弧线倒车准备姿态，在倒车入库时可减少方向调整量，顺利入库。

倒车时，向左侧转身回头，右手扶方向盘的上方，左手在下方或扶握门把手，左脚用离合器踏板控制车速，右脚准备制动。视线透过左侧车窗玻璃直接观察车库左侧标线，压住车速弧线行车，以内侧后轮切点找车位左侧标线前角或邻车前角位置，边倒车边向左打方向盘调整车身，顺正入库角度。当车尾接近车库时，再从后视镜中对比观察车身与两侧物体或地面两侧标线的间隔宽度，同时注意观察车身与前方通道上的横向标线或墙体是否成水平垂直角度，再向右回头观察车尾的停车距离。

①凭借对后保险杠位置的感觉和车库底线的记忆距离停车。
②参照左右相邻车位中不同车型的停车位置停车。
③参照倒车雷达的指示信号停车。

2）倒入右侧车位时，车身尽可能靠近右侧车位线低速行驶，打左转向灯。待保险杠平齐库位左侧相邻车库的左侧边线时，向左打方向盘，将车身斜向对准车位停车。停车前回正方向盘时，尽可能向左多"抢方向"，使车身的指向和前轮转向角度形成弧线倒车准备姿态，在倒车入库时可减少方向调整量，顺利入库。

倒车时，向右转身回头，左手扶方向盘，右手扶前排乘客椅背，左脚用离合器踏板控制车速，右脚准备制动。视线通过后车窗玻璃直接观察车后情况，压住车速弧线行车，先以车尾中心点对库位的中心位置，再以内侧后轮切点找库位右侧标线前角或邻车前角位置，边倒车边向右打方向盘顺正车身。当车尾接近车库时，再从后视镜中对比观察车身与两侧物体或地面两侧标线的间隔宽度，同时观察车身与前方通道上的横向标线或墙体是否成水平垂直角度，再回头观察车尾的停车距离或参照倒车雷达的指示信号停车。

- 传统的倒库方法是在不规则的停车场地时，不计较路面宽窄，全以"内侧后轮切点"为参照，通过大力调整方向顺正车身，获得顺利入库的角度。
  ①"一上"停车时，尽量倾斜车身，将车尾对向库位，备足倒车时的方向角度。如一倒不入时，随即可在"二上"的过程中再次调整车身指向，比较灵活。
  ②在倒库的过程中要"顾面、看点"，有一个对停车位置周边环境态势的观察和对车辆行驶姿态的概念或意识，随时根据车辆行进距离感觉出车身所处车库范围内的位置、角度及前轮转向角度，及时根据库位角度确定具体的操作或修正。
- 倒车入库前，先观察好周围环境；"上行"选位停车时，注意调整车身角度，尽量顺正车身，将车尾指向车位。倒车时，先用车尾找车位，边倒车边以内侧后轮切点为标准调整方向后，用车尾两侧对正车库两侧标线。车尾入库时，就要感觉车身的指向是否与前端线垂直，并辅助查看左右后视镜内两侧的车体与标线（或邻车）的间隔是否一致，并注意车尾与车库底线的距离，及时估算停车。
- 当通道宽度不足1.5倍车长或"一上"后停车角度不理想，一次倒车入位的成功机会较小时，可再增加一次前进，借机再次调整车身入库的角度。
- 入位时，特别要注意左右两侧相邻车的间距，不可勉强，必要时为安全起见可下车查看，以确定前轮转向的角度、车身位置及行驶的方向和行驶的轨迹再行操作或修正。车上如有乘员，请他们站在车位以外帮你观察现场，及时报出前轮转向的角度、左右侧的间隔距离和与后方物体间的具体距离。

（2）斜向排列停放

斜向排列车位，一般都是排列在单向行驶车道的一侧或两侧，车位出口顺向通道方向，也称"鱼骨刺排列"。通道宽度一般小于1.5倍车长。

1）通道左侧停放：前进时，打右转向灯，车身尽可能靠近通道左侧低速行驶，待保险杠平齐提前的一个车库位的右侧边线时，向右"快打方向，慢走车"。可在上行选择停车位置前将车身与通道调整成45度左右的倾斜角度，停车前及时回正方向或备足方向角度，尽可能将车尾对向车位，顺正车身，利用车身的倾斜角度在倒车时可减少方向调整量。当车身与库位顺向的角度偏差不大时，直接右转身回头观察车尾或看两侧后视镜调整左右间隔宽度，倒入车库停车。重点是车身左右两侧要与标线平行，间隔宽度等距。停车时，注意后保险杠左角不要突出车位底线，不要与墙体或背向车位的车辆接触。

2）通道右侧停放：前进时，打左转向灯，车身尽可能靠近通道右侧低速行驶，待保险杠平齐提前的一个车库位的左侧边线时，向左"快打方向，慢走车"。可在上行选择停车位置前将车身与通道调整成40度左右的倾斜角度，停车前及时回正方向盘，尽可能将车尾对向车位，顺正车身，利用车身的倾斜角度在倒车时可减少方向调整量。当车身与库位顺向的角度偏差不大时，直接转身回头观察车尾或看两侧后视镜，调整左右间隔宽度，倒入车库停车。重点是左右两侧要与标线平行，间隔宽度等距。停车时，注意后保险杠右角不要突出车位底线，不要与墙体或背向车位的车辆接触。

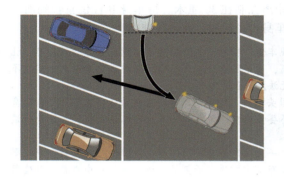
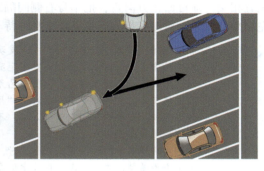

　　有些驾驶人没有把驾校学过的倒库练习很好地结合到日常的停车实践中，把倒库中的"点"对应车体某个参照位置僵化了，不能领会动态中的车身参照位置和周围环境的相互关系。在实际倒车中，不要只盯一个点或位置，一定要把"点"扩大或转换成"路面"上的实物、实体，一定要有一个周围大环境和动态车辆的意识。既要留意参照点，也要照顾周围环境。

（3）路边车位（顺行停放）

在非机动车道、胡同边、小区内，车辆基本上都是顺路边停放或在树中间、屋檐下，见缝插针式地停放。

1）直接驶入停车位。

如路边有 3 倍车长的空当距离时，可直接运用靠边停车"三把方向"的手法，驶入路边停车位。

进入车位前，打开右侧转向灯低速行驶，动态观察后视镜，对右侧及后方的路况进行安全确认。与右侧停放的车辆要保持 50 厘米的横向距离。当自车的 B 柱与右侧停放的车辆前保险杠平齐时，向右打 90°方向，待车前行到发动机舱盖中心参照点与路沿将要重合时，向左回半圈（180°）方向，车身将正时，向右回正 90°方向停车。如车身不正，可向后倒车调整，也可借倒车直接停在靠后方的车位中，留出后车的 1/4 车长距离停车。

2）倒入停车位。

路边正常车位的空当距离，一般不应小于 1.5 倍车长。

提前打开右转向灯，驶过停车位与右侧停放车辆平行停在车道上，车身右侧与停放车辆间隔 50 厘米。倒车时，当自车内侧后轮切点位置驶到右侧停放车辆的左后角位置时，向右打满方向盘（提前注意左侧后视镜，看是否有骑车人抢行）。当车身右侧延长线与马路沿形成约 45°夹角时开始向左回正方向盘，待自车前轮位置驶到停放车辆的左后角位置时完全回正方向盘，待自车右前角与停放车辆左后角位置错开时向左打满方向盘，待车身右侧与马路沿接近平行前及时向右回正方向盘，注意均衡前后方停车距离，居中停放。当前方或后方有较大车型停放时，可适当让出较大的停车距离，方便别人把车驶出。

3）驶离停车位。

起步前，打左转向灯，动态观察左侧，视前方停车距离，如不足 1/2 车长时先往后倒车，把车后方的距离压缩到最小，前方让出 1/2 车长的距离（可宽松通过前车左后角位置），然后前进向左打方向盘驶出。

如驶出距离较小，应反复增加倒车、前进的次数。在倒车时先向右打方向盘，停车前向左回满方向盘，调整车身，顺正驶出角度。驶出车位时，只要车身右侧延长线与前车左后角位置相交时即可回正方向盘，把车身右侧间隔距离控制在 30 厘米。待车身 B 柱位置驶到前车左后角位置时，再向右打方向盘顺正车身，待车身走正后回正方向盘驶离。

- 在停车场、地库寻找车位时，一旦发现车位，要打开转向灯提前示意或手势告诉后车，让后车给自己预留出倒车操作的空间距离，也可防止后车直接抢行进车位或避免后车在不明前车倒车意图时紧跟其后，使自己无法及时正常倒车入库。
- 当发现前车打开转向灯向左或右侧"甩头"停车准备倒车时，应主动让出前车的操作距离停车等待，配合前车完成倒车入库。不要借前车"甩头"停车让出车道之机，加速抢行通过或趁机强行抢占车位。
- 在一些环境狭窄的地段倒车或倒库时，一旦对车后盲区内的情况没有十足的把握，一定要下车查看清楚后方的情况，再确定倒车距离和前进、后倒的位置，做到心中有数，以确保安全。
- 在有人帮助观察、指挥时，一定要落下车窗玻璃以便于沟通，并提醒帮助指挥倒车的人员，一定要避开主车道及倒车路线，在主车道旁及车体两侧观察指挥。其他人员在主车道外等候，不要在车的前后位置停留。

十二 掉头

1. 法规规定

汽车不得在有禁止掉头或者禁止左转弯标志的路口、双黄线的地点或位置掉头。在铁道路口、人行横道、繁华路段、桥梁、急弯、陡坡、隧道、高速公路或者其他容易发生危险的路段，也不准掉头。

2. 技术要求

1)"一把方向"掉头：车身左侧路幅宽度大于 2 倍车长的距离时，才能方便地"一把方向"一次性顺行通过，完成 U 形掉头，否则就可能要增加一次倒车。

2)"备方向"掉头：提前"备足方向"能减少掉头时的占路时间。整个掉头动作麻利，操作准确，一气呵成。

车身左侧路幅宽度勉强够 2 倍车长的距离时，本着"宽打窄用""先紧后松"的原则，可采取先微量倒车，快速向左打满方向盘再进行掉头。用"事先"或"提前"打满转向角度的操作，再进行转向前进的变通手法获得车辆掉头时真正"最小转弯外径"的效果。尽量避免"前松后紧，就差一点过不去"再被迫增加一次倒车的情况发生。

3) 掉头打方向盘时，要"赶前不赶后"。在车辆起步半联动状态低速移动时，即快速向左"抢"满方向，才能获得最佳的"最小转弯外径"效果。否则会加大转弯半径，而一旦转不过去增加倒车时，既增加了操作又耽误了时间，并且容易造成拥堵。

4) 掉头操作时，在选择对向车道时要注意，只要路面够宽，原则上尽可能给直行车让出内侧通道。选择直接进入外侧低速车道回方向盘，让直行车与掉头车形成穿插，尽量减少占道时间。

5) 在借助路口、岔口、单位或小区大门前的空地进行掉头操作时，尽量将车头朝向主路，以便于观察路况，选择进入主路的操作时机。

6) 在拥堵、多障碍或受限场地掉头时，"车头方向左右的空当距离要宽，车尾能后倒的距离要深"。这与库位停车车头朝外的道理是一样的，否则可能会造成操作困难或劳而无功。

3. 快速、高速、市区路口掉头

1) 快速路掉头时，在立交桥上，按指示标志完成掉头。

2）高速公路掉头时，选定某一出口后，按指示标志在匝道的行驶中完成掉头。

3）市区在有灯光信号的路口掉头时，应当打开左转向灯，提前进入左转或掉头导向车道，（虚线）根据不同路口的具体情况注意灯光信号的变化，在不妨碍行人（避开人行横道线）和其他车辆正常通行的情况下低速行驶完成掉头的操作。

①单向三车道时，打转向灯进入左转或掉头的导向车道后，选择时机，在不妨碍左右两侧转弯通过路口或直行车辆正常通行的情况下，低速行驶，选择对准外侧车道快速打方向盘，顺利完成掉头操作。

②单向两车道时，由于左侧的对向两车道宽度不足2倍车长，所以不能一次性通过。一般情况下，操作中可能要增加一次倒车。但是，可考虑利用地形变通操作，多往前行驶数米改变位置，借助对向的机非隔离带的起始端前方较宽的路面位置进行掉头操作。把最大的"掉头直径"位置放在较宽的路段上，也许就能一次性完成掉头，以减少占路时间。

4. 一般道路掉头

1）一般道路掉头，最大的事故隐患在于不顾路权、不看标志标线、不看路况、不选择时机，强行或随意掉头。

2）掉头时，尽量选择在视线良好、道路宽阔、土质坚实的地段进行。有时宁可多走一点路或多等待一会，寻找不影响正常交通的地段和时间段进行掉头，避免在大流量的路段、坡道、路基松软或两侧有深沟的路面、路段掉头。

3）选择好掉头位置和时机。

路面较窄时，要先在距掉头地点100米外提前打开右转向灯，做靠道路右侧低速行驶或靠边停车等待掉头的操作准备，然后再打开左转向灯等待操作时机。选择过往车辆稀少及距对向或后方来车100米距离之外，视情况打开车窗伸手做出明确的掉头辅助手势，让过往车辆明白你的掉头意图，取得过往车辆的配合。如果过往车辆出现急按喇叭晃前照灯及没有减速让行的意思时，不可抢行或强行掉头。

4）掉头时，要注意道路两侧边缘的具体情况。

有路沿：要注意其高度，高于前、后悬的要注意留有余地避免托底，低于前、后悬的可以利用路沿进行"缓方向"操作。

无路沿：无路沿的道路一般都是拱形路面与路肩相连形成下坡，以利雨天排水。掉头停车时，要注意留有余地避免溜车，注意配合使用驻车制动操作。

5. 狭窄、拥堵或其他不规则场地掉头

1）如在胡同、小区、大院内或受限、多障碍场地掉头时，不要急于操作，要先仔细观察好地形，尽量"找空当、避障碍"，根据当时具体情况最好选择两个方案比较执行。

2）充分利用近旁空地或障碍物之间的空当间隔，车尾尽量指向路窄但倒车距离要深的方向，车头指向左右调整幅度较宽的方向。否则，可能会陷入行进距离越调越短的窘境中。

3）在市区的狭窄路面或拥堵路面掉头时，尽量寻找可利用的路口、岔口、单位或小区大门前的空地，或干脆采取区域绕行方式进行掉头。

4）为防止行进距离短被迫原地打方向的情况发生，又可适当地让前轮的方向角度得到极大的调整，万不得已时可因地制宜，灵活采用"缓方向"的方法进行操作，可得到事半功倍的效果。这样不仅调整了车身指向的角度，前轮也可获得最佳的掉头（或行进）角度。

5）在每次前进或倒车的停车时，在回正方向盘的同时尽量打出再次行进所需要的方向角度。注意，在所有打方向盘的操作中，不可打错方向盘。

6）如路面条件确实不便或自己把握不大时，不可勉强操作，应该直接倒车退出或再

寻他处。

6. 利用单位大门口空地或岔路口进行掉头

（1）利用右侧空地掉头

利用道路右侧的单位门口较宽阔的场地，直接打开右转向灯开进场地，借助宽阔的场地完成掉头并顺正车身，再打开左转向灯，注意观察主路路况，选择时机左转驶上主路，完成掉头操作。车辆的掉头轨迹像一个大大的烟袋锅形状。

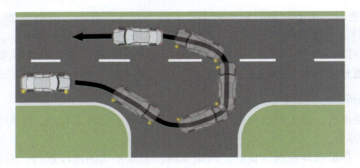

如不能"一把方向"顺利掉头，可在场地内增加一次倒车调整方向，顺正车身后再打左转向灯择机驶上主路，完成掉头操作。

（2）利用右侧岔路口倒车掉头

提前打右转向灯紧靠右侧岔路口前行，过口停车，然后打右转向灯倒车进入岔路口内回正方向盘停车，持续开左转向灯观察主路路况，选择时机左转开上主路，完成掉头操作。

（3）利用左侧空地掉头

利用道路左侧单位门口较宽阔场地，直接打开左转向灯择机开进场地，借助宽阔的场地完成掉头并顺正车身，然后持续使用左转向灯，注意观察主路路况，选择时机右转驶上主路完成掉头操作。

如不能"一把方向"顺利掉头，可在场地内增加一次倒车调整方向，顺正车身后再打左转灯择机驶上主路，完成掉头操作。

（4）利用左侧岔路口倒车掉头

提前打开左转向灯，选择时机左转直接开进左侧岔路口，回正方向盘、顺正车身后停车，然后打开右转向灯，转身回头准备倒车上主路。

1）注意观察主路路况，择机右打方向盘倒车上主路。将车身顺正，车头直接指向掉头后的行驶方向。

2）右打方向盘时，注意右侧内轮差位置和左侧外轮差距离，注意避让主路上过往车辆。

3）这种倒车上主路的操作，观察路况比较困难，有乘员时一定要帮助观察路况。但是，这种倒车上主路的操作，要比倒车进入岔路口的操作减少占用主路的时间，也是不得已而为之。

7. 郊区十字路口掉头

利用路口掉头时，实际上是将路口的双车道加上左右两侧进出路口方向道路的延伸距离，扩展成类似四条车道的宽度。

例如：想象将"井"字叠放在十字路口中，"口"字中对角线的距离就是车辆掉头时最大转弯外径的限制，车辆可跨出"口"字边缘的右、上、左三条边线进行操作。

掉头前，应在路口外等待时机，一定要视路况打开车窗注意避让车流，选择过往车辆、非机动、行人稀少时，再打开左转向灯靠右侧低速行驶的同时做辅助掉头手势。进入路口后，充分利用路口右侧展宽的路面条件，让出内轮差后，先向右"甩"一圈方向盘，跨入"口"字右侧约半条车道宽度后，再向左打满方向盘，再经过上方、左侧"口"字的外侧边线，完成一次性顺利掉头的操作。车辆的行驶轨迹，在路口内应形成一个大大的灯泡形状。

- 在狭窄或受限场地掉头时，每当感觉前或后保险杠通过困难或某个轮胎在道路边缘时，应果断停车改变行进方向，不可侥幸勉强通过。只有增加倒车或前进的次数，利用车辆移动的机会及时调整方向，从而带动车身的指向，逐步地把车头调整到所需的角度上。一定要稳住车速在行进中打方向盘，尽量避免"打死轮"。用"抢方向"的手法配合操作，注意车身进、退指向，不能打错方向盘。
- 掉头地点的选择要合适，尽量避开在道路相对狭窄、车辆相对较多的路段，考虑要周全，时机要恰当，动作要麻利，减少掉头占用道路的时间。
- 郊区路面为利于雨天排水多为微拱形，且多为土质路肩且路边无道沿。前进、后倒途中停车时，不要停在路面边缘或路肩上，特别是在雨、雪后和新建成的道路。停车换档时，要防止溜车，必要时配合使用驻车制动，用坡道起步配合掉头操作。
- 如不得已在危险地段掉头时，驾驶人应先下车察看地形，计划好行驶轨迹和距离，做到"心中有数"。掉头时，将车头对着危险方向，以便于观察，掌握距离。乘员应在车下等候，帮助提醒或指挥。

第二节 复杂路况条件下的驾驶方法及注意事项

一 通过路口

安全通过路口是车辆行驶中的一个重要环节。用"米""古"结合的行车观察方法打开视域，降低车速，用估算距离的方法控制跟车距离，配合隔位观察的方法进入导向车道，按顺序通过路口。

一个十字路口共有四条人行横道，不论左、右转弯或直行都要两次经过人行横道，第一次是进入路口时，第二次是离开路口时。一定要严格遵守法规的规定，注意观察，低速通过，礼让人行横道上的行人和非机动车。右转时，注意内轮差距离。

临近路口百米外，就要注意信号灯的变化节奏，在观察距离上打出提前量，提前收油减速，做好停车的准备。

白天时，注意光线的方向，参照对向车及左右横向车道内的状态，排除逆光、强光、暗弱光线的干扰，提高对信号灯的判断力和路口内的可视范围。

夜间时，由于动视力的衰减，一定要降低通行速度，保证充裕的动态观察时效。注意自车所处位置，注意观察角度是否受到视线盲区或障碍盲区的影响。

如路口内遇阻停车，注意选择合理的等待位置，给放行方向的车辆让出通道，不可挤占放行车辆的通行路线。

在有坡度的路口停车等红灯时，适当加大停车距离，视情况配合使用驻车制动，同时也要注意防范前车在等待过程中或起步时往后溜车。

车速一般不可超过 20 千米/时。只有在到达路口中心位置且在前方无障碍的情况下，方可加速驶离路口。

1. 通过信号灯路口

临近路口前，提前选择通行的导向车道，收油滑行准备制动，把握灯光信号的变化节奏，不争不抢，按导向车道的标示行车。用"米""古"结合的行车观察方法动态观察路况，综合分析路口情况。凡遇视线不清（雨雪、黄昏或逆光）、路况不明、障碍盲区或视线盲区的时候，车速一定要更慢，一般用1档、车速10千米/时左右，主动防范性准备制动。特别是在临近障碍盲区时，一定要小心谨慎，以慢为主，适度按喇叭，注意避让人行横道上的行人、非机动车。右转车辆也要特别注意避让左侧放行过来的汽车和出口人行横道上的行人、非机动车。

（1）直行

1）注意路口信号灯的变化情况，"灯头让灯尾"，让路口内的车先行。

2）低速行驶，注意观察，防范人行横道上的非机动车和行人，以及路口两侧可能有"闯灯"或"抢灯"及不让"灯尾"的汽车、骑车人。

3）在进入路口前，相邻车道任何一侧有大型车辆挡住你的视线形成视线盲区时，一定要让出大型车辆1/2车长的距离，防范人行道上可能有行人、骑车人，或路口内可能有"闯灯"、抢行或"抢灯尾"的汽车或骑车人突然出现在你行驶的车道上。在慢行到达路口中心位置后，正常情况下即可加油驶出。

（2）转弯

转弯让直行的车辆先行；相对方向行驶的右转弯汽车，让左转弯的车辆先行（指同时进入单车道时）。

左转弯车辆，让直行和右转弯车辆先行，让右边无来车的车辆先行。

1）右转弯。

右转弯的观察方法和行驶轨迹，以双车道、三车道路口为例：

路口右转弯时，应当提前100米开启右转向灯（一定要注意信号灯下方是否有右转提示牌及内容），提前完成变更车道进入右转弯导向车道。在完成"弯前减档"降低车速的同时（车速不得超过10千米/时），就要开始动态观察右侧非机动车道内的情况。当后视镜角度产生盲区时，一定要在低车速确保前方安全的前提下，方可直接转头观察路况，一定要留意是否有骑车人抢行，避免在转弯中与其相会。如果路口是绿灯，转弯车必须礼貌让行。待右转一半时，要注意观察出路口人行横道上的放行信号及对行人的避让。

如果是红灯时右转弯，右侧情况处理完后，还要注意避让进入路口前人行横道上的行人，同时要注意被大型公共汽车阻挡的左侧视线，防止有行人从人行横道左侧跑出来。通过人行横道后，注意向左侧动态观察，注意路口左侧是否有因绿灯放行过来的直行车，然后右转驶入低速车道行驶，提速后择机变更到内侧车道行驶。需要注意的是，不得大角度一次连续变更两条车道或直接向左跨线进入最内侧车道行驶。

2）左转弯。

观察方法和行驶轨迹，以双车道、三车道左转待转区为例：

在路口左转弯时，应当提前100米开启左转向灯。在提前变更车道进入左转弯导向车道前，就要注意地面上的标志、标线，注意观察路口信号灯的变化情况和进入路口前人行横道上的行人。如遇有多相位信号灯有左转待转区线的路口，左转弯车辆可在放行直行车的时段内，直接进入待转区等待放行信号后直接左转进入内侧车道行驶。

1) 进入路口前，除了观察路面情况之外，还要注意地面上的各种指示标线，找出行车路线，减速慢行，走出正常、合理的行驶轨迹。如果在右转弯的过程中受阻（进入路口前的人行横道上，有行人、骑车人在非机动车道上往前挤），应提前减速礼让甚至停车让行，不得进入路口或从前方车辆两侧穿插或超越通过。同时，提前让出转弯时形成的内轮差距离范围内的行人和骑车人。

   对于侵占行驶路线的行人和骑车人，如果调整方向采取绕行会占用相邻的车道，可能会给相邻车道或左侧因绿灯放行过来的直行车带来影响，减慢路口的交通流速。如果发生剐蹭，会直接影响整个路口的通行能力，所以"三躲不如一停"针对的就是这类情况。

2) 左转弯时，在进入路口再缓打方向盘，走出合理的左转弯轨迹，严禁用一把方向"大弯小转"扰乱路口通行秩序。

3) 避免左转车"越位等待"。如遇双向双车道，在没有设置左转待转区标线的路口等待左转时，自己停车等待的位置不要往前挤占被放行的直行车的正常行驶通道，以免影响直行车正常通过。在没有设左转待转区的路口经常有这种现象，靠内侧车道的直行车被对向"越位"等待左转弯的车挤占了正常通行的半幅通道，迫使直行车从内侧车道往右侧靠，连带路口内所有车辆全都减速右靠，一次变灯放行只能通过少数几辆车，还要影响路口净空的时间。自然，待转的"越位"车也要多等一会。待左转弯时，后面跟随的车辆又会给路口左右向因绿灯放行的直行车

带来持续的拥堵，左转车把绿灯放行的直行车流挡在路口中，影响了整个路口正常的交通秩序，特别是在高峰时段极易造成整个路口的拥堵。

4) 避免直行车"越位等待"，挤压正常左转车流，造成左转车流出现被迫改变行驶路线的"大弯小转"现象。

   在一些没有设置左转信号灯的路口，当绿灯放行时，有些驾驶人没有转弯让直行的法规意识，会抢先打方向占据直行车通道实施抢行左转，而直行方向车辆的大多数驾驶人都不得已减速让行，在距离上给对方以宽容或方便。也有少数驾驶人则以"见缝插针"或报复的心理，将车一个劲儿往前挤，慢慢往前蹭，直至越过路口的中心圈位置，使左转弯的车流完全改变正常的转弯弧线，在路口内走出蛇形轨迹，扰乱了路口内正常的通行秩序并直接影响路口的通行，还极易引发交通阻塞。而一旦有车发生碰触，按事故现场分析，双方都不在正常行驶位置上，都有责任。

开车时，"争则不足，让则有余"，平静的心态是安全驾驶的保障。行驶中遇类似情况时，必须给自己留出空间，避免引发不快、影响情绪，这一点非常重要。

- 车辆在通过路口的行驶中，要认真观察、动态对比，用调节速度差的方法与路上的运动物体打时间差、距离差，错开交会的时机、地点、位置。让车，让的是速度和角度、位置和间隔距离。有条件的一方应主动让行。保持车辆在车道内的正常行驶轨迹，可以让车速平稳，心情平静。否则，用改变行进方向的方法躲避或绕开运动物体，本身就存在许多不确定的因素。抢灯、抢行、抢位，这些都是行车大忌。

- 对行驶在道路上可能会影响自车通行的运动物体进行预测，当发现可能有妨碍自己车辆通过的情况发生时，原则上都要以减速为主要手段，留出安全距离，适情况按喇叭，按正常车道（路线）行驶，不可躲、蹭、绕。只有用减速的方法控制住安全距离，才能保持正常

- 路口千万不可挤、抢、钻或躲、闪、绕。否则，可能会躲开了前方障碍，闪到相邻车道上发生剐蹭，或绕到不该走的路线上制造了混乱，造成拥堵。
- 行车不是一味地"勇往直前"。在进入主路、路口、繁华路段要慢下来，要遵守秩序，欲速则不达。要学会观察、等待、择机、顺序而行，这些都是行车的规矩和礼貌，也是现代驾驶人车下、车上都应具备的素质和修养。
- "路口如虎口"，即使是绿灯，也不要争先恐后地挤进拥堵的路口内"赶灯尾"。一定要有大交通意识，不要给繁忙的路口"添乱、添堵"。
- 有时，路上的一次忍让、再次的观察、三分的等待，倒成了"大便宜"，省去了后边不知多少的麻烦和后悔。

2. 通过环形路口的方法

汽车通过环行路口时，应当按照环行路口内车道指示标志和导向箭头所示方向及灯光信号行驶。进入环形路口的汽车，应当让已在路口内环行或者出环行路口的汽车先行。进出环行路口时，要注意观察非机动车道内的骑车人或人行横道上的行人。

在一些交通流量较大的环行路口，经过改造后加装了交通信号灯和指示标志，会限制某一方向的车辆左转或掉头。经过时，应注意观察交通标志，提前做好准备，按灯光信号和指示标志行驶。

(1) 环形路口两条车道

1) 右转：打开右转向灯，让已在路口内外侧车道环行车辆先行，进入外侧车道行驶，在第一个路口右转驶出环形路口。

2) 直行：打开左转向灯，让已在路口内外侧车道环行车辆先行，进入外侧车道行驶。经过右侧的第一个路口时，打开右转向灯变更车道，在外侧车道的第二个路口右转驶出环形路口。

3) 左转：打开左转向灯，让在外侧车道准备出环形路口的车辆先行，进入环路后持续开启左转向灯，逐次并入内侧车道行驶。经过右侧的第二个直行路口时，打开右转向灯，并入外侧车道，在第三个路口右转驶出环形路口。

4) 掉头：打开左转向灯，让在外侧车道准备出环形路口的车辆先行，进入环路后持续开启左转向灯，逐次并入内侧车道行驶。经过右侧的第三个左转路口时，打开右转向灯，并入外侧车道，在第四个路口右转驶出环形路口。

右转车辆不必并入内侧车道行驶。直行车辆为减少变更车道，一般不进入内侧车道行驶。

(2) 环形路口三条车道

1) 右转：打开右转向灯，让已在路口内外侧车道环行车辆先行，进入外侧车道行驶，在第一个路口右转驶出环形路口。

2) 直行：持续开启左转向灯，让已在路口内外侧车道环行的车辆先行，进入环路后逐次并入中间车道，经过右侧的第一个路口时，打开右转向灯，并入右侧的车道，在第二个路口右转驶出环形路口。

3) 左转：打开左转向灯，让在外侧车道准备出环形路口（往外侧车道变更车道）的车辆先行，进入环路后持续开启左转向灯，逐次并入中间车道行驶。经过右侧第二个直行的路口时，打开右转向灯，再并入外侧车道，在第三个路口右转驶出环形路口。

4）掉头：打开左转向灯，让在外侧车道准备出环行路口的车辆先行，进入环路后持续开启左转向灯，逐次并入内侧高速车道行驶。经过右侧第二个直行的路口时，持续开启右转向灯，先并入中间车道，经过右侧第三个左转的路口时再并入外侧的车道，在第四个路口右转驶出环形路口。

左转或掉头时，应当先并入内侧车道行驶，提前一个出口并入外侧车道准备驶出。

（3）大型环形路口（三条以上车道及多出入口）
除按三条车道的行驶方法外，要注意环行路口入口处的灯光信号和道路上的指路标志、标线，注意选择导向车道，提前选择好行驶方向，按导向箭头指示的方向行驶。

- 进入环形路口后，变更车道的车辆比较集中，要强化车道意识，按分道线行驶。在路口内弧形的分道线上，即使是变更车道，也一定要走出合理的弧形轨迹。
- 操作重点是打转向灯、变更车道，一定要低速行驶，注意观察。并入时，重点在前方和左侧；并出时，重点在前方和右侧。一定要按导向车道行驶，杜绝大角度变更车道操作。
- 及时调整变更车道的转向灯，对于多出入口的环形路口，要提前注意观察指示标志，提前确定出口位置，做好出口前的变更车道驶出的准备。
- 如错过出口，不要强行变更车道或斜插猛拐，一定记好出口，再转一圈驶出。

3. 路口红灯的估算方法

新手开车通过红绿灯路口时，总是掌握不好灯光变化的规律或节奏，有时搞得很被动。这里讲一下估算灯光信号变换的大概方法，不妨试一试。

在离红绿灯路口 200 米的距离时，就要留意灯光信号配时的变化情况。另外，公交车在估算红绿灯变化规律方面经验丰富，在临近路口前，注意参考一下外侧车道公交车的行驶状态。

1）如果是黄灯或红灯，就用滑行减速准备制动的方法，进入导向车道准备停车等待。在前方车辆不多的情况下，也许在你临近导向车道时灯光信号刚好变绿，即可减档缓行通过。

2）如果是绿灯亮，百米之内一定要看对向车道绿灯放行过来的车辆数量和行驶的距离。如对向行驶的前车已到眼前，后边跟着一串车，路口基本上快变红灯了。

3）当进入导向车道后，发现黄灯亮起时，车身未过停止线应停车等待，不要抢黄灯进入路口；车身已经越过停止线应及时通过。如跟行前车通过路口，一定要根据灯光信号配时的变化情况，适当拉开一些距离，防止前车可能对黄灯信号有过激反应而突然紧急制动。

4）当进入导向车道遇绿灯放行时，要注意观察路口内的交通情况，"口外让口内""灯头让灯尾"。不论人行道上有无行人，不论同向车多少，不论是否有大车阻挡观察视线，一定要按规定减速通过，防范在进路口的人行横道上的行人或骑车人抢行或发生别的意外情况。

老司机的开车秘笈

5）如高峰时路口内形成拥堵，可主动放弃绿灯进入路口的通行权，防止被两侧放行车辆堵在路口内举步维艰，被动挪车。

车速相对慢时，要"看近顾远"，注意正常的跟车距离和隔位观察，预判远距离的路况，给提前处理情况做准备。

车速相对快时，要"看远顾近"，注意隔位观察和远距离的路况，预判路况，保持正常的跟车距离。

二 通过市区、城镇、小区

县级以下三级公路的支干路线，特别是村镇路口，路边除有店铺招牌、树木阻挡视线外，还有马车、自行车、摩托车、农用机械车、电动三轮车，以及行人、小孩、家畜、家禽、小猫、小狗等来回溜达。通过时，一定要提前减速，适度按喇叭，认真观察路口两侧及前方的交通状况，谨慎通过。即使停车问路，也要避开或远离路口处停车。在进入路口前，"一慢、二看、三通过"。如需转弯，一定要提前打转向灯、减速，给周围汽车、非机动车、行人一个明示。同时，注意观察其他方向进入路口车辆的速度和距离，综合路口情况巧打时间差，避免在同一个时间挤在一个点上，特别是非机动车和行人多的时候。

通过无信号灯路口时，需防范来自不同方向的汽车、非机动车。这些车辆有时违章行驶，会直接影响其他车辆的行驶，通过时一定要提前降低车速，打开视角，认真观察。

1. 直行时可能会遇到的情况

1）临近路口时，有过马路的行人，或逆行而来的非机动车。

2）左侧直行车道上，有抢行过来的直行车和对向车道上左转弯过来的汽车、非机动车。

3）右侧直行车道上，有抢行进口的直行车和抢行向右或向左转弯的汽车、非机动车。

4）驶离路口前，有过马路的行人和对面逆行抄近准备右转的非机动车。

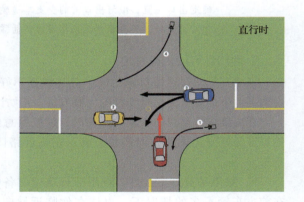

2. 右转时可能会遇到的情况

1）临近路口时，有过马路的行人，或逆行而来的非机动车。

2）进入路口时，阻挡了左转过来的汽车、非机动车或其他运行机械。

3）口内左侧，有抢行过来的直行车和对向车道左转弯过来的汽车、非机动车。

4）驶离路口前，有过马路的行人和对面逆行过来的非机动车。

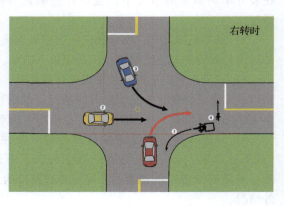

3. 左转时可能会遇到的情况

1）临近路口时，有过马路的行人，或逆行而来的非机动车。

2）口内左侧直行车道上，有抢行过来的直行车和对向车道准备右转弯的汽车、非机动车。

3）对向车道，有抢行过来的直行车和非机动车。

4）驶离路口前，有过马路的行人和对面逆行过来准备右转的非机动车。

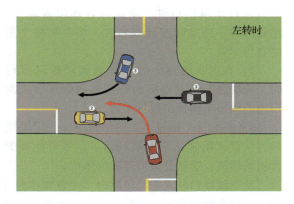

左转时

通过支干线交叉的公路路口前，降低车速，提前扫视路口及道路两侧交通状况，分区域、先左后右。每一侧观察视线先要由近而远，再由远而近。进入路口前，再次确认，多看两遍才安全。如车速慢不下来，观察路口及两侧情况的时间就很仓促，观察的效果就不一定透彻。

实际上，不仅是动视力的观察效果低于静视力，而且还有情绪因素和精力集中程度等影响因素。如急于赶路、身体疲劳或不适以及麻痹大意、分心走神等，就会发生观察不透彻的情况。

情绪、精力、体力、智力的低谷期，都会弱化动视力的观察力度，干扰视线的集中度。当观察视线（视距）的焦点，聚不到运动物体的距离或位置上时，就会精力涣散，出现"茫然"和"熟视无睹"，就会发生"视而不见"或观察视线的"错觉"现象。

过路口时，一定要放慢车速，全神贯注，打开视角，加大观察距离，加大观察力度，切莫分心走神，特别是在无信号灯的路口时。

1）在社区大门及小区路口、岔口，经过时要仔细观察情况，按照交通法规操作，可减少道路上或路口的无谓拥堵。

2）在出社区大门通过与主路相隔的非机动车道及人行道时，通过前一定要仔细观察非机动车道上的骑车人和人行便道上的行人，尽量不要在非机动车道及人行道上横向停车等待进入主车道的时机，而影响阻塞非机动车道的骑车人和行人的通行。

3）在进出有非机动车道相隔的道路时，特别要防范非机动车道右侧可能有逆行的骑车人驶来。要停在非机动车道外看清非机动车道及机动车道左右两侧的路况后，再进入非机动车道及机动车道。

4）出社区大门左转时，认真观察道路两侧路况，不得横跨在直行车道内，阻断左侧直行车流等待左转时机。应该在主车道外（含非机动车道外）打转向灯等待左转时机，或辅助做出左转"要道"的姿态或手势，请求让行。

5）出社区大门的车辆，应礼让从主路上进社区的车辆先行。特别是出社区的车辆左转时，不应该抢主路上左转弯进入社区的车辆，否则容易引发主路车辆的拥堵。

6）在有非机动车道相隔的道路上，车辆左转进入社区大门受阻时，一定要在靠道路中心线一侧等待左转时机，以免影响对向直行车辆的行驶。车辆右转进入社区大门受阻时，一定要在道路靠外侧车道等待右转时机，以免影响身后直行车辆的行驶。要选择合理位置等待，避免因为不能及时左转或右转，而影响整个主路直行车流。

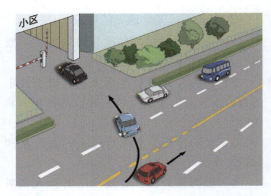

7）在主线道路上的车辆遇拥堵排队缓行时，应视路况适时或提前给道路两侧支线或岔口内的驶出车辆让出通行车道。

8）在自己车辆过不去的情况下，一定要把通行位置让出来让别人顺利通过，尽可能减少无谓的堵塞，这就是文明驾驶的体现。

从支线路口驶入干线道路时，注意观察停车让行、减速让行的标志、标线或其他指示标志。在没有确定是否安全的情况下，不要由于自己的错误或冒失而引发其他车辆发生险情或事故。否则，一旦引发碰撞，自己就要负主要责任。

通过郊区没有交通信号灯控制的路口时：

1）在近郊大型居住区、村镇附近及其路口、岔口较多的道路上行驶时，即使路上情况较少，车速也不宜太快。应注意观察路况，视情况适度使用喇叭，防范骑车人、行人在你临近时突然斜插、猛拐或突然左转弯闯进路口或路中央，出现在行车路线上。

2）临近路口时，减速慢行，打开视野，注意观察，适时适度按喇叭。遇行人横过道路时，应提前减速礼让或停车让行。

①口外让口内（包括环行路口的汽车、非机动车、农用机械等），不得加速抢行进入路口。

②让路口内右方道路上的来车先行。

③转弯的汽车让直行的车辆先行。

④相对方向行驶的右转弯汽车让左转弯的车辆先行。

⑤向左转弯时，靠路口中心点左侧转弯，不要随意改变行驶路线或切线行驶"大弯小转"。

⑥支线让干线或小路让大路。在设有主路、支路的道路上，进主路的汽车应当让在主路上行驶的和出主路的汽车先行。同理，小区大院内的车辆应让院外或进院车辆先行。

无灯路口，减速慢行，注意观察，按序通行。
让右原则，先入为主，礼让口内，谨慎通过。
支让干线，大小同理，小区街道，原理相同。
路口门口，原理相通，跨道等待，影响通行。
宽路窄路，礼让三先，人行步道，莫堵莫停。
把握车速，适度鸣号，自觉维护，安全通畅。

三、通过立交桥

立交桥主要有以下几大类：

1. 单纯式立交桥通行

这是立交桥中最简单的一种，主要用于高架道路与一般道路的立体交叉，铁路与一般道路的立体交叉。单纯式立交桥的通行方法比较简单，各自在自己的车道上行驶即可。

2. 简易式立交桥通行

这种立交桥主要设置在城内交通要道上，主要形式有十字形立体交叉、Y形立体交叉和T形立体交叉。简易式立交桥的通行方法为：干线上的主交通流走上跨车道或下穿车道，左右转弯的车辆仍在平面交叉的道路上改变行驶方向。

3. 互通式立交桥通行

1）三枝交叉互通式立交桥，包括喇叭形互通式立交桥和定向型互通式立交桥。

2）四枝交叉互通式立交桥，包括菱形互通式立交桥、不完全的苜蓿叶形互通式立交桥、完全的苜蓿叶形互通式立交桥和定向型互通式立交桥。

3）多枝交叉的互通式立交桥。

互通式立交桥包括完全互通式、部分互通式和环形立交桥。只要驾驶人按路牌及指示标志指定的方向行驶，就可以保证相交道路上各个方向的车辆互不干扰。

4. 苜蓿叶形立交桥的通行方法

1）直行：各个方向的直行车辆，均按原行驶方向从桥上或桥下直行通过。

2）右转：右转弯车辆在临近立交桥时，注意指示标志、标线的提示，提前打开右转向灯驶入低速车道，通过右侧匝道连续行驶完成右转弯。

3）左转：左转弯车辆必须在外侧车道直行通过立交桥后，打开右转向灯，注意指示标志、标线的提示，右转驶过匝道后驶入低速车道直行（共右转360°）。

4）掉头：车辆按左转弯的方法，在立交桥上连续进行两次右转弯的操作，即可完成掉头（共右转720°）。

- 临近立交桥时，根据自车的行驶方向，注意看清指示标志、标线的提示。
- 借助地标或太阳位置，找准行驶方向的方位或走向。
- 通过市区的立交桥时，进出匝道要注意避让其他汽车、非机动车和行人。

四 高速公路行驶

高速公路的特点是全封闭、全立交、道路宽阔、视线良好、坡道平缓。在高速公路上行驶，驾驶人应集中注意力，以4倍车速以上的观察距离和4秒的跟车距离，运用动态的"古""米"行车观察的方法，放开视距，看远——全景观察，顾近——动态搜索，判断——远近参照，处理——照顾周边。注意观察道路上的交通情况和道路上方的各种指路标志牌、信息提示屏，随时注意观察仪表控制车速，了解车辆各部件工作状况，专注、谨慎地驾驶，切不可放松警惕。

实习期上高速公路，一定要有3年以上实际驾龄的驾驶人陪同。上路前做好出行计划，安排好路线行程。行车中，注意观察指路标志、信息提示屏和预告标志，避免错过出口。进入各高速公路段领取车辆通行卡后应妥善保管，它是计算车辆通行费的依据，避免在出口缴费处耽误时间。在设有电子不停车收费系统（ETC）的收费站，在前车窗玻璃指定位置贴有电子磁卡的车辆，可以20千米/时的车速直接通过ETC专用的收费车道。

在高速公路上行驶，注意指示标志、路面标线，按车道规定的车速行驶。在匝道内不得停车、倒车、掉头、超车。待进入加速车道后，注意提前打开左转向灯，注意主道车流，充分利用加速车道踩下加速踏板迅速提速跟上主道车流速度后，在不妨碍主道车辆行驶的情况下择机并入主道车流。

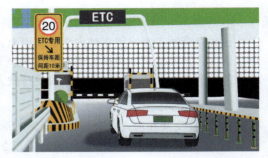

高速公路主路有单向三车道和单向两车道之分，最外侧有应急车道，并且每隔一段距离在道路右侧会加宽路幅形成港湾式应急停车带，设有紧急电话。行驶的车辆无故障时，不得随意占用紧急停车带停车休息，也不要占用应急车道行驶或停放。

在高速公路上行驶，小型载客汽车最高车速不得超过 120 千米/时，其他汽车不得超过 100 千米/时，摩托车不得超过 80 千米/时。根据不同级别的道路条件：

同方向有两条车道的，左侧车道的最低车速为 100 千米/时。

同方向有三条以上车道的，最左侧车道的最低车速为 110 千米/时，中间车道的最低车速为 90 千米/时。

在一些特殊路段，当道路限速标志标明的车速与上述车道行驶车速的规定不一致时，应按照道路限速标志标明的车速行驶。

在高速公路上行驶时，应以速选道，根据自车当时的行驶速度选择对应速度的车道行驶。不要"低速车走高速道"，这样存在巨大的风险。

一看远：观察距离一定要看远，至少是行驶速度 4 倍以上的观察距离（米）。

二顾近：跟车距离如用读秒的方法，应选择 4 秒的时间，还要加上隔位的方法观察前方车辆的行驶状态，方可提前发现情况，提前处理情况。

在高速公路上长距离行驶，交通环境千篇一律，有些路段景物单调，时间一长容易视觉疲劳或产生麻痹思想。特别是夜晚，行车光线不足，参照物很少，容易丧失动感。为避免路况观察产生静止画面现象，行车中应主动找一些参照物，如各种指路标志牌、信息提示屏、随车辆行驶而向后快速移动的分道线段等实物。借用这种相对动态的感觉比照前车的行驶状态，避免视觉疲劳。

任何时候，特别是在高速公路上，决不能让自己的观察视线、视角被大车（移动盲区）阻挡，这需要及时用速度或位置进行调整。

在高速公路上，不要随意停车！即使是错过出口，或者轮胎或车辆出现问题，也要尽可能利用惯性滑行（踩下离合器踏板），打转向灯加辅助手势靠边进入港湾式应急停车带或应急车道。不要急速停车，不要把车停在行车道上。否则，一旦引发后车追尾，后果不堪设想。

车辆连续行驶不得超过 4 小时，休息时间不得低于 20 分钟。

长途行车，由于长时间固定的驾驶姿势容易疲劳，应事先制订行车计划，注意行驶节奏，适时停车休息。行驶中，车速不宜忽高忽低，注意调节体力匀速行驶，并保持车厢内空气流动，车内温度不宜过高或过低。如果感到疲劳，最好进入服务区休息 20~30 分钟，不要疲劳驾驶。

为避免疲劳驾驶，长距离行驶最好是两位驾驶人交替驾驶，轮流休息，以便调整驾驶状态和及时恢复体力。

"逢三必进"原则：高速公路一般设有服务

区，内有餐厅、旅店、卫生间、超市、开水房、加油站、汽修厂等配套服务设施。驾驶人可根据具体情况或行驶节奏进入第三或第四个服务区休息，保证每隔2~3小时进入服务区休息10~15分钟，活动身体、调节体力，及时给车辆加油并进行途中检查。

机油、汽油、冷却液，制动系统、喇叭、灯——这是当年车辆检查的提示。由于现代汽车的整体性能、技术水平比较先进，尤其是电子产品的大量应用，使很多技术检测、行驶监测和途中大多数检查项目只要注意观察仪表即可完成。但是，对于轮胎的检查则比较特殊，因为胎体的外伤、隐伤只有在长距离高速行驶后才能逐渐显现出来，胎压检测传感器对这类问题的初期征兆无能为力。因此，长距离高速行驶后的轮胎，驾驶人一定要检查胎体、胎压、胎温，并紧固轮胎螺母等。

遇有以上低能见度情形时，高速公路管理部门会通过显示屏等方式发布速度限制、保持车距等提示信息。高速公路上行驶的车辆应配合管控，从就近的收费口驶出或进入服务区，等待通行条件。

高速公路上除收费站、出入口、隧道和江河或跨海大桥桥面上以外，基本无路灯照明。行驶中，由于灯光的有限照明距离和光效的衰减现象，以及眼睛在夜间视觉功能的弱化，夜间行车的观察距离被严重缩短。基本上是根据前方车辆或车流灯光的显示位置，判断车流及路况，估计大概的距离，跟随前车灯光显示位置行驶。

高速公路夜间行驶可使用远光灯。但是，在前车驶离主路的减速过程或遇阻降速，跟车距离小于100米时，应改用近光灯，以免对前车驾驶人形成眩目。

跟车距离方面，由于在夜间环境，用读4秒的方法控制跟车距离，一般不易及时找到明显的参照物。因此，尽可能不时地以某一夜光标志做参照，并以前车的灯光显示位置为依据，确定跟车距离，加上变通使用白天隔位观察的方法观察前方车辆行驶状况。不良气候时，以不同的处置方法应对，根据车流密度，尽量加大跟车距离。

各类夜光的交通标志的提示作用尤为重要。行驶中，一定要注意查看各种夜光交通标志的提示，注意前车的灯光显示和行驶状态，不时地注意观察仪表控制车速，及时了解车辆各部件工作状况，注意道路上夜光标志牌的地名提示或地点指示，避免错过出口。

在高速车道行驶时，发现后车前照灯、喇叭齐用，不断发出强烈信号时，应首先考虑的是：

1）自车是否速度偏低影响了整条车道的行驶速度？

2）后车速度失控告警？

3）提醒自己车辆有安全隐患？

此时，一定要及时判明情况，在保证行驶安全的前提下及时提高行驶速度，选择进入低速车道让行，待后车通过后再视情况变更到高速车道继续行驶。如果经提醒后，自己也确实感觉车辆有异常时，应及时进入港湾式应急停车带或应急车道进行必要的停车检查或报警。

乘用车在高速车道循速行驶经过右侧大型货车前，要按以下要求进行操作：

1）正常循速通过时，不用打转向灯，要视情况按喇叭或变换灯光提醒大型货车注意，比如大货车贴线太近时。通过时，一定要适当加大速度差，快速通过。

2）远看路况，要放开视距，注意大型货车前方是否有低速行驶的车辆，右侧大型货车是否正想超越或已经开始向左侧贴线占位。当遇上这种情况时，一定要减速让行，否则可能出现危险。

3）超过右侧大型货车前，提前注意大型货车的装载状况，防止通过时发生意外的掉落。

4）注意大型货车的行驶状态是否稳定，是否在自己车道内正常行驶，是否有"跑偏"现象，是否挤靠内侧车道。此时，哪怕是轻微的异常，大车驾驶人都有疲劳驾驶的可能。

5）避免与大型货车齐头并进和缓慢通过，否则容易遇到强烈的气体乱流。特别是在行经跨江、跨海大桥的路况条件下遇上强烈侧风的时候，要防范可能的"跑方向"而引发的间距失控造成剐蹭或事故。

6）还有一种意外情况，就是和大型货车齐头并进时，颠落的装载物或大车轮胎甩出的轮胎碎片或碾起的小石子会弹到你的车身上。

大车的视线条件好，观察距离远，操作的提前量也大。如大车提前发现前方的车速慢或路边有停车，特别是在两条车道时，一般情况下会打转向灯提前贴线往左靠，这是大车在同向行驶时向邻道要道的一种正常操作手法。

与大车齐头并进或缓慢通过时，就会感觉大车"不管不顾"和"生别硬挤"。其实，这也是大车的无奈之举，因为大车处理情况一是靠收油，二是靠占位。

1）不允许在应急车道、匝道、路肩、加速车道、减速车道上超越。
2）禁止倒车或掉头逆行。如果错过既定的出口，只能继续向前行驶至下一个出口前，不出收费站掉头回来即可。严禁在将要错过出口的情况下紧急制动减速变更车道或紧急停车后倒车及掉头逆行。

在高速公路上行驶时，当遇前方道路因施工占道或自然灾害造成道路损毁及事故现场，提前发现情况即收油滑行或制动减速，并注意观察道路上设置的引导标志和警告牌，以现场的限速标志规定的速度，驶入指定路线行驶。

高速公路山区路段一般都建有贯通隧道，且多座山体的隧道相连，出出进进，时暗时明，并伴有较长距离的平缓坡度。行驶中，注意观察各种交通标志和警示牌，提防下坡路段的洒水现象，按限速标志规定的速度行驶。

进入隧道时，打开前照灯，适当加大跟车距离。严禁在隧道内超速、超车、按喇叭。注意进出隧道时眼睛的明暗适应及隧道出口可能的雨、雪、雾及侧风。

行车中，注意速度的控制，特别是在夜晚视线不良对速度和距离判断不准的情况下。随时注意配合观察车速表确认行驶速度，根据车速保持3~4秒的跟车距离，宁大勿小。

长距离下坡时，发动机声音轻松，越跑越快，采用下坡不踩加速踏板带档滑行的方法，充分利用发动机的牵制力联合制动，控制车辆下坡的速度。

在高速公路上驶达下一出口前，一般提前在5千米处会有高速公路目的地的指向路标和临近出口的地名提示及指向路标，而后在临近出口前的2千米、1千米、500米处都设有出口的距离预告标志。当看到5千米提示时，若在三车道以上的最左侧车道行驶时，应在不影响其他车辆正常行驶的前提下，持续使用右转向灯，提前从左侧车道逐渐变更车道进入中间车道。行驶经过2千米预告标志时，再逐渐变更到最右侧车道；到达1千米距离预告标志后，即应开始做好驶出高速的准备；进入500米距离后，完全靠滑行减速给自己和车辆一个减速适应的过程，并注意观察车速表，强迫自己调整对速度的感觉状态，以便以平稳的速度进入限速行驶的匝道和尽早适应一般道路的速度要求。

在经过高速公路出口前，要加大跟车距离，注意观察前车的行驶姿态。

直行时，应在内侧车道行驶。一定要有意识地收油滑行准备制动，因为出入口也是事故

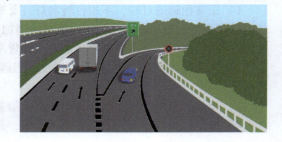

的易发区。要注意防范可能有前车在将要错过出口时，不计后果地在直行车道上紧急制动减速变更车道冲向出口。

出高速公路进入收费站时，尽量选择左侧的收费站口，因为右边的收费站口多是大车通道，不要指望载货汽车的制动性能随时都及时有效。

汽车在高速公路上发生故障后，应及时进入港湾式应急停车带或应急车道停车并迅速报警，随后开启危险警告灯，及时在车后150米（雨雪雾及夜间在200米）外设置危险警告标志，所有人员应当迅速转移到应急车道护栏外。在转移时，注意避让通行的车辆。

无争议的事故，尽量将汽车移至右侧路肩（两车道）或应急车道内及时报警，再行处理。有争议时，用手机拍照现场后迅速移开车辆，让出道路。难以移动或有伤人的，一定要先抢救伤者，保护现场。

设置危险警告标志的人员，一定要注意安全，要在护栏外展示三角牌往来车方向走，并把三角牌放置在分道线上，避免被通行车辆刮碰到。

在高速公路上，前方大车突然变更车道让出车道时，一定要看清前方路况再加速。

在高速公路行驶，凡遇车流受阻需减速或遇有突发情况需紧急停车时，一定要在发现情况采取制动操作的同时就打开危险警告灯，提前给后方车辆一个警示。减速过程中，一定要注意观察后视镜，如发现后边的大型载货汽车跟车近，并伴有前照灯急闪、危险警告灯急闪、喇叭声急促不断等情况时，很有可能就是后方大型货车警告制动可能有问题，希望其他车辆赶快躲避。这时视情况驶入应急车道避险或及时弃车避险。

在高速公路上遇阻停车时，至少要留出2倍车长以上的安全停车距离，人员及时下车在护栏外避险。一定要等到后方车辆停稳10辆以上，方可上车。

五　城市快速路行驶

城市快速路与高速公路相似，特点是全封闭、全立交、多车道、大流量，道路宽阔、坡道平缓、视线良好。不同的是，它结合城市交通特点配备了辅路系统，提高了路网的通行功能。

城市快速路设计的行车速度为60～100千米/时。设有单向三车道或单向两车道，最外侧有应急车道。需要注意的是，行驶的车辆不得随意占用应急车道行驶或停放。

在快速路行驶时，放开视距。观察距离一定要看远，至少是车速乘以3倍的观察距离。跟车距离，应根据车速用读秒的方法控制在3秒的时间上，还要用隔位方法观察前方车辆的行驶状态。如遇有雾、雨、雪、沙尘、冰雹等低能见度情况或者路面结冰积雪时，应按当时路况的行驶速度随行逐队，在操作上加大跟车距离，加大处理情况的提前量。

行车中，注意观察道路上的交通情况和道路上方的各种指路标志牌、信息提示屏、预告标志和不同路段的限速标志，随时确认车速、车距，谨慎驾驶。当标明的车速与法规规定的行驶车速不一致时，应按照道路限速标志标明的车速行驶。

由辅路进入快速路入口时，打开左转向灯，注意当时路段的限速或指路标志，注意"转头角"处要仔细观察。进入加速车道充分提速后，在不妨碍主道车辆行驶的情况下择机并入主道车流。

来回变更车道时，不稳定的行驶会造成忽快忽慢的车速，是增加油耗的原因之一。频繁地来回变换行驶车道，不仅增加了操作频率，也会给相邻车道的行驶车辆带来安全上的不确定因素。

在多车道的道路上行驶时，要有严格的车道意识，随行逐队，随流逐速。不得长距离骑压分道线行驶，不得随意变换车道行驶。特别是在车辆密度较高的路况，不要在行驶的车流中激烈地变更车道。更不得在多车道的道路上"见缝插针"连续变更车道，实施变相超越。

不要随意超越车流，也不要被车流所超越。发现右侧车道有多辆车快速通过时，应当注意自己是否车速偏低压道了。这时，要么提高车速跟上距离，要么变更车道进入外侧车道行驶。千万不要在没有任何路况影响的情况下，明显低于当时路段上规定的速度行驶或把车停在车道中间处理"小事"，这都是行车中的大忌。否则，随时有被追尾的"大事"发生的可能。

在城市快速路上行驶时，主路上的出入口一般相距较近，行驶前应规划好行驶路线，行车中注意观察指路标志，选择合理的行驶车道，事先做好驶离准备，避免错过出口。

较远距离行驶时，一般应避开中间车道，选择在内侧车道行驶。如需在前方第三个出口驶出时，在车多的路况条件下，车辆在经过第一个路口后即可考虑变更车道到中间车道行驶；当经过第二个路口后，即可考虑变更车道到外侧车道行驶；在到达第三个路口时，即可顺序驶出快速路进入辅路。

如遇快速路出口繁忙或拥堵时，应在外侧车道自觉排队等候。严禁重新变更车道到中间车道或直接从中间车道上驶向出口处伺机插队，这样会引发中间车道的行驶不畅或拥堵，同时也会严重影响整条内侧车道的行驶速度，造成整体车流的降速或道路的拥堵，降低通行效率。

一定要提前做好驶出主路进入辅路的准备。不能在临近辅路出口时，特别是在车速较快或车辆密度较高时，从内侧车道连续变更车道进入外侧车道，或急减速急变更车道驶向出口，这样有引发剐蹭或追尾事故的可能。

实习期间或低速行驶时，不要占用左侧车道，一定要按车道规定速度行驶。

遇车辆故障时，尽可能靠边停车。交通事故且不可移动时，应当立即开启危险警告灯，并在车后150米（雨、雪、雾或夜间200米）外设置危险警告标志，并迅速报警。注意避让通行的车辆。所有人员应当迅速转移到应急车道护栏外或安全位置等候。

六　通过隧道

在进入隧道前，一定要注意观察入口前的各项标志和告示牌，了解隧道长度、坡度和速度限制等信息，提前收油滑行放慢车速。距隧道前50米，打开前照灯，做好对暗环境的生理适应及操作上的准备。

具体做法：放下遮阳板，以减少眼睛的进光量，制造一个进入暗环境前的"缓冲准备"。当进入隧道后翻开遮阳板。这样，光线转换缓和，可明显减少对暗环境的适应时间。

此时，隧道内虽然有灯光照明，但光线还是比较暗。打开前照灯是为了降低光线的部分反差，同时也是显示自车的位置。隧道内严禁超车、超速、按喇叭，百米内不要使用远光灯跟车。如在双向行驶的隧道内行驶时，禁止使用远光灯。

不论是上坡还是下坡，一定要根据当时的限速控制好跟车距离。隧道内全是水泥路面，分道线全是实线，严禁超车。长距离的隧道通风不畅，洞中湿气较大，尾气较浓，有时还有车辆进隧道时轮胎带进的雨水或雪水。长距离的下坡方向，地面还有载货汽车洒落的给制动鼓降温的冷却水，整个路面类似于雨天驾驶，地面比较湿滑，轮胎附着系数低，跟车距离应

加大到平时的1.5~2倍。

由于隧道内没有相关参照物，加之光线昏暗，容易产生视觉误差，且主要视线在正前方。因此，驾驶人要适当收窄视角（80°左右），不要看隧道两侧墙壁，过分扩大视角（80°以上）易产生炫晕。加大视距，隔位观察，注意控制跟车距离。控制车速时由于两侧没有参照物，不能单凭直觉判断车速，所以一定要配合查看车速表确认行驶速度，保持和其他车辆行驶速度同步，严禁超速。

驶出隧道前，要注意观察交通标志的提示，做好明适应的操作准备。关闭前照灯，放下遮阳板，戴上太阳镜，给眼睛一个适应明亮环境的缓和过渡。

在出隧道时的明适应过程中，切莫盲目加速，避免视力不适应环境而造成危险。稳定车速，注意前车的行驶动态，控制好跟车距离，握稳方向盘，谨防隧道外的雨、雪、雾天气的湿滑路面，谨防隧道出口处的横向山风引起车辆行驶方向跑偏。

大型隧道内设置有监控摄像头、通风机、应急电话、消防栓、干粉灭火器、人员安全通道出口、车辆安全导向标志、应急车行横洞、应急车行辅洞等安全保障设施。

车辆在隧道内如发生故障，只要车辆还能继续行驶，就应尽可能把车辆驶出隧道。对于无法移动或事故车辆，驾驶人应按照规定打开危险警告灯，在车后150米以外设置警告标志，并及时通过紧急电话向隧道管理部门报警。车上人员必须离开车辆，在安全通道等待。严禁随意在隧道内停留、休息、避寒、避暑、避风雨。

一旦遇前车有事故，应尽早提前停车，不要接近事故车辆，远离事故后可能发生危险的车辆。特别是隧道内有汽油味时，千万不要打手机，直接用隧道内的应急电话报警。

七　通过铁道路口

在通过有交通信号控制的铁道路口时，要在道口外减速、观察，按照信号灯的指示低速通过。遇报警器鸣响或红灯亮时，在道口外限行杆（限行栏）后停车等候，不准在落杆时抢行通过铁道路口。

通过无信号控制或无人看守的铁道路口时，在路口外提前观察，做到"一慢、二看、三通过"，确认安全后低速通过。在铁道路口内，不准抢行、停车、超车、倒车、掉头。

跟行通过铁道路口时，注意观察道口前方道路情况和同向的骑车人和行人的状态。当前车在驶出道口受阻停车时，自车不得进入道口。待确认道口对面有足够的通行距离后，才可通过。

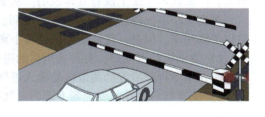

通过无人看守的铁道路口，当看到远处的火车或听到火车鸣笛时，决不可冒险强行通过。一定要"宁停三分、不抢一秒"。

- 在铁道路口遇车辆故障熄火无法起动时，首先打开危险警告灯，配合按喇叭示警，乘员下车或找人帮助及时将车推离路口或妨碍通行的位置。

险情自救的方法：

时间紧迫时，可换上1档，直接松开离合器踏板的同时，持续拧住点火开关钥匙不松手，借起动机带动车辆驶离危险位置。

老司机的开车秘笈

八、通过桥梁

桥体悬空，冬季的桥面温度在寒风的作用下会低于路基道路的路面温度，在冰雨或雪天气候及冬季大雾时会早于路基路面结冰，并迟于路基路面融化。因此，在通过各种桥梁时，考虑到各路段冰雪不同的融化速度，一定要谨慎使用制动。

通过四级支线道路的桥梁时，要注意交通标志的提示。乘用车虽不存在超重问题，但要自觉遵守有关规定，适当降低车速，尽量避免在桥上加速、制动或超车，更不能在桥上停车、倒车或掉头，以免堵塞交通。

遇到窄桥时，如对面来车距离桥头较近，应减速或主动在桥头外停车让行，切不可加速抢行。遇有情况不明或视线不清时，应在距桥头百米前减速，一慢、二看、三通过。

通过浮桥时，一定要加大跟车距离，注视前方和桥面情况低速行驶，不可在桥面上突然加速换档、停车，以减少桥体的晃动。

通过乡间道路的简易桥梁时，应视情况停车观察情况，查明或询问后再通行。要考虑桥梁的承重能力，应与前车保持较大的跟车距离或逐辆通过。

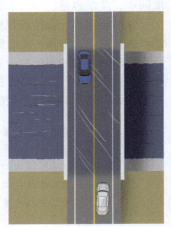

 大雾通过桥梁使用刮水器时，只要发现刮水器片上有冰碴，就要注意路面结冰情况。

在高速公路行经跨长江、跨海大型桥梁及连接两山间的高架公路桥梁的路段时，要注意交通标志的提示，握稳方向盘，以防江面或海面及山谷间的侧风吹动车辆偏离行驶路线。要严格按照规定速度行驶，特别是在雨、雪、雾天气和路面湿滑的情况下。

九、通过积水或涉水

在地势低洼的立交桥下，雨季由于排水不及时容易积水。对于乘用车来说，能过多深的积水，厂家技术手册上没有具体说明。从安全使用角度考虑，在涉水时应注意以下几个方面：

车型大小不一样，轮胎大小自然不同。SUV及越野车离地间隙高于乘用车，所以涉水时略优于乘用车。但是，最好不要超过最小离地间隙的标准。

1）发动机的进气口：有些乘用车的进气口在前照灯的后边，高度比保险杠的上沿稍高一点，车在水中行驶掀起的涌浪极易灌入进气口，造成发动机熄火。

2）变速器通气孔：变速器上部的通气孔是否做过防水处理，这是许多驾驶人注意不到的地方。

3）乘用车是非承载式结构，在生产过程中底板上都留有工艺孔或螺栓孔，涉水时车厢可能进水。

4）三元催化转换器密封在排气管中，一旦熄火排气管进水后会影响功效。

5）拉索式的电子式驻车制动系统，完全浸在水中时，电子元器件可能进水失效。

6）在齐轴深的水中行驶时，制动鼓内会进入混有泥沙的浑浊雨水，并与制动时磨下来的粉末混合

浸满整个制动鼓与制动片的间隙中。制动时，泥浆起到润滑作用，使制动失效。泥浆的破坏作用比"水衰减"更严重。

一般情况下，低于轮轴或底板高度以下的水深，是相对安全的。

当遇大雨路上有积水或乡村道路的漫水桥和漫水路面时，无法判断水的深浅和路面或桥面边缘。市区行车时，可参照路沿高度、路中心隔离墩和隔离护栏的基座高度判断水深，然后决定是否能通过。乘用车在非紧急情况下强行涉水，得不偿失。

乘用车最大涉水深度不能高过保险杠（主要是考虑发动机的进气口）或不超过轮辋直径上沿。如强行冒险涉水，有在途中熄火的可能。即使发动机在涉水时没有熄火，也有可能造成车轮轴套、球笼、车厢进水。变速器水浸冷却后，有可能从通气孔吸进雨水，引起润滑油变质。车厢内进水后，易造成车厢地毯下的线束插头浸水，引发电路故障。地毯浸水返潮后会有霉味。特别是发动机电控系统进水易受潮发生故障，给维修清理带来许多后遗症，造成很大的经济损失。

在通过市区的低洼积水地段时，不要紧靠马路边沿行驶，因为雨大时需要把路边下水道的雨篦子掀开，有时也会把路中的下水道井盖打开。雨中行车，一定要拉开距离，低速行驶，注意观察水面流动情况，跟随前车通过的安全轨迹行驶。县级以下的公路，路边基本没有绿化，而公路的边沿一般是排水沟，行驶时不要靠近路沿。

涉水前，应查明涉水路段的水深、流速和水底情况（泥沙地或砾石地）以及下河、上岸的道路坡度情况，选择水浅、砾石硬底、水流平稳、两岸坡缓的路段。水面较宽时，应设立标杆或有人指示通过路线或设立涉水界标。

涉水时，关闭空调系统及前照灯，谨防受潮短路。落下车窗玻璃，打开中控锁，与前车拉大下水距离，选用2档，保持平稳车速匀速行驶，避免溅起较大的水花和涌浪。中途不要换档，避免停车和急打方向盘。乘用车如在齐轮深的水中行进，车厢会产生一定的浮力，轮胎在水中对地面附着力减小，前后车涌起的水浪冲击车体使制动在水中基本失效。这时，较低的进气口在涌浪的作用下极易进水，风扇击碎的水花溅湿发动机体，易使电路短路，造成发动机熄火，而发动机熄火后雨水会倒灌进整个排气管内。如遇发动机在水中熄火，不要重新起动发动机，否则气缸内的水压作用将顶弯曲轴连杆，会造成更大的经济损失。

当车辆涉水后，制动鼓内会存有积水，在没有彻底清理干净水分前，会使制动完全失效，这就是"水衰减"现象。

为防范"水衰减"，一定要排干制动鼓里面的积水。具体方法：停在平路上，让制动鼓内的积水自行流出，而后用低速档行驶，用小力度持续踩住制动踏板，以"少踩轻磨"的方法行驶一段距离，用摩擦生热的原理烤干水分。等感觉制动恢复效能后，先试踩两下制动踏板，再进入正常行驶。

如被迫涉水后，可视当时涉水深度，及时进场检查、检修、检验车辆的各种技术效能和技术指标。

十 轮渡码头摆渡

汽车在渡口上下渡船时，应按顺序排队，低速行驶，保持足够的安全距离，服从渡口管理人员的指挥调度。为保证船体平衡，防止倾斜，必须按指定的位置或间隔停放车辆。雨、雪天气时，甲板湿滑，上下渡船时用1档，避免猛踩加速踏板和制动踏板，避免引起船体晃动，防止轮胎打滑。

车辆摆渡受风浪影响非常大,停车后要拉紧驻车制动器,挂上低速档。一般情况下,驾驶人尽可能不离位。下车活动时,不要远离车辆。

十一 越野或自驾游

驾车出游是一件开心的事情,但自驾途中会经历各种不同的路况,可能会遇到各种不同的地形或天气环境,如何应对显然十分重要。

车辆越野或郊游,主要看车型。在驶下公路后,要注意车辆自身的通行能力和地面通行条件。需要注意的是,乘用车和城市 SUV 车型不宜脱离铺装路面或参加越野活动。越野或自驾游时,需要考虑到车辆的各种技术指标和通过性能。

行驶中,对于不超过最小离地间隙和小于轮距的物品,都可以骑越通过。但有时在通过损毁或翻浆路段时,大车通过后的车辙形成两道车沟,轮距间的路面相对突起。为了提高通过性,在通过前乘员下车以减轻车辆负荷,减轻悬架、轮胎的承重变形,避免拖底情况的发生。

前后轴之间的轴距长,即纵向通过半径小的乘用车,在非铺装路面上容易发生车辆底盘与地面障碍接触,发生拖底现象,严重时可能会造成底盘的损伤。

普通乘用车不同于越野车,前悬较长,前保险杠位置较低,接近角较小。汽车的接近角较小时,在接近障碍物时(如小丘、土坎或台阶、路沿),其前保险杠下沿部分易碰触地面,严重时会发生汽车前端被顶住(越野车的钢质保险杠)而无法通行的"触头失效"现象,极易损伤前保险杠。

普通乘用车的后悬较长,后保险杠位置较低,离去角较小。离去角过小的普通乘用车,在下路沿、通过沟坎、坑洼等障碍物时,其后保险杠易于与路沿或地面发生碰擦,发生乘用车后保险杠被托住而无法通行的"托尾失效"现象,极易造成后保险杠脱落。因此接近角和离去角较大的 SUV 和越野车,通过性相对就比较好。

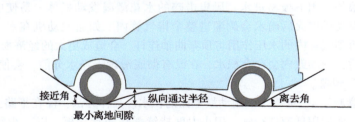

- 公路上驾车,必须时刻注意公路上的交通标志,并按照提示的要求行驶。需要特别说明的是,由于各地省道县道多为开放式的公路环境,沿途会穿过许多城镇和乡村,所以各类突发情况出现的概率比高速公路要大,因此,要特别注意行人、牲畜、家禽及电动车和农用车辆。在每次通过路口和岔口时,降低车速,注意观察,保证安全。
- 当乘用车驶离主线道路以后,要考虑不良道路对车辆行驶的影响,避免为抄近走小道,反而因路面条件差而耽误时间。严重时,还有损坏车辆的可能。
- 车辆横跨沟坎时,应低档低速慢行。为提高纵向通过能力和防止拖底,可将车身调整成60度左右的角度斜向进入沟坎,使同轴两轮交替通过,一轮跨离沟坎时,同轴的另一轮再跨进沟坎,然后是后轴两轮交替通过,这样可跨越较深的沟坎。如车辆有全轮驱动装置,应将其起动。进入沟底时,应踩下加速踏板使车轮快速爬上沟沿。主动轮出现轻微悬空或打滑时,应在该轮上方加大重量或减轻对角线位车轮上方的重量。
- 车辆在行驶途中,一旦发生"拖底"情况,一定要认真检查底盘。如果有地方漏油(发动机油底壳、变速器壳体、制动系统液压油管）就不要冒险行驶。
- 在雨天，土路泥泞，车辆很容易甩尾和打滑。通过时，最好沿前车已经压实的轨迹，选用低速档，稳住加速踏板，匀速行驶，途中不要加减档或紧急制动。因为，在泥泞中轮胎表面附着系数低，容易打滑，一旦陷进泥泞中就很难脱困。

十二 山路行驶

山路驾驶时，重点是"手、眼、心法、位"的操作，是对手动档车辆操作手法的一种考验（自动档车型的重点是选择档位），是检验驾驶人操作水平的集中体现。驾驶人在操作中，要全神贯注，眼观耳听、手脚配合，通过对各大部件积极频繁地调配操作，让车辆在山路上发挥出合理的动力性能，以适应路况的行驶需要。

1. 山路的特点

山路驾驶有着许多不同于一般道路的特点，也是盲区和弯道最多的道路。山路驾驶时，为控制车速，合理调配动力，操作频率较高。因此，要求驾驶人对道路的观察要认真，判断要准确，对方向、档位、制动的操作运用都要有较高的熟练程度及准确性。因操作手法在山路时会有较大变通，所以新手初次跑山路，一定要有老师傅进行指导或监督。

国道、省道、县道，级别越低，路况条件相对越差。近些年新修或改造的山区道路环境得到较大的提高，转弯处的路面得到加宽，坡度得到优化，视线条件得到改善。但是，有些山路因地理环境的原因，依然是"绕山转式的钻山沟"或"掉头式的回头弯"。道路随山势起伏而定，不宽敞的路面依然是陡坡、盲区弯道加连续弯道；沙石路面坑洼不平，有的甚至损毁严重；雨季常有塌方、落石或泥石流。当你驾车进入偏远山区时，一定要注意季节气候，一定要注意观察交通标志和提示。

"问路不施礼，多走二十里。"只要你讲礼貌，当地人会告诉你什么地方好走，什么地方不好走，什么地方什么时间不好走，什么地方危险，什么地方经常"出事"，当地车是怎么走的，你应该怎么走。当然，你得客气地跟他请教跟他聊，他见你客气、实在又好说话，就愿意告诉你。

2. 山路起步

1) 上坡起步时，用1档大节气门开度，起步后用"拉档"行驶的方法加入2档。
2) 下坡起步时，可用2档小节气门开度借坡溜车起步，选择适当的档位行驶。

3. 山路的视线与盲区

在山路上行驶，重要的是保持行驶动力，并尽可能地保持良好的观察视线（辅助侧身、歪头动作）。视线尽量看远，隔着山谷看对面，并且要看清眼前的路面或路边环境。特殊条件下或视线受阻时，应降低车速，打开车窗以便听到车外环境的声音。

山路大概可分为山岭路与山间或山谷路。山岭路多为翻山越岭落差较大的盘山路，较大高度差，掉头式的"回头弯"较多，下山视线一般比较开阔，远观时山上山下几乎一目了然。山间或山谷路多为走山根、钻山沟，盲区弯道和连续弯道比较多。坡度起伏随山势而定，山体、树林、灌木丛及坡顶都会阻挡或影响视线，造成弯道视线受阻或出现视线观察的盲区。因此，转弯前一定要把速度控制住，选择适当的档位，联合制动，"减速、按喇叭、靠右行"。白天遇雾或雨、雪天气时，也要打开示廓灯或雾灯。

行驶中，临近坡顶盲区时（视线在坡顶受阻），白天按喇叭，夜间应变换灯光。在临近坡

157

顶看不到坡顶背面的道路前，车速一定不能快，这样才能有时间看清坡顶背面的下坡道路的走向及路况。

车辆进入盲区弯道前 30 米左右，白天按喇叭，夜间变换灯光，以告知或试探视线盲区是否有来车。如在接近盲区弯道前听到有喇叭声或看到灯光，一定要有回应，以引起对方驾驶人的注意。一般讲，对方先有喇叭声或变换灯光，从距离上已提前进入弯道，你应及时回应并减速靠右侧行驶。当听到对方高音气喇叭声（大车装配）临近时，尽量靠右行驶。特别是听到连续或急促的高音气喇叭声（或灯光）时，最好推迟进入弯道，避免在弯道处与对向的大型货车会车，以防转弯中的大型货车因车头外轮差原因或装载超长货物，车尾后悬外移侵占（横扫）中心线，造成剐蹭。

当盲区弯道的对方发出连续或急促的高音气喇叭声或灯光时，一般是对方想"要道"先行，或者是在特殊情况下发出的报警信号。这时，一定要低速行驶，按喇叭回应，小心防范。

山路驾驶时，前排乘客在行驶中应及时帮助驾驶人观察路况，提前提醒驾驶人在某时或某位置上观察不到的视线角度或弯道盲区及远方路况。

当车辆进入有视线盲区的转弯车道时，由于前排乘客所乘坐位置的弯道半径大于驾驶人位置的弯道半径，再加上侧身、歪头的动作，观察角度会大于驾驶人位置的观察角度，可早于驾驶人发现对方路况并及时提示。

因此，当驾驶人在进入有视线盲区的右转弯车道时，身体可主动向左侧倾斜一些角度，以便提前发现对方路况。向左转弯时，驾驶人的身体可主动向右侧倾斜一些角度，以便提前发现对方路况。夜间时，可直接从道路前方的灯光散射（同方向）或照射的现象上，判断出前方车辆的行驶方向和大概距离。

4. 山路上的行驶路线

山路行车的关键是要把握好车辆的行驶路线。与公路环境不同，在县级山区公路没有中心分道线划分的情况下，在对面无来车的前提下，将车的行驶路线尽量沿道路的中心或靠近山体一侧行驶。一旦看到对方来车或转弯前，必须及时让出中心线位置。

山路驾驶时，进入弯道前一定要降低车速，提前选择好适宜行驶的档位和速度。对于那些可以完全看得清对方路况的大半径弯道或落差高度较大且下山的"回头弯"处，如果对面确实没有来车，驾驶人可以在转弯时借用一些对方的车道，并在通过弯道之后视路况回到自己的行驶路线上。

如果是视线盲区的弯道，驾驶人在通过前必须完全行驶在自己的车道内，并提前用喇叭（夜间用变换灯光）探路。严禁在视线盲区的弯道上，在路况不明的情况下压黄线行驶。当车辆在弯道或视线盲区靠右行驶的距离过半、盲区消失，在确实看清对向车道内无来车时，方可借道行驶。

在相对狭窄的路段上，每隔一段距离，因地势条件允许会特意加宽一段路面，作为狭窄路段上的会车点或错车位置。当发现对方有大车临近时，可用灯光、喇叭探问或注意对方喇叭或灯光的反应，再考虑是否提前贴边停车让行。

5. 山路的跟车、会车、让车与超车

在偏远地区、老旧道路的环境下，遇施工、损毁、危险路段时，驾驶人之间更要互相理解、互相关心、互相帮助。

（1）山路跟车

跟车距离要大于平路，类似冰雪路的距离，特别是在下坡时。

（2）山路让车

山路行车时的让车原则，就是"轻车让重车"或"小车让大车"。

"下坡车让上坡车先行，但下坡车已行至中途，而上坡车未上坡时，则上坡车让下坡车先行。"有时候，对方车会因路况或停车不便，发出"要道"信号（间断按喇叭或晃前照灯）。凡遇此情况时，最好提前在较宽路段或会车点位置主动靠边停车，等待会车。

（3）山路会车

靠山体内侧车辆，让山体外侧的车辆先行。遇狭窄路段会车时，有条件的一方先驶入较宽路段并尽量"贴边"停车，等候与对方会车，而且一般是单车让多车先行。通行方应向让行方"嘀"喇叭或手势致谢。

夜间靠边让行时，应关闭前照灯，只用示宽灯即可。操作标准，就是停车方关闭前照灯，给通行方一个清晰、明亮、痛快的通过环境。郊区双向车道的夜间，会车前感觉轻微"晃眼"即收油改近光，"横向平齐"或"车肩相错"时开远光。又如两辆大型货车在山区道路转弯处相会，先进车头，后进车尾，把车辆摆成"阴阳鱼"形状，互为关照，反向移动，互换位置，缓慢会车。

（4）山路超车

下坡时，原则上不超车。

超车时，选择视线较好、道路相对较宽直的路段，发出超车请求。待看到前车打开右转向灯或做出让超车的辅助手势后，减档提速超越。也可借前车（大车）低速爬坡或主动让行时超越，通过时一定要"嘀"喇叭致谢。

被超车选择视线较好、道路较宽直的路段，打开右转向灯或辅以手势，让速让路。当遇路况较差时，可寻找安全路段靠边停车直接让行。大车遇低速爬坡时，应主动靠边行驶，让路让超。

6. 山路的夜间驾驶

老旧山区道路全是沙石路面，且夜间无路灯照明，除了月光和星空，唯一的照明就是车辆自身的灯光。沙石路面在月光下给人视觉的感觉是，反光的是水，黑色的是坑洼，灰色的是路面。

夜间驾车时，要根据道路情况，在进入盲区弯道前交替使用远、近光灯。当发现对向有灯光时，或在会车距离内或双方处在 Ω 形弯道 C 点的对向位置时，一定要改用近光灯。

临近坡顶盲区时，"白天喇叭夜间灯"。在看不到坡顶背面的道路前，一定要把车速降下

来，才能有充裕的时间看清坡顶背面的下坡道路的走向及路面情况。

夜间山路驾驶时，可根据道路坡度和走势，在对方无来车的情况下不时变换灯光以及时看清路面。较缓的弯路或较缓的坡路可用远光，进入较急或连续弯道前改用近光灯行驶或辅助使用上雾灯照明，以能够看清道路右侧边缘，留出足够的内轮差距离为目的。

行驶中如远光灯的光柱逐渐变短时，一般是遇到上坡路段；如灯光下的路面有斑斑块块的黑色阴影，一般是路面上的坑洼；如远光灯的光柱变长，一般是正行驶在下缓坡的道路上；如灯光的光柱突然消失，一般情况是车到坡顶前或车到较急的转弯处，这是因为灯光照不到路面或景物，打到空中散失造成的。遇到这一现象时，一定要特别注意，它是夜间山路驾驶时发生险情的前兆！

夜间山路驾驶（有月光）时，用可视的观察距离的米数除以 2 或 3，控制行车速度。上坡时，根据坡度选择档位，并注意控制发动机的转速。在平衡车速、档位、发动机转速三种关系的情况下，车速就低不就高。

夜间山路驾驶时，弯道转向前要使用近光灯，在无月光、陌生或危险路段时可以辅助使用前雾灯。雾灯的照明光线主要是散射光，虽照射距离不及近光灯远，但照射角度比近光灯宽，两者形成互补，既可观察前方一定距离的道路，又可及时关注道路右侧边缘的情况，弥补近光灯在车辆转弯时"照明角度缺失或滞后"的不足，提高夜间观察道路右侧边缘的能力。

7. 山路的档位选择与发动机转速

山路上坡起步时，踩加速踏板要比平路略深一些，松离合器踏板要比平路稍高一点，以克服上坡阻力。加档前的"冲车"一定要高转速行驶，速度快了再加档，加档动作要连贯。行驶中，视上坡坡度或听发动机声音变化提前减档，不要等到动力不足或出现拖档时再进行减档，那时可能会发生减档失误、发动机熄火或溜车的情况，造成重新起步的结果。

翻山越岭时，要根据坡度变化及时变换档位，以达到调节发动机转速、平衡档位与车速的关系。如果用 3 档 2500 转/分的转速能行驶，就不要用 2 档 3500 转/分的转速行驶。两者虽然行驶速度差不多，但应尽量选择适当的发动机转速配合适当的档位，选择适当的行驶速度平稳行驶，减少换档频率。有时，有些坡度由于车辆满员、排量小或夏季使用空调或高原缺氧等原因，高一档时动力勉强，低一档时转速很高，很容易造成频繁换档操作。这时，为避免发动机负荷过大或转速过高，应选择低一级档位，稳住发动机转速，保持足够的行驶动力即可。一般情况下，可以把发动机转速保持在 2600 转/分左右或是感觉比较轻松的转速上。有时，适当降低一点转速或车速，让发动机处于中上等转速时可防止冷却液温度快速升高。

持续上坡行驶时，特别是在夏季时的低档位高转速的情况下，一些车辆的冷却液温度容易升高。当发现冷却液温度过高或发动机出现爆燃现象时，就应就近找不妨碍其他车辆通行的地方，把车停下来休息。如不得已停在斜坡上时，一定要拉紧驻车制动器，同时要在车轮下垫上石块，用拉驻车制动器、垫石块的组合方式提高驻车时的保险系数。然后打开发动机舱盖，让发动机怠速运转一会儿。此时，千万不要着急打开散热器盖补充冷却液，否则高温的冷却液会喷出散热器造成人员烫伤。一定要等到发动机冷却液温度降下来后，再查看或补充冷却液。无冷却液时可临时加水，行驶后或入冬前换成符合地区冬季要求的冷却液。

当休息后准备继续行驶时，要查看是否有遗忘的物品。最重要的是，一定要将垫车轮的石块清出路外，以免形成路障给其他过往车辆的通行带来不便。

一般讲，上、下相同坡度的道路时，对于新手来讲档位可以是相同的。至于下山时采取提高或降低一级档位行驶，完全要看道路的坡度变化、弯道的缓急、视线的条件、载重的多少、道路的熟悉程度以及山路驾驶操作的熟练程度。这其中，也存在车速与制动使用频次的平衡关系。

1）选择相同或低一级档位行驶时，可充分利用发动机的牵制作用，控制下坡速度。这时发动机转速偏高，但制动使用频次低，适合于连续弯道或下长坡。

2）在熟悉的道路上，操作熟练可选择高一级档位，但只适合于下缓坡、缓弯或短坡后即上坡的路段。不过，这样发动机的牵制作用相对降低，车速容易偏快，制动使用频次会偏高，且制动力度要比平路大一些。

8. 采用联合制动方法控制下山速度

平路时，是靠发动机动力行驶；山路下长坡时，是靠发动机的牵阻力加制动系统的联合制动方法，控制车辆的下坡惯性。

山路下长坡时，严禁完全依赖制动器的减速作用降低车辆下山行驶的速度，主要是为防止发生"热衰减"现象，使制动效能降低或失效。

下坡行驶时，为降低制动系统的负荷，减少制动的使用频率，避免出现"热衰减"现象，可用换低档位配合适时使用制动的方法控制车辆下山的行驶速度，即联合制动方法。一定要根据坡道选择适当档位带档滑行，充分利用发动机的牵制作用，把发动机转速控制在3500转/分左右的合理转速上，再配合制动减速。整个下坡过程中，右脚要始终放在制动踏板上准备制动，以适应随时需要（转弯前）的制动减速操作。

1) 山路下坡时的制动运用不同于一般道路，除选择带档滑行利用发动机的牵阻作用外，车辆的制动力度和减速幅度都应大于一般道路。

在每次制动减速时，一定要把制动踏板踩得"重"一点，每脚制动的力度都得在50%～60%以上并持续住，等到车速降到当时档位的最低转速时，等到把下坡惯性消除后再松开制动踏板。

"重踩制动踏板"是加大制动蹄片的工作压力，尽量减少"轻磨"时制动鼓的摩擦生热，防范发生"热衰减"现象。这种注重实效的方式，既能减少制动发热的概率，还能"制动住"车速，又能控制住惯性，不至于让惯性推着车速"疯跑"，不至于让制动效能在几十千米的下山距离内降低或失效。

"重踩制动踏板"，是为了能有效控制或消除车辆下坡行驶时产生的惯性或动能，同时还有减少制动使用频次的作用。当为减少制动频次，必须要"重踩制动踏板"，大踩大放"一脚是一脚"，注重减速效果。如采取"少踩轻磨""平稳制动"，会使制动鼓摩擦生热。

2) 制动踏板踩下时，一定要有明显的减速效果，在砂石路面上只要轮胎不出现"干搓现象"就行。这时，乘员会出现轻微"前倾"，车辆可能会有些轻度的"点头"，或在整个下坡行驶过程中车辆行驶显得忽快忽慢，这是正常现象。

3) 下坡制动减速时，不能踩离合器踏板，否则会形成空档滑行。除非需要减档或停车，才能踩离合器踏板。当车速降低到当时所用档位的最低转速前，再松开制动踏板时车辆不应该有惯性前冲的感觉。

4) 下长坡时制动用得多，特别是连续长距离的下山行驶，鼓式制动散热效果差，温度容易升高。因此，一定要在行驶一段距离后视情况停车休息，让制动鼓和发动机都自然冷却。但是，不要往制动鼓上浇水降温。

- 在下坡前，一定要先试踩制动踏板，特别是上坡即将结束前。下陡坡或长坡前，要选择适当的档位，充分利用发动机的牵阻力，再配合制动减速。
- 通过崎岖、损毁道路，跟着大车的车辙行驶时，车辆底盘如发生拖底、磕碰，一定要停车认真检查是否有损坏或漏油现象。
- 自动档车型在山路行驶时，一定要将行驶的档位锁定在中或低档位置，否则上山时频繁变换档位易损毁变速器，下山时高档位起不到发动机制动的牵阻作用，频繁使用制动踏板易发生热衰减现象。

开车稍不留神就会带来意想不到的麻烦或危险。

山路的转弯有盲区、有逆光，市区的路口也有盲区、有逆光、有面向太阳时的路面反光。可怕的是，面对逆光时，还有抢行的汽车、非机动车和行人。

汽车行驶，就是简单操作反复做。路况变化不断，但全是以简单类似的情况反复或重复。如果遇到不良气候或特殊环境时，就必须做出相应的操作改变。

第三节 恶劣气候、逆光和盲区条件下的驾驶方法及注意事项

车行万里路，常年到处跑，自然就会遇到夜色、阴霾、冻雨、雪雾、寒霜、风沙、大雪、冰雹、烟尘、弱光、逆光和日照时的反射光或炫光。它们都能降低能见度，干扰动视力和视距，使观察的效果受到影响。而在恶劣气候条件下的冰天雪地、暴风骤雨，风雨交加、电闪

雷鸣的环境，以及在边远地区脱离主干线以外的道路上，大雨引发的塌方、洪水、泥石流，暴风雪造成的封山、断路，恶劣气候的影响会直接导致路面阻断或损毁，使行驶的道路发生变化，让行驶受阻或让行驶速度受到极大的影响或制约。

一　雨天

视情况打开示廓灯或雾灯，按低能见度时"100米内除以2，200米内除以3，300米除以4"的方法，控制行驶速度。跟车距离用估算、读2秒，并把距离加大到平时的2~3倍。

小雨时，雨滴湿润了路面上的干泥、尘土、树胶等物，路面要比大雨冲刷干净的道路滑腻，水泥路面要比柏油路面滑。行车时，驾驶人要特别注意道路情况的变化。

雨天行车，车速降低到可视距离的米数除以2或4倍后的速度行驶。即可视距离÷2或3、4＝行驶速度/时。快速路时，跟车距离拉大到平时同等车速时的2~3倍，处理情况的提前量要加大，约为平时距离的2~3倍，一般采用4或5档行驶，保持发动机中等转速，匀速前进，行驶中随行逐队，原则上不超车。避免急打方向盘、急踩加速踏板。雨水路面，制动距离一般比干燥路面制动距离长2~3倍，积水路面的制动距离还会加长。实验证明，车速70千米/时，紧急制动或急转弯时就可能会产生"水滑"现象，易使车辆失控。为防范"水滑"情况的发生，可提前采取联合制动的方法，避免紧急制动。

雨时，视当时阴暗程度打开示廓灯或雾灯、刮水器，关闭天窗，车窗使用外循环通风（防车窗玻璃上起雾）。重点注意路况：

1）无雨具的行人横穿马路——抱头乱跑。
2）无雨具的骑车人慌慌忙忙——低头猛骑。
3）打伞的骑车人骑行不稳——晃晃悠悠。
4）穿雨披的骑车人手脚受限，视线受影响——忽左忽右。
5）路上行人、骑车人避水洼、躲泥水——不顾周边情况。
6）顶风雨的骑车人在蹬不动的情况下，会突然横在你的车前，或是从自行车上往下蹦，直接往机动车道里边偏。

因此，一定要注意对骑车人、行人的动态观察分析，并降低车速，注意避让雨中的行人和骑车人，适当按喇叭，及时提醒。

同等车速通过路面积水，加油通过时溅起的水花要大于收油滑行通过时的水花。遇积水路面旁有车辆、骑车人、行人时，要收油减速，避免溅起泥水。

通过积水路面时，尽可能两侧轮胎同时进入。否则，两侧轮胎的附着系数不一样，车速越快，引发意外的可能就越大。紧急制动时，会发生甩尾或失控。

通过人行横道前，要注意跟车距离和灯光变化，车轮尽量不要压在人行横道线的漆面上。因为，轮胎在雨水漆面上（与小雪漆面时相同）的附着系数低于雨水路面，一旦紧急制动时，停车距离会加大或"跑偏"。

雨中行车，观察视线受影响，左右两侧后视镜的观察景象全被雨迹混淆、景物模糊。赶上夜间在市区各类照射的、散射的、反射的各色光源把玻璃上的雨滴衬托得五彩缤纷，使人眼花缭乱。左右前门的车窗玻璃和后车窗玻璃（三厢车）上的雨迹严重影响观察视线，雨大时会完全遮挡观察视线。此时，在转弯、变更车道或倒车时一定要慢，要格外小心。

当遇暴风雨时，刮水器最快的刮速也无济于事，根本就看不清路面。最好的办法，就是查看一下地面流水的方向，找一个地势较高且不妨碍交通及避开风吹落物的地方停下来，避开树木、电力设施、排水通道停车，待雨小后再走。

降低车速，注意观察路面积水情况，注意积水深度，注意观察立交桥或低洼处的水位线标尺，谨慎驾驶。

山区行车，遇雨大时，不要冒险行车；遇连续降雨的天气，公路会出现路肩松软、护坡塌陷的现象，避免靠近路边行驶。行车时，应防范山洪或泥石流的冲击。

雨天行车时，视情况打开外循环或空调，清除车内玻璃上的雾气。

雷雨时，要收起车外天线，关闭汽车音响，不要在车内使用手机。停车时，避开大树、电线杆、高压线路和变压器。车体遇雷击或高压线断落在车体上时，不要下车，电流会经湿漉的车体表面传导到地面，在车内是安全的。

二 雪天

视情况打开示廓灯或雾灯，按低能见度时"100米内除以2，200米内除以3，300米内除以4的方法，控制行驶速度。跟车距离用估算、读2秒，并把距离加大到平时的3～4倍。

下雪时，小颗粒的雪渣落地要比小雪片滑，在路上被车轮压实的雪花要比蓬松的雪滑。压实后再冻过一夜的积雪路面，要比随下随压的雪滑，再赶上第二天又下新雪落在上面时会滑上加滑。相对来说，山区的砂石路面防滑效果，会优于市区的沥青或水泥路面。

一般普通轮胎在冬天低气温条件下，橡胶会发硬，弹性降低，附着系数降低，特别是轮胎花纹严重磨损的"光板胎"。因此，进入冬季前，驱动轮最好能换上冬季轮胎，注意调整好轮胎胎压。东北严寒地区换上雪地轮胎，野外条件下备好防滑链。

遇下雪或秋霜、冰雨天出车前，先起动发动机，再打开后风窗玻璃除霜开关、后视镜加热开关、座椅加热开关。清除车体上的积雪、冰雨。如已结冰，待冷却液温度升高后，用热风吹化并用刮扳及刮水器清理前风窗玻璃上的雪或霜、冻雨，同时清洁左右后视镜面、两侧及后车窗玻璃或车体。

1. 灯光

日间小雪时，打开示廓灯；中雪时，再打开前雾灯；大雪时，一定要打开后雾灯。

2. 起步档位

在冰雪路面，轮胎附着力低。轻踩加速踏板稳住离合器踏板平稳起步，防止车辆的驱动力大于轮胎附着力造成驱动轮的打滑或空转侧滑。1档起步打滑时，手动档车改用2档稳住加速踏板平缓半联动试探性起步，自动档车改用雪地模式起步。

3. 档位与转速

根据路面附着系数，定速选挡。发动机转速2200转/分左右，避免低档位高转速"拉档"行驶，以中、低档位的经济车速匀速行驶。

4. 方向与加速踏板

打方向盘要柔，回方向盘要稳（不要让方向盘自主回转），方向回正再平稳踩加速踏板。转弯时，不收油或在弯道处打方向盘时踩制动踏板，以及正常行驶时突然急加速或急打方向盘，都有可能会出现"甩尾"或"打滑"现象，极易造成车辆失控。

5. 视距与车速

雪中行驶时，行驶速度用除法计算：即100米内除以2，200米内除以3，300米内除以4。

6. 跟车距离

根据路面附着系数，把平时的跟车距离加大3～4倍。

7. 制动减速要提前

冰雪路面制动时，ABS 高频调节，主要是防止制动打滑或跑偏，制动减速的作用或距离相对减弱或延长，所以制动距离会长于干燥路面。因此，在冰雪路面处理情况的提前量要加大，约为平时距离的 2～3 倍。根据附着系数推算，落雪路面制动停车距离一般比干燥路面制动停车距离长 2～3 倍，结冰路面制动停车距离一般比干燥路面制动停车距离长 3～4 倍。

8. 制动方式

一定要加大处理情况的提前量，再采取联合制动的方法。遇到情况时，要提前收油减速，再用低档位，充分利用发动机的牵阻力控制汽车的行驶速度和惯性，再以平缓、试探性地"上脚就有"的 30%～50% 力度制动减速或停车。否则，一旦以 50% 以上的力度制动时，即使车速在 30 千米/时左右，也会造成轮胎失去附着力，车辆易产生失控性的"甩尾"或"漂移"。

大雪覆盖道路标线时，可寻找路沿、隔离墩、护栏、路边树木做参照对比，并根据道路参照物的位置和记忆选择适当路线或按车辙印行驶。不要轻易尝试走被积雪覆盖、路况不明的路段。

雪天经过人行横道时（主要是小雪时），注意左右两侧轮胎要尽量避开人行横道上的漆面。不要一侧轮胎压路面，另一侧轮胎压漆面，因为两侧轮胎的附着系数不同，一旦制动就可能发生跑偏或甩尾。

公路上行驶时，一定要按着车辙印走。这是因为，车辙外松软的厚雪行驶阻力大于车辙上紧实的冰雪路面，一旦偏离车辙行驶或想超车时，车辆会自动偏向松软的积雪路面一侧，速度越快越危险。

冰雪路面行车，要随行逐队，不要随意变更车道，原则上不超车。如遇会车时，应选择宽阔路段，各行其道，加大间距，车速要稳，按喇叭提示，谨慎通过。

雪天行车时，视情况打开外循环或空调及天窗后翘、开缝，及时清除车内玻璃上的雾气。收车时，打开车门放尽车厢内的热量，支起刮水器片，防止车窗玻璃、车门、刮水器片被冻住。

野外途中遇暴风雪时，一定要及时寻找有利地形停车躲避。

冰雪路面停车时：

（1）平路

地面上被积雪完全覆盖时，除正常停车操作以外，坡道时还要找砖头、石块在轮胎下挤紧、垫实，以防风口处被大风吹动车体引起轮胎滑动。

手动档：车停好后，用砖头或石块放在背风向的轮胎下，松一点驻车制动器，车辆微溜让轮胎"吃上劲"后，再挂上任一低速档，拉紧驻车制动器即可。

自动档：车停好后，用砖头、石块放在背风向的轮胎下，用脚蹬紧、垫实即可。

（2）坡道

冰雪路面停车时，尽量避开坡道。万不得已时，不论上坡还是下坡停车，不论手动档车还是自动档车，为保障安全，除驻车制动、"别档"外，再将轮胎的下坡方向挤紧、垫实。后驱车一定要将前轮胎挤紧、垫实。

在驶离前，一定要把砖头、石块清理到不妨碍车辆和行人通行的地方。

（3）雪坡路边驻车

雪坡路边驻车时，也可利用路沿，起到防溜防滑的作用。

1）下坡停车：车身与路沿形成约20°的夹角，右前轮胎靠上路沿，后轮距路沿间距大于30厘米即可。回正方向盘，摆正轮胎（针对液压助力转向系统的车型），自动档车换P位，手动档车换倒档，拉紧驻车制动器后，再松开制动踏板。

驶离时，打开左转向灯，观察后视镜，确认安全后先轻踩加速踏板少量倒车调正车身，按防滑的需要选择适当的档位，再向左打方向盘起步驶离停车位。

2）上坡停车：车身与路沿形成约20°的夹角，让右后轮胎靠上路沿，右前轮距路沿间距大于30厘米即可。调正轮胎，回正方向盘，自动档车换P位，手动档车换前进档，拉紧驻车制动器后，再松开制动踏板。

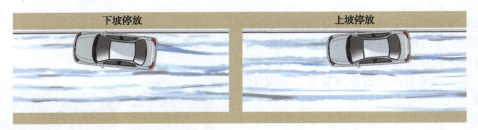

驶离时，打开转向灯的同时转身回头（转头角）确认安全，按防滑的需要选择适当的档位，确认安全后起步行驶。

- 对于雪坡路边停车，可以打方向让轮胎产生角度靠上路沿，但是一定要考虑本车转向助力系统的形式和本车使用手册上的使用注意事项。老式的传动带传递液压转向助力系统的车型，不宜使用这种方法。
- 经验证明，行李舱有百十斤的重物让人感觉车辆行驶特别平稳，这与后排坐满人的驾驶感觉是不一样的。究其原因，主要就是行李舱负重后加大了后轮的压强，前后轴承重均衡，重量分布对称所致。因此，在冰雪路面行驶时，车上乘员要注意重量分布，两人时考虑取对角线位置，三四人时大体重尽可能坐后排，左右的重量尽量相等，以达到前后轴的负重平衡。
- 防范起步打滑应急小窍门：用矿泉水瓶装沙土备在车上，遇起步困难时撒一些沙土在驱动轮下，特别是在坡道遇堵起步时防打滑很有效。

三 雾天

雾的形成，季节性非常强，也很复杂。如沿海地区或南方三四月份的阴雨季节，平原地区在湿地、水塘较多的低洼地带，丘陵地区及山区在秋、冬两季，晨雾有时会很大，等太阳出来后很快就能消散，但在山坳处或阴雨季节时雾会持续很长时间不散。雾中行车，最大的障碍是观察视线受阻，可视距离缩短。因此，驾驶人一定要遵守交通法规关于雾天行驶速度的规定。

一般在北方地区，"团雾"都是发生在湿地、水塘较多的低洼地带，覆盖面积一般是局部，天气预报也无法准确预报"团雾"的发生。如果赶上地区性的大雾，对于赶路的驾驶人来说，还真是一件十分头疼的事。

1. 降低行驶速度，控制跟车距离

根据雾中视线的观察距离，在严格遵守法规的同时，也可按低能见度时"视距 100 米内除 2，200 米内除 3，300 米内除 4"的方法进行操作。在保证观察距离的情况下，再结合慢估算、快读秒的方法，控制跟车距离。

遇雾时，一定要先确定可视距离。在适量减速的同时，通过目测或掐表确定可视距离。即立刻寻找当时前方最远处视线能看得见的某一固定参照物，随即按下行程表的按钮"计算距离"，当行驶到这一参照物时将行程表行驶距离的数值除以 2、3 或 4，得数就是当时在雾中车辆行驶的速度。

可视距离 50 米时，$50 \div 2 = 25$，直接切换成 25 千米/时左右的行驶速度即可。

可视距离 100 米时，$100 \div 2 = 50$，直接切换成 50 千米/时左右的行驶速度即可。

可视距离 200 米时，$200 \div 3 \approx 67$，直接切换成 67 千米/时左右的行驶速度即可。

可视距离 300 米时，$300 \div 4 = 75$，直接切换成 75 千米/时左右的行驶速度即可。

行驶速度确定之后，跟车距离可按慢掐量、快读秒的方法计算即可。

2. 开雾灯、开窗、视情况开刮水器

行驶途中遇雾时——先慢！在收油减速控制车速和跟车距离的同时，及时打开示廓灯、前雾灯，大雾时还要打开后雾灯。视情况使用刮水器，有红外夜视系统的车辆应及时开启使用。

跟车距离以能隐约看见前车的尾灯为标准。根据前方具体情况降速的同时，也要查看后视镜注意后方车的跟车距离，注意控制自己的制动力度，发动机制动减速时要轻踩制动踏板，点亮制动灯给后车一个提醒，谨防被追尾。

在雾中行驶时，不要开远光灯，以免形成强烈刺眼的雾障反射。

遇浓雾天气时，一定要落下前门两侧车窗玻璃，借助听力判断道路前方的情况。不时地"滴"一声喇叭探路，前排乘客要积极配合。特别是在山路行驶时，感觉到周围有其他声响或喇叭声出现时，应及时按喇叭回应或"隔雾喊话"，使双方都能从交流内容、喇叭的声音或从灯光显示的颜色、方位上，判断出相互的大致位置和距离。

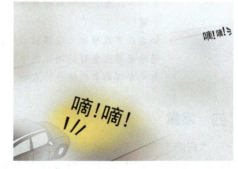

一般道路遇特大浓雾视线观察困难时，前排乘客可下车步行引领车辆驶离公路或就近选择安全地带停车，人员下车离开公路，打开危险警告灯，视停车位置在车后 200 米外摆放危险警告标志。

3. 各行其道、降低车速

1) 一般道路行驶时，应严守法规，降低车速。严格执行"各行其道"的规定，靠右行驶，"让开中心线，以标线、护栏、路沿或路旁的树木做参照低速行驶，间歇式地按喇叭探路"。不可随意超车，并注意路边停驶的车辆，非机动车或行人。

2) 高速公路行驶途中遇"团雾"时，首先是在减速的过程中保持先前的行驶顺序，按低能见度时"100 米内除以 2，200 米内除以 3，300 米内除以 4"的方法控制行驶速度，盯着前车尾灯、雾灯，用慢估算、快读秒的方法控制跟车距离，整体地把车流的通行速度降下来。

一定要按规定"各行其道"。小车全部靠左侧车道行驶，大车全部靠右侧行驶。各自以

路边护栏和前车尾灯和雾灯的光雾为参照,低速"盯着前车尾灯走",无车可跟时间歇式地按喇叭探路,尽可能不停车,直到驶出雾区或及时就近找出口驶离高速公路或驶入服务区躲避。

3)在高速公路突然遇雾的情况下,最安全的现场应急处置方法,就是所有车辆都"各行其道",打开雾灯、车窗,根据视距确定行驶速度。这相当于车流行驶状态基本不变,只是车流整体降速。降低车速,可减小撞击的力度,即使有接触或刮蹭也尽量不要停车,以免造成后车的连续追尾或交通堵塞。只有这样才能共同避险,才能保证整体车流的行驶安全,降低大雾带来的行驶风险和隐患。

4)大雾中的高速公路与普通公路相比,路上没有农用车、非机动车和行人同行。如果所有遇雾车辆都能统一、按部就班地用适当的低速行驶,一般不易发生严重的事故。即使有事故,只要不停车,损失也不可能巨大。

4. 严守法规、靠边停车

当发现观察困难,确实无法行车或服务区车满不能进入时,一定要选择进入港湾式应急停车带或应急车道停车避险,在离前车后方至少是2倍车长的距离外靠边停车,并打开危险警告灯,所有人员一定要下车在护栏外或选择安全位置等候。同时,在200米外摆放危险警告标志,并及时报警。

不良视线现场的应急处置措施,也包括在高速公路上遇大雨或大雪时的应对处置。如在遇上恶劣环境时,大家都能执行一个统一的细则,所有车辆都能"步调一致,整齐划一"地降低速度行驶,使整个车流都处在一种低速的行驶或规范的自保或避险状态,可大大降低事故发生的概率,大大降低事故的危害程度。

- 危险警告标志主要是靠反射灯光起作用,雾中使用效果不明显,后方来车远距离可能看不到。也可在危险警告标志旁放置自备的应急灯或打开汽车音响高声播放,多种方法提醒后方来车注意。直到后面有车大间距停下,然后提醒后车驾驶人继续使用视觉加听觉的方法示警!
- 如遇故障或事故无法移动占用行车道时,最好"警笛长鸣"并在放置好的危险警告标志处辅助使用应急灯的闪光信号加强示警,或指派专人在放置危险警告标志处的护栏外,向后方来车挥动颜色醒目的衣物,做出夸张的动态示警告知,避免发生二次或连续事故。

四 霜露

"霜降"节气后,水汽凝结为露,一般在夜间前后形成。进入深秋,北方地区温度降至0℃以下时便会产生霜冻。沿海或南方地区,"霜降"季节的水蒸气也会形成很大的露水。这些霜或露水,要等到太阳高照时才会消失。

露水小时车体湿润,露水大时类似小雨后的情况。

霜小时,车窗玻璃和后视镜面上稍微有一些结晶;霜大时,结晶覆盖整个车体,地面上以及小草也会形成白花花的结晶。

出车前,一定要清理干净风窗玻璃和两侧后视镜后再上路行驶。由于路面上有霜或露水,轮胎附着系数降低,行车时按小雪或下雨天气的湿滑路面处理,加大1~2倍的跟车距离控制行驶速度,采取联合制动提前处理路况。

北方冬季出车前,只要看见后视镜镜面上有霜,就要看一眼制动盘是否有霜,同时注意观察地面上小草是否形成白花花的结晶。起步后,试踩制动踏板进行检查。

五 风沙

高速公路行驶遇大风时，由于行驶的车速及方向与风力及风向会随时会发生变化，主要是侧风会把车型较小或车身较高的车刮得偏离行驶路线。这时，一定要收油，降低行驶速度，修正偏差，保持行驶方向，控制住方向盘，选择低速车道行驶。特别是在长江大桥、泉州湾、港珠澳等大桥上行驶时，注意观察速度限制标志或告示牌，注意江、海水面强风，特别是在台风暴雨季节一定要谨慎。

经过山区隧道出口时，要特别注意冰雪湿滑路面加横向山风，一定要按当地、当时的限制速度行驶，注意把稳方向盘，防止横向山风引发的车辆偏离行驶路线。

在城镇及一般道路上遇逆风、侧风行车时，要提前注意同向的骑车人，通过前适当按喇叭，防范骑车人在顶风骑不动或顶侧风的情况下，突然偏行进你行驶的机动车道内。

沙尘天气时，视情况打开示廓灯或雾灯，按"低能见度时100米内除以2，200米内除以3，300米内除以4"，用"慢估算、快读秒"的方法控制行驶速度和跟车距离。有时沙尘中或伴有小雨，在风窗玻璃上形成泥点，清理时一定要先喷足玻璃清洗液，别让刮水器直接进入自动模式。否则，直接干刮，容易损伤风窗玻璃和刮水器片。

遇大风、沙尘或阴霾天气时，车内空调应采取内循环方式，但一定要适时根据客观环境采取外循环方式通风换气。

如赶上风雨、风雪，应打开雾灯，分别按前面雨、雪天气的湿滑路面方法行驶，降低车速，加大1~2倍的跟车距离，谨慎驾驶，确保安全。大风雨、大风雪时，尽可能暂时停车躲避。

 如果在风雨或风雪中使用危险警告牌，注意一定要用重物固定住警告牌支架，以免被大风吹翻，失去报警作用。

 如果遇上视距受阻的沙暴天气，一定要车头背风，停车熄火躲避沙尘。否则，发动机舱内和冷却液储液罐下部缝隙中会沉积更多的沙尘，易造成冷却液温度升高，且不易清理。过量的细沙还会灌满发动机的空气滤清器和空调滤清器，如不及时清理会减少进气量，影响发动机动力并易产生积炭，或使空调的外循环风量减小或失效。

脱离风沙环境后，及时取出空气滤清器和空调滤清器，用磕振的方法清理集尘即可。

六 夜间

人的视觉功能受自然环境影响，也受生理节律的支配。夜间驾驶车辆，眼睛的观察距离和视觉功能受环境的影响非常大，首先是过强或过弱的光线都会影响视觉效果，给夜间行车带来许多困难或不利因素。

夜间行车，主要是借助灯光的照明来获取道路信息。但即使有很完善的辅助照明，也会有照射角度、范围及距离的局限而影响视距、视角和清晰度。由于生理原因和炫光光线刺激，眼睛容易产生视疲劳，有时甚至还会产生错觉，并且与年龄、身体疲劳程度有直接关系。

夜间行车的重点，首先是把握好眼睛的明暗适应，避免受强光的刺激，同时车速也要慢一些，因为黑夜中还隐藏着许多不确定的危险因素。这些都是夜间行车时需要特别注意的。

夜间行车，一定要注意各种交通标志的提示，因为在可视距离内能见度降低的情况下，各类发光的交通标志的提示作用尤为重要。

在无路灯照明的道路上行驶，30千米/时以下车速时，使用近光灯；30千米/时以上车速时，方可使用远光灯。

夜间行车，可用可视距离（视觉距离）的米数除以2，得数就是安全、适宜、可控的行驶速度。如遇雨雪湿滑路面时，还要加大跟车距离和加大处理情况的提前量。

如从室内进入夜色中，上车后先打开示廓灯，起动发动机后再打开近光灯，既让眼睛有个适应的过程，也合理地使用了蓄电池，避免开前照灯和起动发动机同时大功率放电。起步前，打开转向灯，观察周围环境（注意后视镜的暗区现象），确认安全后方可正常起步行驶。

夜间行车，市区要开启近光灯（其中包括示廓灯、前后位灯、车身侧灯或后视镜外壳灯、牌照灯）。市区及环路的照明条件比较好，基本用近光灯行驶。遇交通情况提醒对方时，不需要按喇叭（紧急情况除外），可变换灯光或视情况（近距离对向行驶时）采用关、开近光灯的方法，以不晃对方眼睛为宜，以免引起误会。在照明条件差的郊外道路上，使用远光灯或红外夜视系统。

夜间会车时，应在距对向来车150米以外改用近光灯。但在实际路况中，因夜间视力对距离的确认有很大影响，所以应以视觉感受为标准，略感来车灯光晃眼时就主动改用近光灯，对方车也会随即做出礼貌的反应。

操作方法

在夜间会车时，略感晃眼改近光，收油备制动。当两车临近保险杠平齐时，即"车肩相错开远光"，不得提早。同理，夜间跟车100米以内也不应使用远光灯。

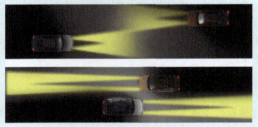

当遇到对向而来的汽车灯光晃眼时，首先应当在收油减速，用变换一次远近灯光的方法提醒对方车辆改用近光灯。如对方灯光没有改变，再次用变换远近灯光的方法提醒对方一次。如对方灯光仍无改变，一定要采取以下安全措施：

视路况制动减速的同时，迅速放下遮阳板遮挡上部强光，横举小臂遮挡下部强光，留出中间缝隙，向右转脸侧视前方，利用眼角余光视线抵消直射的强光，靠先前对路面观察的印象控制住行驶方向，适度靠右行驶，重点关注自己前方近距离内的路况，确保行车安全。

千万不要赌气用远光灯与对方会车，这对双方安全都不利。这时，也许是对方乘用车的行李舱装载重物，车头上扬，灯光角度抬高，即使用近光灯行驶也会使你感到晃眼。另一种情况，对方是SUV，车灯位置较高，与其会车时只有减速慢行，才能保证安全。

夜间行车，卤素前照灯的远光灯照射距离约在100米，由于光效的衰减现象，你能看清的距离在60~70米；近光灯的照射距离在60米左右，你能看清的距离也就40~50米。因此，夜间即使行驶车辆少,也不要开快车。

对于无路灯照明的乡间道路,在无红外夜视系统和对向无来车的情况下,应根据道路条件选择变换使用远、近光灯查明路况,并注意路面情况,"走灰不走白,遇黑慢下来"。一般灰色是路,白色发亮的是水,黑色是坑洼或泥泞。

遇后车变换灯光要求超车时,视道路情况,选择适当路段尽可能让行,后车很可能是对路况比较熟的当地车辆。让过后,拉开一段距离使用近光灯跟车行驶,借前车灯光和行驶状态观察判断前方路况。近距离跟车行驶时,100米内应当使用近光灯。

夜间行车,受灯光照明的限制,视认距离下降。如果感到发动机声音低沉,说明车辆正处在上坡当中,动力不足,应及时减档;如果感到发动机声音变得轻快,车速渐加快时(注意观察车速表),说明车辆正处在下坡当中。

对于双向通行的郊区道路,夜间会车时一定要加大与道路中心线的横向间隔,尽量躲避对方灯光光束照射的角度范围。当对方来车形成车流,灯光形成一条长而明亮的串灯时,基本上就标划出了前方道路的走向趋势。这时,只要道路条件好,前方有车带路,也可以开着近光灯跟行,省去了会车时频繁变光的操作,前车也不会被后视镜的反光晃眼而烦你。

夜间通过郊区有灯光信号控制的路口时,应距离路口100米外关闭远光灯,改用近光灯,并根据灯光信号的指示通行。

在通过没有灯光信号控制的交叉路口时,可在路口外用连续变换远近光灯的方法,示意路口其他方向的车辆及行人注意,降低车速,用近光灯通过路口。

夜间行车,遇雨、雪、雾等不良气候时,应打开雾灯或红外夜视系统,分别按前面雨、雪、雾天气的湿滑路面方法行驶。按规定降低车速,加大1~2倍的跟车距离,采取联合制动提前处理路况。大风雨、大风雪时,尽可能暂时停车躲避。

夜间行车时,不要开启车内前排的照明灯。因为来自驾驶人头部上方的照射光线会形成侧向逆光,直接影响驾驶人夜间行车时对路况观察的距离和清晰度。

夜间行车容易犯困,特别是凌晨四五点时。因此,一定要注意日间的休息,晚餐不要吃得太饱,车内温度不易过高,行车中注意车内通风。当感觉疲劳、困倦时,应找安全场所停车适度休息,严禁疲劳驾驶。临时停车时,要避开弯道,选择路面宽阔、利于观察、路基坚实的安全地点靠边停车,打开示廓灯、危险警告灯,在150米外摆放危险警告标志。

高速公路夜间行车时,由于是单向行驶,可使用远光灯,按白天隔位观察的方法观察前方路况,用读4秒的方法控制跟车距离,注意前车的灯光显示和行驶状态,注意观察仪表控制车速,及时了解车辆各部件工作状况,注意道路上反光标志牌的各种提示或指示,避免错过出口。

汽车灯光的照射距离,一般在80~90米。在没有背景光源或辅助照明的情况下,由于光线的衰减作用,纵深距离的透视感变差,所以视认距离有较大误差。当可视距离(视觉距离)的米数除以2的差值切换成行驶速度行驶时,虽然车速较慢,但是可控和安全。如果高于这一数值行驶,差值越大,眼睛越容易疲倦。而当感到眼睛疲倦时,立体感会更加减弱,视物反应时间延长,有一种想看远却看不清楚的"力不从心"的感觉。因此,夜间行车最累眼睛,时间越长越容易疲倦,特别是凌晨四五点时最难熬。车速越快、年龄越大,这种感觉越明显。当遇到对向来车时,就会感觉到十分刺眼,总是觉得眼睛不舒服,时间一长容易造成精力透支,身体疲劳,处理情况反应慢。

夜行遵循生物节奏,调节眼睛明暗适应。
灯光使用遵守规定,车速应减两至三成。
近光跟行眼睛不累,困倦不要强行硬撑。
农历初中皓月高照,变换灯光顺应环境。

第六章 安全文明驾驶必知

规范驾驶是保障行车安全的前提条件
理性驾驶是衡量安全意识的重要指标
预判驾驶是避免发生事故的基本措施
防范驾驶是规避行车风险的有效手段

第一节 车辆安全智能系统

车辆安全保障系统分为两部分：主动安全保障系统与被动安全保障系统，它们之间的区分，主要是以意外事故发生时的前后作为分界。

一 主动安全系统

ABS 即防抱死制动系统。在紧急制动时，无此系统的车辆由于各个轮胎附着力不一致，车辆又有很大的惯性，很容易导致车辆侧滑、失控。由于轮胎的抱死，两前轮在方向上没有任何导向作用，而 ABS 就是以高频点的制动让轮胎在制动状态下保持最低限度的滚动，以达到对方向的控制，避免车辆侧滑、失控。

EBD 即制动力分配系统。每个轮胎的地面附着力是不一样的，为了更好地控制车辆，就有了这个系统。一般而言，EBD 都是和 BA（制动力辅助）系统集成在一起的。

TCS 即牵引力控制系统，可防止轮胎在急加速起步阶段的空转，避免动力损失、轮胎非正常磨损的情况，或避免雪地情况下出现轮胎打滑车辆无法起步的情况，还能在一定程度上抑制车辆失控打滑的情况。

ESP、DSC、VSC 即动态稳定性控制系统。当车辆避险时，难免会由于物理原因或是某种客观情况而导致车辆转向过度或转向不足的情况发生。ESP 系统侦测到车辆失控的倾向，就会控制发动机转速，针对每个轮胎不同的附着力，分配不同制动力，努力使车辆回到正常的运行轨迹上来。ESP 系统包括 ABS、EBD、BA、TCS 等系统。如果没有这些系统，ESP 也无法完成任务。

ACC 即自适应巡航系统，是在定速巡航系统的基础上加装了跟车距离的控制系统。当系统发现跟车太近时，它会主动制动减速，直至停车。

LDW 即车道偏离预警系统。当车辆出现"跑方向"的情况时，如未打转向灯变更车道，即属非正常行驶，系统会发出警告及时提醒驾驶人修正方向。

解决后视镜盲区的盲点辅助系统，是通过设置在后视镜支架上的探头感知盲区内是否有异常，用 LED 灯直接反映在后视镜镜片边缘上，或是通过微型摄像头观察盲区图像反映在副仪表台显示屏上。

此外，还有 360°雷达图像显示及倒库态势图像显示系统、红外线夜视系统、电子防眩目后视镜、胎压监控系统、自动泊车系统、自动驻车制动停车及陡坡缓降系统、乘员头颈保护系统、雨量传感器、智能 SRS、智能空调、智能钥匙、儿童安全门锁、行车记录仪等更加人性化的主动安全配置。这些新的配置都是机电一体化系统，让车辆处于更加安全方便的操作状态。随着今后技术的发展与应用，车辆的安全系统也将更加完善。

二　被动安全系统

这是为避免或减轻车内人员在交通事故中受到伤害而采取的安全设计，如预紧式安全带、驾驶人、前排乘客、膝部、两侧车窗的安全气囊，儿童安全座椅，车身前后吸能区，车门防撞钢梁，溃缩式转向柱，笼型车体结构，以及保护行人安全有吸能作用的发动机舱盖和前风窗玻璃前方的安全气囊。它们都是在事故发生时才起保护作用的。

汽车设计、制造中的一些性能、技术指标，和汽车使用情况有直接联系。比如：ABS、EBD 的使用获得了方向上的控制，但在制动距离上并没有优势。TCS、ESP 虽能使车辆顺利平稳地提高车速，但如不合时宜地激烈驾驶或超速行驶，所造成的风险会更高。

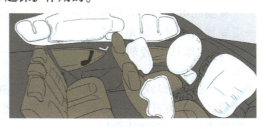

任何现代新技术的应用，都是为了提高汽车在动态行驶状态下的控制，改善汽车极限行驶的稳定性。但绝不可能超越物理规律的限制。主动安全系统和被动安全系统都是在驾驶人正常的操作范围内起一定的辅助作用，仅能降低意外事故发生的概率及伤害的程度，并不能确保激烈驾驶或超速行驶的绝对安全。

即使现代车辆拥有众多的辅助功能配置，驾驶人也应该始终使自己的驾驶操作方式与道路情况和交通状况相适应，否则依然会有发生事故的可能。

高速公路不是赛道，也不是试车场。由于驾驶人失误所造成的交通事故所占比例仍很高。即使有先进的安全设施，也无法有效地防止"人为"的错误，特别是在紧急情况下驾驶人的瞬间反应决定了车的安全、人的命运。

第二节　安全文明驾驶意识

一　防范意识与防范驾驶

预判性驾驶方法的范畴：主要是指在良好的道路情况下，对道路上行驶的车辆或路况，依据其运行的特点和规律进行预判和处理。

防范性驾驶方法的范畴：主要是指在不良道路和交通状态的情况下，对可能出现的违反通行规律的情况或他人可能的违法行为以及没有任何前兆的突发险情进行积极主动的防御或躲避。

在提高安全意识和驾驶技能的同时，预判或防范驾驶作为安全驾驶的第一道防线，应该成为必修的驾驶应用知识。

老司机的开车秘笈

防范性驾驶技术的核心，是在防范措施方面确保自己不主动引发交通事故，另一方面不会被动地被牵涉进身旁的交通事故。在正常的行驶中，仅仅是我们自己严格遵守交通法规是不够的，还要主动采取各种措施为预防可能发生的危险状况预做防范。

驾驶技术水平不在于处理紧急情况时的老练，而在于能预见到将要发生的危险情况并做出适当的防范操作。

驾驶人在行驶过程中，特别是在道路情况和交通状态不良的情况下，能够准确地预判道路上的车辆、行人及不良气候而引发的危险或隐患，并能及时地采取必要、合理、有效的措施预防事故发生。这种避免危险或事故发生的驾驶方式，就是防范性驾驶。

当车辆行驶受阻，或遇复杂交通路况，都要加倍提高防范的意识。对于转弯、变更车道不打转向灯，及侵权占道、抢行、抢并、生挤硬抢、截头猛拐、骑线行驶等违法行驶的车辆，首先判断整个路况，注意标志、标线及违规车辆的行驶方向、位置、速度、距离，视情况辅助使用喇叭、灯光或手势提醒违规车辆注意，避免险情或事故的发生。视情况提前避让，让出角度，放开距离，留出空间和通行路段，不赌气、不较劲，避免无谓的刮蹭。

有前兆可预判！无前兆或有盲区时，要有提前的防范准备！特别是在机非混杂的道路上，一定要预判路况，防范操作。

1）皮球从路旁胡同中滚出，预判——这时极有可能有小孩会从后边追出来，要严加防范。

2）进入路口或视线盲区前，一定要将速度减下来，做好主动防范。凡是产生障碍盲区、视线盲区、视角盲区的位置或路段，车速要慢、随时准备制动、适度按喇叭。倒车时防范视角盲区方位上的距离或位置。

3）繁华地区、狭窄位置或路段时，重点注意车体周边的盲区位置或距离。

4）在边远、农牧地区，遇上挑担行走的路人，经过时一定要留出足够的间距或按一下喇叭，防范在车辆临近时挑担人突然"换肩"把担子横过来。

5）遇上倒放在道路上（施工、田边路段）的扁担、铁锹、镐头、锄头时，千万不可碾压过去，有弹起伤人的可能。

6）遇上牛、马、羊群，不要试图用喇叭驱赶。

7）低速行驶或遇阻停车时，提前留出车门开启的宽度，保证能随时开门下车。等红灯、路边停放、临时停车时，车前最少留出1/2车长的距离，保证能随时把车辆"掰出来"。

8）遇前车准备倒车、入库、掉头时，应在至少是1倍车长以外的距离处等候，给对方留出充足的回旋余地，可减少等候时间。

9）遇小区街巷，车多路窄，应放慢车速，注意观察，防范儿童、小学生乱跑，骑车人横穿及路边车辆在不打转向灯或辅助手势的情况下突然起步变更车道或掉头。

10）在道路通行不畅时，注意选择较宽路段，防范性"占位"，给对方车辆、行人留出可以通行的宽度或距离。千万不要见缝插针搞挤、抢、钻。

11）车辆故障时，尽快尽可能地移到路边，这样既不占用车行道影响交通，更重要的也是为了自身安全。打开危险警告灯，按规定在车后百米外摆放好危险警告标志。即便是轮胎被扎气压不足时，及时低速行驶到路边也对轮胎不会造成重大伤害。不要停在道路中央占道换胎或等待救援，不仅影响车辆通行，自己人身安全也没有保证，一旦引发刮蹭或追尾事故也要承担责任。

12）独自驾车时，锁好四个车门，车内座椅上不要放置会引起"过路人"感兴趣的物品，防范在拥堵路段的低速行驶时有人开门行窃。

13）行车中，对于莫名其妙的轻微追尾或小剐蹭及所谓的"伤人事故"，下车查看时先锁好车门，防范"碰瓷"，也防范有人顺手牵羊。在偏僻路段发生莫名其妙的"事故"，且自己势单力薄时，要及时巧妙报警，一定保护好自己，不要与对方私了。

14）大型货/客车车身高大，加上驾驶人的高眼点，给高速时远距离观察提供了极大的方便。但在拥堵状态下，对大型车驾驶人来说，车体周边也形成了较大的视线死角和后视镜盲区。因此，小车不要在大型载货汽车或大型客车的周边，特别是两侧后方跟随行驶。

15）大型车辆之间的跟车距离和制动距离，由于车型的比例关系及观察范围的需要，一般都成倍地大于乘用车，那是大车留出的安全距离。因此，小车不要"见缝插针"进入这段"大空当"距离内，夹在大车的行列中行驶。这不仅影响乘用车观察视线的问题，一旦发生紧急情况需要停车时，身后"大块头"的载重货车的制动停车距离是"小不点"的乘用车的制动停车距离的3～4倍，特别是在货车重载或遇下坡及雨、雪湿滑路面时更为严重。

遇路面损毁、施工路段、事故现场、交通安全设施不全的路况时，车速要慢下来，顺序通行。凡遇"吃不准""看不见"和"搞不懂"的情况，一定要慢或找地方停下来；凡遇危险路段或环境时，一定要视情况下车查看环境，了解情况后再决定操作。

二 超速行驶危害多

超速行驶，包括激烈驾驶，存在着严重的安全隐患：惯性、离心力、附着力的丧失及不可控的停车距离或位置。

安全行车千万里，出事只在一两米。

车速提高1倍，制动距离增加4倍。

车"跑"起来，方向是第一位，车速是第二位。但遇到情况，制动是第一位，方向是第二位。它们之间的关系，是在保障行驶和保证安全的前提下相互转换的。

遵守法规，敬畏性能，控制车速，保证安全。即使是在当前车辆配备许多安全辅助装置的情况下，也应在合理的速度、适当的距离上才能发挥其技术性能。车速一旦快起来，巨大的行驶惯性及离心力，就把车辆变得像惊马一样无法驾驭，与正常行驶时的操作感觉、操作效果完全不同，很难掌握。

车速快时，为避开前方障碍，打方向盘的角度就很难掌握，小了不够，大了回不过来。试想，情急之下肯定大角度转向，但在高速度时根本就来不及回方向，因为调整的角度与车速不成比例。这时，突然产生的离心力加巨大的行驶惯性，先方向后制动极有可能会让车辆倾覆或被掀出车道。

车速快，遇上情况紧急制动后，车辆前冲的惯性使车辆不能马上停住，甚至在车身改变指向的情况下轮胎附着力完全丧失，整个车辆仍然按着惯性快速旋转或横向飘移。到那时，任何操作都是无效的。除非其他车辆和行人在惯性力的方向之外，才能侥幸躲开。车辆剧烈撞击时，再多的安全气囊也没用。

虽然不一定每次开快车都会发生事故，但是"十次事故九次快，思想麻痹事故来"，这是从众多行车事故中总结出来的血的经验教训。限速的路段一般都是事故多发路段。而造成事故发生的原因至少有两个以上，一个是主观意识或判断失误，另一个是客观条件或环境因素加操作失误。路上所有事故的发生都离不开这些规律。所有不切实际的超速行驶，都担负着很大风险，而超速越多风险就越大。

人在正常的反应时间内，车速越快，处理突发情况的反应距离就越短。换句话说，在距离不变的情况下，车速越快，留给驾驶人处理突发情况的反应时间就越短。这不仅是指在道路条件较好的高速或快速路上，也包括市区内双向行驶的支线道路、胡同里、小区内。在这些环境下，20千米/时也算是开快车。

无论在什么情况下，一定要按法规规定的速度行驶，不要心存侥幸，超出客观条件允许的范围开快车。

三 行规是一种润滑剂

交通法规是对汽车驾驶行为的强制规范。

隔行如隔山，但隔行不隔理。关键在自觉，重要在规范。各行各业都有自己的职业规范和行为举止及禁忌，即行规。

行规的范畴，就是在"己所不欲、勿施于人"的原则基础上约定俗成、大家认可的行为举止进行的规范。例如，路口低速变更车道不打手势、不示意，快速路出口不排队，直接跑到出口处"加塞"？对规范的变更车道要求，让的是情是理，是相互照顾。对于强行变更车道，生挤硬钻，不让的是教育和抵制。

行规中只言片语的警句、提示会起到重要的指导作用。还有一些很有哲理的口诀、名言、顺口溜及技术性操作的小经验、小技巧，以及辅助的肢体动作、简单手势，都属于它的范畴。这些基本上都是同行或老师傅们在言传身教的"传、帮、带"中或是在车友间驾驶技艺的探讨、切磋与交流中口口相传的。

开车要"三勤"，勤擦拭、勤检查、勤保养。你不"伺候"车，车不"伺候"你，关键的时候把你扔在路上要你"好看"。

"手端大烙饼，脚踩鬼门关"。旧时，行内把方向盘比作饭碗，把制动踏板、加速踏板比作鬼门关。对双手握方向盘，叫"两只手捧着饭碗"。这里面有两层意思，一方面指操作要规范，另一方面指讨生活要小心，指的是在风险行业中讨生活要有敬畏的心态，要严肃、认真、专注、谨慎地对待这个行当，否则可能会搭上性命。

"小心驶得万年船"。许多事故现场，让人在总结、吸取教训的同时也让人害怕。行内有句老话："师傅走过的桥比徒弟走过的路还多，见过的事故比徒弟听说的还多"。师傅人老、车慢，越开越谨慎，年轻人则说他们"越开胆越小"。

"开车容易，开好不容易，开明白更不容易"。老师傅们的风格是用岁月磨砺出来的，是一种自然的潜移默化，是一种自然的厚积薄发。它与年轻时的小心谨慎不同，有一种巧大若拙的风范。

四 安全隐患及驾驶禁忌

1. 观察禁忌

分心、走神——景物或杂念干扰意识，接打手机，吸烟饮食等，精力短时分散，不能专注。

视物锁定或目标锁定——行驶中，相对长时间地注视某一特殊目标，面对突发情况发呆犯愣。

行驶中转头侧脸与乘车人目视聊天——完全忽视或放弃了对路面情况的观察。

夜间行驶中开启车厢内照明灯——影响对路面观察的距离和清晰度。

2. 操作禁忌

堵门、挡道、压速；乱按喇叭、乱晃前照灯；骑线行驶、随意停车；入库时一车占两位等；生别、硬抢、瞎钻；跨线转弯、强行超车；超速行驶、冒险行车；强行变更车道时踩制动踏板等。

3. 行车的禁忌

1）冒险开车。

为抢时间，慌忙赶路，身心疲惫，强挺硬撑。
情绪不稳，观察粗略，景物分心，重点丢失。
开车走神，路况疏漏，接打手机，分散精力。
言语过多，麻痹大意，骄傲自满，视角偏窄。
低速压道，路中停车，来回并线，右侧超车。
追逐竞驶，斗气逞能，强行超车，我行我素。

2）低头拾物。

在行驶中，不要试图拣拾掉落在底板或座椅缝隙内的任何物品。因为，当你低头伸手或探身拣拾物品时，极易造成行驶方向的跑偏，引发意外交通事故。正确的方法是靠边停车、换空档、拉紧驻车制动器后处理。当弯腰拣拾物品时，右脚一定要离开加速踏板，避免俯身时带动下肢移位，压迫加速踏板造成误操作。

3）车窗抛物。

高速气流会把轻质的烟头吹回到车厢后排座位上，烫伤乘车人或引燃物品。货车驾驶舱扔出的烟头，可能会引燃自己车厢内的货物。外抛的杂物，在高速气流的作用下可能会重重地砸到后方车辆的风窗玻璃上。其他车辆为躲避迎面飞来的不明物品，会直接影响车辆的正常行驶，有引发意外事故的可能。丢弃在道路上的杂物，直接影响环境造成污染，还有可能意外引发清扫工等人员的伤害事故。

4. 借车的禁忌

借用私人车辆，没有征得同意，或不了解该车辆的性能及特点，私自开动不熟悉的车型，或体量较大及排量较大的车。

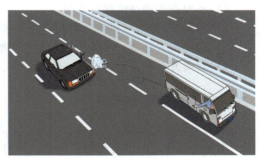

5. 看车的禁忌

参加车展时，未经参展商同意就摸车、试车。欣赏车场或路边停放的新款或高档车辆时，

老司机的开车秘笈

距离过近，甚至动手触摸。

五　安全驾驶"九不开"

开车上路，除了专注，还要注意生物节律对驾驶人的影响，特别是当情绪、体力、智力处在低潮阶段时。

1）不开酒后车：开车不要沾酒，沾酒就别开车。这事不能侥幸，免得终身后悔。

2）不开英雄车：稳稳当当顺着走，不张不狂不逞能。不骄不躁好心态，平安无事是英雄。

3）不开斗气车：车拼高下监控判，拳脚输赢公安评。不急不躁不较劲，不争不斗平安行。

4）不开情绪车：开车一定要心静，不急不躁不生气。一旦遇到坏情绪，停下车来静一静。

5）不开侥幸车：吃不准看不清先慢，没有把握提前先停。窄险难处下车查看，判明情况保障安全。

6）不开违章车：超速超载逆行闯灯压线乱停，危害环境制造危险。人行遵规守法不可我行我素，自觉维护公共安全。

7）不开疲劳车：体力透支心神散，意识麻痹犯迷糊。处理情况反应慢，停车休息避事故。

8）不开带病车：日常检查定期保养，车况良好省事放心。偶有毛病及时送修，排除隐患保证安全。

9）不开冒险车：上路英勇无畏，寻找刺激感觉。无视规定超速，昏头昏脑胡闯。路口抢灯抢行，没头苍蝇乱撞。行驶左右乱钻，毛手毛脚嫌慢。喇叭灯光滥用，吆三喝四咋呼。自恃眼明手快，实无章法保证。看似合法司机，实则扰乱交通。劝君莫要毛躁，平心静气为要。法规规范意识，行规增进素养。文明礼貌行车，不可忽视安全。

车行里不分新手老手，谁大意谁吃亏，谁"抖机灵"谁倒霉。
道路上都应遵规守法，谁斗气谁出事，谁"逞能耐"谁遭殃。

第三节 安全行车保障措施

一　加注燃油时

汽车加油时一定要注意：

1）不要在加油站内接打手机。

2）自助加油时，"跳枪"即可，不要加满到"嗓子眼"。

3）自驾游去外地，尽量选择大品牌的加油站。

4）在离开车辆去付款前，一定要熄火、拉紧驻车制动器。

二　不要酒后驾驶车辆

酒后不可驾驶车辆！

喝酒与开车之间没有任何平衡点，只有担心与侥幸，只有危险与事故。酒后驾驶所发生的故事或事故，只有万分悲痛与惨痛。

酒后驾驶，不论量大量小、喝多喝少，人的意识一定会被酒精所麻痹，致使对路况观察模糊，反应迟钝，操作迟缓，一旦遇上稍微紧张一点的情况就反应不过来。那种距离不远"慢慢开"的想法，只是一种侥幸心理。

酒后驾驶，如果剐蹭到别人时，害怕别人报警，赔礼，赔笑，赔钱，赔得"一塌糊涂"。即使别人剐蹭到你，发现你喝了酒，自己害怕只能私了，"哑巴吃黄连"。

有饭局，务必叫代驾，或者把车放下、"打车"回家。

三 千万不要用车开玩笑

有些年轻驾驶人会用车辆与同伴开玩笑，搞个小小的恶作剧：挤、别、堵住朋友的车或追逐竞驶；对着行走中没有任何心理防备的朋友突然冲到别人面前紧急制动吓唬人；把骑车或走路的朋友挤得无路可走；在朋友身后突然按喇叭吓人一跳；夜晚用前照灯晃得别人睁不开眼睛等，这些都是用车的大忌。

动态的汽车就像一只大老虎，千万不要用汽车以任何方式和任何人开玩笑。用车开玩笑的方式太危险，恶作剧的后果更是难以想象，一旦失误就可能是乐极生悲的事。

四 避免"药驾"

"药驾"就是指服用了某些治疗自身疾病的药品后驾驶机动车，它会直接影响安全驾驶操作。大多数人在吃药前常常忽视药物的不良反应。这一现象的严重性可能在日常生活中并不明显，但当发生在驾车行驶过程中，其危害就被直接放大了几十倍甚至几百倍。

在实际的工作生活中，"药驾"很难避免，大多数人对"药驾"的相关危害也了解很少，往往被大家忽视且并不在意。而"药驾"时，驾驶人并不会有特别明显的异常表现，很难被人察觉或发现，这就使得"药驾"成为马路上十分可怕的"隐形杀手"。

"药驾"的危害堪比"酒驾"。

服用药物后，千万别开车，它会给行车安全带来极大的危害。

1. 视力降低

如果开车时视力受损，其严重后果可想而知。一些药物可引发视力降低、视线模糊或复视等症状，开车前应谨慎服用。

2. 嗜睡

许多药物中含有中枢抑制类成分，从而使驾驶人产生嗜睡、困倦、疲乏等症状。因此，服用此类药后应尽量避免开车，或改选替代药物。

3. 眩晕或幻觉

驾驶车辆过程中，最重要的就是精神集中。如果服药后出现眩晕或幻觉，势必会影响驾车安全。

作为驾驶人，当头疼脑热就医时，必须向医生说明自己需要驾驶车辆的基本情况，让医生选择等效、不影响驾驶操作的药物。

某些治疗胃肠、呼吸和血液循环疾病的药品，可能导致瞳孔的扩张和收缩，使眼睛的调节能力和视力降低，视野范围缩小，影响观察能力。

某些治疗感冒类的药品和抗过敏的药品，会使人嗜睡、情绪低落、头晕乏力、视物不清，造成对道路上的情况反应迟钝。

有些带有可卡因成分的药物，可使驾驶人产生欣快感，以至丧失安全警惕性和过高地估计自己的能力，在行车途中往往置危险于不顾，开快车、强行超车，严重影响安全行车。有些中药口服液带有酒精成分，服用时也要特别注意。

开车服药需谨慎，生病吃药问医生。

强调自是驾驶人，按时按量来服用。

药物带有副作用，服用不当出事故。

- 对于会影响安全驾驶车辆的病症或当感到身体不适或情绪低落时，一定要从安全的角度考虑，主动放弃驾驶车辆，选择其他交通方式，避免发生意外。
- 驾驶人在看病或买药时，必须主动说明"我是驾驶人，需要开车"，请医生尽量避免开出对驾车安全有明显不良反应的药物。
- 在服用药品之前仔细阅读药品说明书，注意药品成分、用法用量的同时关注禁忌和不良反应的情况，切忌超剂量用药。
- 如果服药后开车，应时刻注意自身状况，出现身体不适或不良反应时应停车休息，反应严重的情况下千万不要驾驶车辆。

五 儿童乘车安全

1）儿童乘车时，应使用儿童安全座椅。驾驶人要使用车门儿童锁、中控锁锁定车门及车窗，教育孩子行车中不要玩弄车门把手、车窗开关，防止夹伤；不要让少儿在行驶中的车辆站立，不要将头、手伸、探出车窗或天窗外，防止少儿在行车中受到意外伤害。

2）儿童乘车，上下车辆时一定要有成年人陪护，防止儿童不观察车后路况就贸然开车门，防止车门的弹张力击伤或夹伤儿童。家长要帮助儿童正确使用安全座椅，给儿童讲解安全乘车的知识，这样可以有效地避免儿童在乘车时受到意外伤害。

3）行车中，尽量不让儿童吃颗粒状、硬壳类、果冻食物，喝水，玩一些边角坚硬、尖锐类的玩具，后风窗玻璃下的台板上也不要放置坚硬、沉重的物品，避免紧急制动或遇颠簸路面时物品滚落、磕碰到儿童，发生意外。

4）家长不要在前排抱着幼儿乘车。即使家长使用安全带，但在发生紧急制动时，孩子会在惯性的作用下向前冲，家长根本抱不住，前冲的幼儿极易撞到前仪表台或前风窗玻璃上。

5）家长不能和幼儿共用一条成人安全带。否则，紧急制动时极易挤压、勒伤幼儿。

6）儿童乘车要为其选择与车型相配的儿童安全座椅。体重18千克以上的儿童，建议使用儿童增高型车椅，以适应成人安全带的正常使用。

7）婴幼儿乘坐车辆时使用的儿童安全座椅，事先应将其固定在成人座位上，再将婴幼儿放好并系好儿童安全座椅上的安全带。

8）向后式儿童安全座椅安全能够减少紧急制动时儿童颈部的伤害。

9）前排乘客位置不要放置儿童安全座椅，否则一旦安全气囊弹出会伤害到儿童。前排乘客位置也不要乘坐身高低于1.5米的未成年人。

10）不要将儿童单独留在车内玩耍或睡觉。

六 保管、使用好车辆钥匙或遥控器

1）驾驶人下车前，首先一定要拉紧驻车制动器。即使是临时离车，也要随手拔走钥匙，锁好车门，特别是在车多人多、加油站离车交款时。

2）在公共场合停放车辆时，用遥控器锁车后一定要检查车门，确认安全后离开。在公共场合，当驾驶人需要用钥匙开启行李舱存取物品时，一定要先关闭好所有车门，行李舱随关即锁，钥匙不离手。

3）钥匙别乱放，保管要妥当，防止在自己不知情的情况下，无证亲友或未成年的孩子出于好奇，私自动车。

4）随车配备的两三把钥匙（机械式），要像轮胎换位一样按时调换使用，保持同步磨损，避免一把钥匙用到严重磨损时再换另一把。

5）独自出行时，可将一把备用钥匙隐藏在车辆外部某处，以备不时之需取用。长途旅游，有伴同行时，可把一把备用钥匙让同伴保管。

6）在使用暖风或空调的季节，自己需临时离车时，一定要委托成年人看管好儿童，谨防儿童出于好奇，按喇叭、开闭灯光、摆弄钥匙和中控开关等机件。

七 车厢内的通风、除雾与加湿

车厢内的温度和湿度随着季节和气候的变化，差别极大。

1. 温度

1）夏季停在阳光下暴晒的车辆，车内温度很高。行车前，只要时间允许，先打开四个车门、天窗及行李舱盖，用自然通风的方法让热气散发出来，再起动发动机用空调冷气直吹前排座椅降温，行驶时再调回正常使用状态。

2）初驶时，将车门的左前、右后车窗玻璃打开形成对流，让热空气排出。或者，将天窗后翘打开一条缝隙，空调定在车外循环档，风向指向低位，利用"冷低、热高"及负压原理排出热气，数分钟后待温度下降后关闭车窗或天窗，空调改用内循环。

3）不论严冬或盛夏，车内的温度调节不要过高或过低，也不要长时间将空调直接吹暴露的皮肤。过大的温差使人感到不舒服，特别是老人、病人、产妇或婴幼儿。空调冷风对着脚下或身体某一部位长时间猛吹，容易引发局部不适，严重的容易造成局部麻痹。

4）在春秋季节，环境温度适宜时可关闭空调。行驶时，把天窗后翘打开一条缝隙，利用风机使用外循环模式调节车厢内温度。

5）严冬季节，早晨车内座椅温度很低。对于没有加热功能的座椅，建议驾驶人最好加个垫子或配备加热坐垫，对腰背能起到保暖作用。但是，垫子一定要固定好，否则全靠身体把座椅捂热，日子久了容易引发腰腿和背部不适。

2. 尾气及异味

1）行车途中，遇堵车或长距离低速跟车行驶时，特别是跟行大型柴油车时废气排放严重，味道呛人。因此，在适当加大跟车距离的同时，车内空调应采取内循环方式，以免吸入过多的前车尾气。待车速提高，周围环境改善，再视情况进行通风换气。

2）新车时，车内化学气味相对比较严重，会对身体造成伤害。行车前或途中休息时，不论季节打开四个车门和行李舱盖，通风换气后再行驶。行驶时，天窗后翘打开一条缝隙，空调设在车外循环档，风向指向低位进行换气。也可选择配备车载空气净化器，或在前后排座椅下、脚垫旁等边角位置放置一些布袋包装的咖啡渣、残茶叶及活性炭颗粒吸附异味，并按时更换。

3）给汽车加油时不要过满，跳枪即可。经常性的加油过满，会引发汽油蒸气回收装置失效，使车厢内充满汽油味。另外，车厢内一旦有不明原因的汽油味，应及时通风，并马上进场检修，查明原因，排除隐患。

4）车厢内不要放置一次性打火机、香水瓶和有挥发性易燃易爆的化学物品及碳酸饮料、发胶等。特别是在夏季，主要为避免在烈日照射下产生不良反应，给车辆安全带来隐患。

3. 车厢内除雾

1）遇雨、雪、雾等天气，空气湿度较大时，车内玻璃上容易产生雾气，影响观察视线。消除方法：

①将左前、右后对角位置的车窗玻璃打开一条缝隙，让空气流动，平衡车内外湿度，或将天窗后缝翘开，配合使用外循环模式，

②用热风吹干前风窗玻璃和前门两侧后视镜观察位置的雾气，打开后风窗玻璃的除霜开关，保证观察视线不受影响。

③事先在车窗玻璃上可能产生雾气的位置，使用除雾产品喷涂。

2）严冬季节行车，特别是在车内满员加上使用内循环长途行驶的情况下，由于车内外温差的作用，车窗玻璃上会产生较重的雾气，直接影响观察视线。此时，除天窗后翘或暂时打开外循环模式进行排湿调节外，也可临时打开空调利用冷凝器的吸附作用，快速消除车内雾气。

3）严禁驾驶人在车辆行驶中自己动手擦拭车窗玻璃。

4）建议使用车内玻璃防起雾气的养护用品。

4. 车厢内加湿

北方的春、秋、冬季节，天干物燥，加上车内空调的热风会让人感觉"口干舌燥"。如果车辆没有加湿装置，可以自己加装一个加湿器。

八 车内脱外套的简便方法

春秋季节，由于日夜间温差较大，早上出门时一般穿得多一点。当近午时，车内就会觉得有些热。在驾驶座位上脱上衣外套时，由于车内空间狭小，十分不便。

简便方法：解开外套的扣子或拉锁后，双手交叉分别拉住前衣襟下方两边的衣角，上身前倾、低头，用脱套头衫的方法把外套从头上翻到前面来，然后抽出双手即可。

九 安全躲避路上的撒落物

在交通事故中，有一小部分是因为碾压道路上的遗撒、遗落物品造成的。有的是直接被掉落的物品砸到或骑越时拖伤底盘，有的是因为躲避遗落物品而引发的车辆碰撞事故。而路面上的遗散物品种类繁杂，凡是可以运输的物品几乎都有。

对于道路上的遗撒、遗落、遗弃的物品，行车中要保持跟车距离，注意观察，发现情况后一定要先收油减速，注意分辨遗撒物的种类、占路面积和体积的大小及位置，必要时停车清理通道。千万不可急速躲闪，避免在沙土类及被油类污染的路段上重踩制动踏板，此时因为附着力低极易引起打滑或漂移，使车辆失控。而滑行减速后的小力度制动减速或联合制动方式，则是比较安全的通过方法。

经过县级以下道路，在进入外侧弯道行驶前，一定要注意对方货车的载货情况，尽可能避开在弯道外侧与载有散装物品的货车会车。因为，对方车辆因转弯产生的离心力作用，可能会造成散装物品向外侧弯道遗撒，击伤自己的车辆。

避免行驶在两辆大型载货汽车之间，使你在视线受阻的情况下骑上载货汽车能够骑越通过的障碍物。对于道路上不能骑行通过的大于底盘高度的物品，提前采取减速绕行的方法通过，但一定要提前注意后方及左右两侧的车辆。

高速行驶时，尽可能远离载货汽车，避免齐头并进，通过或超越时适当提高速度差减少并行时间。注意货车的载物情况，是否会在你通过时有物品掉落的可能，或有其他车辆轮胎撞飞的物品及弹起的石子击伤自己的车辆。

有时通过遗落物品或事故现场时，个别驾驶人会停车拣拾物品，不少驾驶人把注意力集中在察看遗落物品或观看事故现场上。在通过各类事故现场时，要注意观察现场周围的路况，避免引发变道行驶时的剐蹭事故或事故现场的二次事故。

十 更换备胎

1）行驶途中休息时，一定要检查轮胎的安全状况。如果发现轮胎有亏气起包和其他异物刺伤、划伤的情况，必须及时更换备胎。

2）当发现胎面被钉子或螺钉扎透后，不要马上拔。钉子扎在胎体上时，只是慢漏气，不妨碍中速、短距离行驶，修补时修理工找钉眼也省事。如目测轮胎亏气，胎体高度下降1/4时，一定要及时更换备胎。

3）选择不影响交通的平坦、坚实的地面停车、熄火，拉紧驻车制动器，打开危险警告灯，关好车门。打开行李舱取出备胎、千斤顶、随车工具包，直接放置在损坏轮胎的车体外侧待换。在百米外摆放好危险警告标志。

4）更换某一轮胎前，一定要先固定住其他三个轮胎：前驱车换轮胎时，用拉紧驻车制动器的方法制动住两个后轮，加上用"别档"的方法别住两个前轮，前后固定后，可更换任一轮胎。后驱车换后轮胎时，驻车制动、"别档"都作用不到前轮上，一定要用石块分别在两个前轮的前后两个方向挤紧、垫实，防止在紧固螺母时车体移动。后驱车换前轮胎时，除拉紧驻车制动器外，还要用两块石块在另一前轮的前后两个方向挤紧、垫实。如果一时找不到石块，可用擦车布包裹一些沙石、泥土扎紧，代替石块，也可用矿泉水空瓶，装多半瓶沙石拧盖踩瘪瓶体，塞在轮胎下。

注意事项

在遇有坡度的路面时，必须要用石块给轮胎垫实。这样做的主要目的，就是防止拆卸轮胎、紧固螺母的过程中车体移（晃）动、千斤顶倾倒，造成轮轴触地、汽车"趴架"。

汽车轮胎左右两侧的紧固螺母的拧紧方向是不同的，左侧的是"反扣"，简称"左反右正"。即车体右侧螺母是按顺时针方向拧紧的，车体左侧螺母是按逆时针方向拧紧的。因此，松或紧螺母的方向左右是一致的，为便于记忆，简称"前紧后松"。

支起车辆前，按"左反右正"和"前紧后松"的方法，将待换轮胎的4个（大型车5个）固定螺母用套管扳手向后松开一圈，然后再用千斤顶支起车辆，高度以轮胎离开地面2厘米即可。

以对角线位置的顺序，先完全折下 2 个（或 3 个）螺母后，检查一下千斤顶及支点和地面承重情况，确认安全无误后再折下另外 2 个，然后双手托抱轮胎（避免轮辋螺孔触碰螺纹），摘下轮胎直接平置垫放在车体前后两轮间 B 柱下方。

换上备胎。将先拧上的 2 个对角位置的螺母准确对正轮辋上的"喇叭口螺孔"，用套管扳手初步紧固好，而后再装上其余的螺母，以"全部向前"的方向按对角位置顺序紧固好全部螺母。最后，落下千斤顶，轮胎落地，校正胎压，再次检查紧固一次全部螺母。更换完轮胎后，收起亏气轮胎、千斤顶、工具包、危险警告标志，清理路面上的石块。

- 如在途中更换备胎，一定要尽量避开坡道，尽量靠边停车，一定要采取安全警告措施。打开危险警告灯，在车后 100 米外放置危险警告标志。不要在道路中间停车换胎。
- 高速公路上发现轮胎损坏时，一定要靠边停车。不能自行更换备胎时，应及时呼叫救援。除打开危险警告灯外，车后 150 米外放置危险警告标志。白天也可辅助打开行李舱舱盖，所有乘员在护栏外等待救援。让行李舱盖保持开启状态，主要是有别于行驶车辆，目的是显示车辆处于停驶状态。另外，还有打开发动机舱盖的做法，也是为了显示车辆处于停驶的故障状态。在"开盖"警示的同时，也会在车后较远距离的地面上放置一些随车物品，大车有时也随机放置一些树枝、小件货品等，提醒后方来车注意避让。
- 自己换胎时，除必须采取安全警告措施外，最好穿上颜色醒目的上衣（现在要求是反光背心），乘员不要围观，一定要设专人负责瞭望道路后方来车的情况。"不怕一万，就怕万一。"
- 换上备胎行驶一段距离后，一定要再用对角紧固的方法检查、复紧一遍轮胎螺母。
- 备胎在长期备用的状态下，胎压一定要偏高一些且应经常检查。安装和使用备胎时，再将胎压调至正常值。

十一　行驶途中遇爆胎的处理方法

高速爆胎处置方法是稳定方向，滑行减速，频踩制动，靠边停车。

爆胎原因：轮胎老旧，磨损严重，行驶中被尖锐物品刺穿或刮破，或先前就有未发现的刮痕、起包或暗伤，以及超过标准气压值或超重或超过轮胎标定的速度值。

1. 前轮爆胎

感觉：行驶途中听到爆响的同时整个车体一振，手中的方向盘随即歪向爆胎的一侧，有一种被很大力量"抢夺"的感觉（俗称夺轮），并伴有破损轮胎与地面摩擦所发出"扑碌、扑碌"的异响，行驶方向瞬间发生严重偏斜。

偏斜原因：轮胎破损后直径变小，滚动阻力、摩擦阻力突然增大，从而带动车辆朝破损轮胎的一侧瞬间偏移，造成车辆行驶方向变化，发生严重的"跑方向"。

处理方法：及时放松加速踏板，朝相反方向调整车辆的偏离角度，一定要持续保持住方向盘的修正角度，使车辆恢复到先前的车道行驶。利用滑行减速的机会，马上打开转向灯，择机靠边，低速后"点制动"，在应急车道内停车。此时，绝不可在行车道上停车，否则有被追尾的危险和引发后续车辆

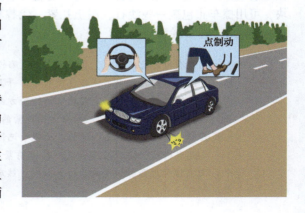

连续追尾的可能性。

1) 不要大把猛打方向盘修正行驶方向，否则快速行驶的车辆会发生"矫枉过正"，根本来不及回方向盘，车辆会发生失控。
2) 不可紧急制动。因为轮胎破损后，两前轮直径不同，造成滚动阻力、摩擦阻力和附着系数的失衡，两前轮之间原本平衡的制动力在轮胎失衡的状态下，再按平时一脚到底的习惯方法紧急制动时，方向会更加严重地偏向爆胎的一侧，有发生猛烈的甩尾或倾覆的危险。一定要根据减速幅度的要求，使用不同力度的"点制动"减速后靠边停车。

2. 后轮爆胎

感觉：行驶中听到爆响的同时整个车体一振，车尾沉向爆胎的一侧，破损轮胎发出"扑碌、扑碌"的异响。收油后，有一种滞怠或被拖拽的感觉，但对行驶方向影响不大。这时，可利用滑行减速的方法，及时打开转向灯，择机"点制动"，靠边停车。

1) 不论是在高速、快速路或一般道路，如发生爆胎首先是控制住行驶方向（即使是剐蹭到隔离护栏也不要急打方向盘躲避），利用滑行减速。不要急于马上停车，特别是在高速公路上要防范被追尾，打开转向灯观察后视镜，一定要进入应急车道停车。

2) 停车后，乘员撤至路边或护栏外，车辆开启危险警告灯并在车后150米（夜间及不良气候时200米）外设置危险警告标志。雨天、雾天、夜间行驶时，最好辅助使用应急灯闪光信号警示后方来车。

3) 注意过往车辆，查看损伤原因，视情况（外力所为时）考虑报警，根据损伤情况决定自行更换备胎或呼叫救援进行全面安全检修。

一定要使用合格的品牌轮胎，平时注意检查和保养，保持轮胎的正常气压和额定的承载重量。特别是跑高速的情况下，可安装胎压监测仪。

在高速公路上，车辆不要过于紧贴着左侧隔离带行驶，轮胎会碾起隔离带边缘沉积的小石子反弹到车身上，更主要的是防范可能有螺钉、扭曲的铁丝段、玻璃碎碴、异形小金属片或其他尖锐物品损伤轮胎。

在遇到或经过雨雪、湿滑、松软、泥泞、翻浆、沙漠、沙滩、卵石滩、"搓板路"等路面时，为保证轮胎有较大的接触面积和减振的需要，4个轮胎的胎压应选择正常值范围内接近下限，就低不就高。正常行驶时，应及时恢复胎压的正常值。

十二 车陷泥沙中的自救方法

自救原则：如果车辆被陷，一次操作不能脱困时，就应该果断地直接让同行车或当时能找得到帮忙救援的车辆或人员，直接往外拖车或推出。

当车辆陷在泥沙中较浅时（不超过胎体高度），自救方法如下：

1) 首先选用倒档、配合半联动平缓踩加速踏板，避免被陷车轮打滑空转，试探性地用低转矩把车退出来。

2) 后驱乘用车后轮被陷时，可将驻车制动器拉起1/2的高度，试着平衡两侧轮胎的驱动力，主要是为了限制打滑的车轮空转。

3) 让乘员帮助侧向推动车体使之左右摇晃，试着以"脉冲"的节奏，松动或缓和从动轮上方的重量和加大驱动轮的压强或附着力度。

车轮打滑空转或越陷越深时，最好是及时在被陷的轮胎驶出方向挖出一条导向坡道，在

老司机的开车秘笈

轮胎下方垫上石块、柴草、树枝、麻袋或装少量土石的编织袋等附着物,以抬高车轮及增大胎面的摩擦系数,试着将车辆驶出。当汽车能缓缓移动时,要保持加速踏板位置不变,适当放松离合器踏板,低速驶出被陷路段。

"油、离"配合要恰当:操作中稳住加速踏板,使用半联动,离合器加轻微的"脉冲"节奏试探性地平缓移动,绝对避免猛踩加速踏板(易烧毁离合器片)。特别是倒车时,完全放松离合器踏板猛踩加速踏板时,会使空转的轮胎"刨坑",越陷越深。

- 自救顺序或方法:前轮陷住时,先倒车退出来;后轮陷住时,首先乘员下车,适当减轻从动轮负重,然后查看路况是否可继续前行。除往被陷的轮胎下方填垫附着物外,最好再顺行驶方向挖出一条导向坡道,直接用2档使用半联动往前开。当汽车仍无法驶出时,应及时找车救援帮助拖出。

- 车辆陷入泥沙中时,应先减轻负重。乘员应下车,不过,老人和儿童除外,可坐在空转打滑的(后驱车)车轮上方的位置上,前驱车坐前排乘客位置,作用是使"打滑"的驱动轮上方位置仍然保留一定的重量或压强。其他人员可帮助推车。在实在无附着物填垫的情况下,可用脚垫、靠垫、衣物等替代。如果在沙地、河滩被陷时,可考虑适当降低一点轮胎气压,即可增大附着系数,脱困后及时补足胎压。

- 越野车被陷时,可直接使用四轮驱动脱困。当轮轴接触地面,或前后轴都有轮胎空转打滑现象时,可找寻结实的木块利用杠杆原理撬起轮胎,往下垫放附着物,或者组织人力推、绳索拉或找车救援帮助拖出。有绞盘的车,一定要根据当时环境寻找就近树木、大于车重的大石块等,使用绞盘拖拽自救脱困。

- 车辆拖拽前,辅助操作人员在确定挂好拖车绳后一定要后退至拖车绳(钢丝绳)长度距离以外的位置,谨防钢丝绳崩断伤人。

- 车辆拖拽时,前车先缓慢移动,将拖车绳(钢丝绳)拉直绷紧后,再平缓踩加速踏板用力拖车。千万不可急速起步,生拉硬拽,否则有拽断钢丝绳的可能。

- 被拖车辆配合操作(前进时用2档),用半联动在被陷驱动轮不会产生空转打滑的情况下(提前填充附着物)同时起步,同心协力脱困。

十三 自己动手清洁车辆

1. 日常清理

车上有浮尘时,可用掸子清理。但在春、夏有雨滴,初秋有露水,深秋有霜,初冬有零星雪花时,最好先用刮水器喷清洗液清理干净前风窗玻璃,等日出水分蒸发后再用掸子清理。否则,"费力不落好",结果一定是搞成"大花脸"。

冬季,不要试图用湿布擦拭车窗玻璃,否则只能把车窗玻璃"擦花"。

2. 清除冰雪

在车上自备一把车用冰雪铲和家用清理玻璃的丁字刮水片,遇雨后、雪后、晨露天气出车前清理后视镜面和车窗玻璃,十分方便。

遇下雪、秋霜、冰雨天出车前,先起动发动机。起动前,先清理车体上过厚的积雪、秋霜,等冷却液温度升高后,用热风吹化前风窗玻璃上的冻雨,再用冰雪铲或刮水器片清洁车窗玻璃和左右后视镜面。

3. 清洁车辆

自己动手清洁车辆时,可按"从内到外"然后"从上到下"的步骤进行。

内部:首先选用麂皮或专用擦车布,用热水浸湿后拧干水分,先擦拭车厢内饰、四周玻璃内侧、仪表台、中控板,依次是门把手、方向盘、变速杆、驻车制动器操纵杆。座椅和脚垫等下方部位,可用吸尘器清理,或用湿润毛巾擦拭。

外部:如无雨、雪渍时,先用掸子掸净浮尘,再用麂皮或专用擦车布湿擦。先擦净车窗玻璃、后视镜,再擦车厢顶、发动机舱盖、行李舱盖,而后视情况用湿毛巾擦拭四周或用浸水毛刷清理车体四周及轮胎。

如雨、雪后或有泥水痕迹时,就要整车水洗。用长杆车刷推着水流刷洗,从上到下,先刷车厢顶和四周玻璃,而后是前后舱盖及车体四周,最后清洗轮胎。车辆刷洗干净后,要用麂皮或擦车巾彻底擦净水渍。

冬季洗车时,要选择中午在背风向阳的环境下,洗后及时擦干,特别是门缝密封条、行李舱密封条和锁孔处。

车内常备一包湿纸巾,随时清洁内饰或操作部位,保持车内清洁、干爽、卫生。

不要用塑料泡沫蘸水刷洗车辆,因为塑料泡沫内吸附的细小尘粒有研磨作用,会损伤车漆。

擦车的水要干净。流动的河水有异味,只可用于清洗裙围及轮胎。

擦车布要洗净再擦。清洗擦车布的水要勤换(可刷洗轮胎),否则车辆永远擦不干净,特别是车窗玻璃。

清洁玻璃和内饰要用麂皮,用后一定要洗净晾干。

擦车用布,内外要分开,上下要分清。

十四 节油、降耗的注意事项

汽车行驶消耗的是燃油,直接磨损的是轮胎以及制动器和离合器的摩擦片。准确操作方向盘、加速踏板、制动踏板,灵活控制角度、速度、距离,即可降低一部分不必要的消耗或减少非正常磨损。

1. 注意观察、准确目测、看远顾近、照顾两侧

远看500米,近看100米。根据车速,确定与行驶速度相匹配的观察距离、观察角度和跟车距离,加强隔位观察的力度。提前发现情况,提前处理情况。

2. 选择适当的档位

视路择速,认速选档,根据路况灵活选用档位,尽可能保持匀速行驶。避免急加速、急减速,避免或减少不必要的变更车道。

起步时,应平稳、适度地踩加速踏板,适时换档,把各档位车速的行驶惯性"悠出来"。

没有路况变化时,尽量让发动机保持2000~2500转/分的转速(经济模式)。根据路况,确定某一档位,选择适度的发动机转速调控行驶速度。

随时注意道路坡度的变化,注意聆听发动机声音或节奏的变化。随路况变化调整发动机转速,避免"拖档"或"拉档"的情况发生。

3. 合理使用制动

使用防范或预判的操作方法,尽量提前用加速踏板处理情况。充分利用带档滑行减速,减少不必要的制动或停车,避免紧急制动。

4. 合理使用半联动

起步、换档操作要平稳准确。遇到冰雪、泥泞、坑洼路面时，准确选择档位。车陷泥沙自救时，一定要有辅助措施，防止猛踩加速踏板烧蚀离合器的摩擦片或轮胎空转耗油。

5. 养成良好的操作习惯

避免手压变速杆、脚压离合器踏板的动作，避免机械部分的非正常磨损。

6. 初夏或秋季合理使用空调

车速在 60 千米/时以上时，不宜用开两侧车窗通风的方法调节车厢内温度，否则会产生风噪，加大行驶阻力。在高速公路上行驶时，可将天窗后翘打开一条缝隙，使用风机外循环模式调节车厢内温度。

附　录　交通安全警句和宣传语

1. 交通法规是驾驶人的生命之友。
2. 喇叭提醒他人时，首先提醒自己。
3. 车行于道，章法为要。
   车行有道，路权为要。
4. 车慢路自宽，心宽路就宽。
5. 心宽一尺，路宽一丈。
   争则不足，让则有余。
6. 小区、胡同内行车：水不溅、土不扬。
7. 问路不施礼，多走二十里。
8. 带一脚制动风平浪静，让一把方向海阔天空。
9. 车一起动，集中思想。
10. 眼不离路，手不离把。
11. 动车三分险，处处要小心。
    小心没大错，谨慎保安全。
    理性加谨慎，快慢看路况。
12. 行车不搞：挤、抢、钻、别。
    遇阻不要：堵、蹭、绕、怒。
13. 路口观察：一慢、二看、三通过。
14. 路口如虎口，看清楚再走。
15. 宁停三分，不抢一秒。
16. 雪不紧跟，雾不超车。
17. 会车礼让三先：先让、先慢、先停。
18. 转弯注意三件事：减速、按喇叭、靠右行。
19. 不怕慢，就怕站。紧走沙，慢走水。
20. 一年虎，二年狼，三年变成小绵羊，六七年时有道坎，主要是在高速上。
21. 手端大烙饼，脚踩鬼门关。
22. 争则不足，让则有余。
23. 十次事故九次快，思想麻痹事故来。
24. 十分把握七分开，留有三分防意外。
25. 开车要三勤：勤擦拭、勤检查、勤保养。
26. 起步不闯，拐弯不晃，制动不点头。
27. 超车、会车、让车时，避免三点一线。
28. 超车看车头，会车看车尾。
29. 大车挡视线，警惕盲区，降车速，严防"鬼探头"。
30. 灯头让灯尾，口外让口内。转弯让直行，支线让干线。
31. 宁在口外等，不在口内挤。
32. 盲区、弯道、冰雪路，陌生路线不超车。
33. 盲目超车事故多，剐蹭碰撞都是祸。
34. 吃不准、看不透的地方——先慢！
    看不清、没把握的时候——先停！
35. 掉头时，宽打窄用，先紧后松。
36. 出行赶前不赶后，上路赶早不赶晚。
37. 夜间会车，略微晃眼改近光，车肩相错开远光。
38. 夜间跟车，百米内只用近光灯。
39. 路边起步，后车临近不可打灯。
40. 谁大意谁吃亏，谁斗气谁出事。

参考文献

[1] 李占立，耿亮. 学车考证30天速成［M］. 北京：机械工业出版社，2019.
[2] 北京木仓科技股份有限公司. 学车考证实战技巧与点拨［M］. 北京：机械工业出版社，2019.
[3] 姚时俊. 驾考通关全套秘籍［M］. 北京：机械工业出版社，2019.
[4] 范立. 汽车安全驾驶必读［M］. 北京：人民交通出版社，2004.